W0295045

DROEMER

Über den Autor:
Jens Förster, 1965 geboren, ist Professor der Psychologie. Er lehrte zunächst an der Jacobs University Bremen, bevor er eine Professur an der Universität Amsterdam annahm und zugleich das Kurt-Lewin-Institut in Amsterdam leitete. Seit 2014 lehrt er an der Ruhr-Universität Bochum. Die Schwerpunkte seiner wissenschaftlichen Arbeit liegen im Bereich der Motivations- und Selbstregulationsforschung.

Jens Förster

WAS DAS HABEN MIT DEM SEIN MACHT

Die neue Psychologie von Konsum und Verzicht

DROEMER

Besuchen Sie uns im Internet:
www.droemer.de

FSC
www.fsc.org
MIX
Papier aus verantwortungsvollen Quellen
FSC® C083411

Vollständige Taschenbuchausgabe Januar 2017
Droemer Taschenbuch

Ein Imprint der Verlagsgruppe
Droemer Knaur GmbH & Co. KG, München

Redaktion: Sabine Wünsch
Covergestaltung: Sempersmile, München
Satz: Adobe InDesign im Verlag
Druck und Bindung: CPI books GmbH, Leck
ISBN 978-3-426-30123-4

2 4 5 3 1

Für Manfred

Inhalt

VI
Warum wollen wir etwas sein?

VII
Macht Haben glücklich?

VIII
Macht Sein glücklich?
252

IX
Eine selbstregulatorische Theorie vom Haben und Sein
279

Vorwort

Es ging mir nicht gut. Der Arzt sagte, ich solle kürzertreten, eine Zeitlang nicht arbeiten. Ich saß zu Hause an meinem drei Meter langen Gesindetisch, an dessen einer Seite ich normalerweise arbeitete und an dessen anderer ich aß. Nun aß ich nicht mehr und arbeitete auch nicht, sondern starrte ins Leere – stundenlang. Midlife-Crisis.

Ich konnte doch eigentlich froh sein in dieser schönsten Wohnung der Welt, wie mein bester Freund immer gesagt hatte. An der Brouwersgracht in Amsterdam. Draußen die mächtigen Ulmen, die Hausboote, Fischreiher, Möwen, Eichelhäher – und auf meinem englischen Marmortisch auf der Terrasse saß die zahme Amsel, die ich täglich mit Müsli fütterte. Aber es ging mir nicht gut. Ich durfte nicht arbeiten. Konnte ja auch nicht. Und wollte nicht. Doch nur dasitzen? Fernsehen?

Das ging natürlich nicht. Sie können jemandem, der die letzten Jahre täglich achtzehn Stunden gearbeitet hat und von einem Kongress zum anderen hetzte, nicht plötzlich totalen Müßiggang verschreiben. Mir fiel nichts Besseres ein, als zu putzen. Das befriedigte mich nicht sonderlich, zerstreute jedoch ein wenig die grauen Gedanken und lenkte meinen Blick auf all die Dinge, die ich abstauben musste. Was hatte sich in den fünfzig Jahren meines bisherigen Lebens nicht alles so angesammelt! Bei den Umzügen war nie Zeit zum Aussortieren gewesen, und Geld für die immer länger werdende Kolonne von Umzugslastwagen war ja da gewesen. Und für eine größere Wohnung. Alle fünf Jahre hatte ich mich »verbessert« – will sagen, mir für einen höheren Lohn höhere Verantwortlichkeiten aufgehalst. Und immer hatte ich die neue Herausforderung sofort angepackt. Mit Alltäglichem wie dem Putzen oder dem Betrachten der Dinge, die mir gehörten, konnte ich mich nicht aufhalten.

Auf einer Kommode erblickte ich einen vergoldeten Steingutpokal, den mir ein Freund – oder war es eine Sekretärin? – einmal geschenkt hatte. Vor Jahren war das Ding tatsächlich cool gewesen, jetzt empfand ich es als potthässlich. Daneben stand eine marokkanisch anmutende Bonbonniere, die ich von einer Mitarbeiterin bekommen hatte. Auch gruselig. Sie war gefüllt mit Stiften aller Art, alten Schlüsseln, Gummibändern, Schlafbrillen, Hotelseifen, Tortendekorationen und anderem Zeug. Ich schaute in die Schubladen der Kommode. Die oberste war voll mit verstaubten Stofftieren, die darunter mit alten Lampen, die ich eventuell mal wieder brauchen könnte; die dritte war gefüllt mit Plastikdosen, und in der untersten waren Tischdecken gestapelt – allesamt inzwischen ästhetische Herausforderungen. Nein, so etwas wird nicht mehr modern. So etwas wird produziert, damit man es ein halbes Jahr später nicht mehr ertragen kann.

Ich holte mir ein paar Abfallsäcke – in den Niederlanden kann man so viele Säcke vor die Tür stellen, wie man will – und füllte sie mit all dem Zeug, das ich seit Jahren nicht mehr benutzt hatte. Dann packte ich die Dinge ein, an denen ich nie wieder Gefallen finden würde, und anschließend alle Stehrümmchen, wie man sie im Rheinland treffend nennt, von denen ich nicht mehr wusste, wer sie mir vermacht hatte. Nach drei Tagen hatte ich ungefähr dreißig Sechzig-Liter-Säcke gefüllt. Es fühlte sich gut an. Ich sortierte Gebrauchsanweisungen und Fotos, und ich stellte meine Schallplattensammlung, die seit zehn Jahren in Vergessenheit geraten war, vor die Tür. Dazu gesellten sich ca. zwanzig Paar Schuhe und all die Bücher, die ich nie wieder lesen würde. Es ging mir immer besser. Am Ende der Woche beschloss ich, die Wohnung zu verkaufen. So schön sie war, erschien sie mir letztendlich wie ein Klotz am Bein. Riesengroß – kein Mensch braucht drei Etagen für sich allein, kein Mensch braucht all den Krempel. Außerdem konnte ich die Hypotheken ja nur zahlen, wenn ich weiter an dieser Universität arbeiten würde, an der ich krank geworden war. Wollte ich denn wirklich dahin zurück?

Nach einem Monat hatte ich siebzig Säcke weggeworfen, über 300 Bücher vor die Tür gestellt und besaß nur noch ein Zehntel meiner Kleidung und meiner Schuhe. Ich beschloss, mir einen anderen Job zu suchen, schrieb die Kündigung und legte sie vorerst in die Schublade. Doch ich fühlte mich sofort gut, ungebunden – frei.

Das Trüffelschwein

Letztlich begann ich dann doch wieder wissenschaftlich zu arbeiten. Erst einmal las ich wieder. Beim Aufräumen der Bücher war mir nämlich Erich Fromms *Haben oder Sein* in die Hände gefallen. Ein Buch, das mich neben Sigmund Freuds und Kurt Lewins Werken vor langer Zeit dazu gebracht hatte, Psychologie zu studieren. Ich las es also wieder – dann noch ein zweites Mal –, und da kehrte die alte Motivation zurück. Die Lust an diesem spannenden Fach, der Psychologie, die ich in dieser Wissensfabrik wohl komplett verloren hatte. Ich erfreute mich an der Wissensdichte des Werks, an der Disziplinen übergreifenden Analyse, an dem weltverbesserischen Ton, an der Parteinahme für den Menschen. Fromm schreibt nicht für die Wissenschaft, nicht für seine Karriere, sondern er schreibt für uns. Um uns zu retten, verteufelt er das Habenwollen, die Gier, das Streben nach materiellem Besitz und stellt diesem das Sein gegenüber, einen Lebensstil, der auf Lernen und Lieben und Erfahren abzielt. Ich saß auf dem Boden und verschlang die Botschaft wie ein Jugendlicher auf der Suche nach dem richtigen Glauben. Nachdem die erste Begeisterung verflogen war, kam ich allerdings ins Grübeln. Vieles, was bei Fromm als Erklärung für Gier und Sinnsuche gegeben wird, gilt mittlerweile als wissenschaftlich widerlegt. Immer wieder hatte ich beim Lesen über die theoretische Grundlage des Buches schmunzeln müssen: über die Idee etwa, dass es »orale« und »anale« Phasen gäbe und dass Materialisten Geld schlucken, so wie bekanntlich Babys alles in den Mund stecken. Fromms Beobachtungen hingegen erschienen mir modern; das Thema war wieder da, und mir wurde klar, dass es nicht nur mein Thema war.

Ich verbrachte ein paar Wochen in Deutschland und bemerkte, dass die Wirtschaftskrise die Menschen, vor allem junge, wachgerüttelt hatte. Einige, wenn auch vergleichsweise wenige, gingen plötzlich wieder gegen die Banken und soziale Ungerechtigkeit auf die Straße – so wie ich es aus meiner Jugend kannte. Sie zögerten auch nicht, antikapitalistische Ideen zu propagieren, und forderten, dass wir endlich aufhören sollten, die Ressourcen dieser Welt auszubeuten. Im Netz scheint diese Bewegung größer zu sein – für Revolutionen muss man nicht mehr auf die Straße gehen.

In zahlreichen Chatrooms entdeckte ich Menschen, die alles andere als Konsum wollten, die in ihre Lebenskonzepte Teilzeitarbeiten wie selbstverständlich integrierten und Tipps gaben, wie man sich vegan, günstig und politisch korrekt ernähren kann. Ich gesellte mich zu diesen »Minimalisten«, sprach mit ihnen und bat sie um Buchtipps. Empfohlen wurden mir Werke von Serge Latouche, Niko Paech, Jonathan Safran Foer und solche über Veganismus und Selbstbeschränkung. Einige verwiesen auch auf Fromm, Sartre (»Musste mal lesen, Alter!«), Heidegger und, ja, Marx. Ich fühlte mich wie ein Trüffelschwein, entdeckte immer mehr Interesse und Material für »mein Thema«. Im Sommer 2013 widmete sich dann schließlich Harald Weinrich, ein hervorragender Linguist, der Thematik und begeisterte mich einmal mehr. Das Buch erlaubte einen neuen Blick auf Heideggers *Sein und Zeit*, Sartres *Sein und das Nichts*, und, ja, auch Karl Marx; vor allem die *Ökonomisch-philosophischen Manuskripte* las ich, als seien sie gestern neu erschienen. Besonders die Frage, wie Haben und Sein zusammenhängen, was wichtiger ist und was uns glücklicher macht, ließ mich nicht los. Und war es nicht auch so, dass die Serviceteile der Zeitschriften »meine« Fragestellung ebenfalls aufnahmen? Über »Achtsamkeit« wurde geschrieben, als hätte man eine neue Elefantenart im Busch entdeckt. Die Fülle an Artikeln zu Burn-out oder Bore-out, zu freiwilligem Verzicht und zu einfachem schönem Leben passten wie die Faust aufs Auge. Auch der Mindestlohn, der ökologische Fußabdruck – er beschreibt die Menge Land, die nötig ist, um den Lebensstil eines Menschen zu ermöglichen, der essen muss, sich kleidet, irgendwo wohnt und reist – und die Kapitalismusdebatte waren in den politischen Teilen Dauerthema. Es schien mir, dass die Fragestellung über die Disziplinen hinweg starke Beachtung fand.

Irgendwann begab ich mich auf die Suche nach psychologischer Literatur, die ich während meiner Auszeit ja eigentlich meiden sollte. Aber es interessierte mich brennend und schadete mir nicht. Was war in der Psychologie eigentlich nach Fromm passiert? Hatte er, der eine ganze Generation geprägt hat – sein Buch wurde weltweit millionenfach verkauft –, eine psychologische Forschungsrichtung geschaffen, die mir entgangen war? Zwanzig Jahre lang hatte ich Sozialpsychologie unterrichtet, doch über *Haben und Sein* hatte ich, um ehrlich zu sein, nicht ein Wort verloren. Zu meiner Verteidigung muss ich allerdings sagen, dass diese Thematik in der großen Auswahl der Lehrbücher, die mir als Professor jährlich zur Ansicht zugeschickt werden, kaum eine Rolle spielt.

Doch: Wer sucht, der findet. Ich fand zwar keine zusammenhängende wissenschaftliche Abhandlung zum Themenbereich »Haben und Sein«, stieß jedoch auf mehr und mehr vereinzelte Forschungsprojekte, die man grob zu diesem Themenkomplex rechnen konnte. Es kam mir vor, als hätte ich Trüffel entdeckt – seltene Pilze, die man ausgraben muss und die größtenteils hervorragend schmecken. Als Nächstes stellte sich die Frage, wer daraus etwas Feines kochen sollte, damit sie voll zur Geltung kämen. Mit Trüffeln muss man eigentlich nicht viel machen. Man muss sie (vorsichtig) putzen, in etwas Butter oder Sahne schwenken und mit wenigen Gewürzen zum Leben erwecken. Nennen Sie mich überheblich, aber ich traute mir zu, dieses Gericht zu kochen. Im übertragenen Sinn wollte ich aus den bestehenden, aber vereinzelten Forschungsprojekten eine Theorie bilden, die einerseits die Stärken der einzelnen Ideen und Befunde hervorhebt und andererseits etwas Neues hervorbringt. Eine neue Theorie, die jeder nach eigenem Ermessen loben oder kritisieren kann – die man an sich selbst oder wissenschaftlich überprüfen kann.

Die Trüffel

Im Bereich der Sozialpsychologie wie in der Konsumenten- und Werbepsychologie, aber auch in der Entwicklungs- und Biopsychologie fand ich Untersuchungen, die der Frage nachgehen, ob das Anhäufen von Gütern oder eine materialistische Lebenseinstellung zu einem glücklichen Leben führt – ob und wozu wir Objekte brauchen, ob Geld süchtig machen kann, was der Kauf bestimmter Dinge über unsere Persönlichkeit aussagt, warum wir bestimmte Produkte kaufen und andere nicht. Wie bereits angemerkt, stehen diese Befunde isoliert nebeneinander – es scheint kein Gedankenaustausch zwischen »Glücksforschern« der »Suchtpsychologie des Geldes« oder den »Konsumentenpsychologen« stattzufinden. Von einem gut definierten, einheitlichen und integrativen Forschungsbereich kann überhaupt nicht die Rede sein.

Das ist besonders dann problematisch, wenn Befunde sich offenbar widersprechen. Irgendwann fragte ein Journalist an, ob ich nicht in einer Fernsehdiskussion etwas über das Thema »Reiche in Deutschland« sagen könne. Ich lehnte ab, weil mir nicht klar war, was ich dazu sagen sollte. Wenn zum Beispiel die Materialismus-Forschung zeigt, dass die fortwährende Beschäftigung mit seinem Besitz oder dem Erwerb von Gütern letztendlich unglücklich macht, steht das im Gegensatz zur »Psychologie des Geldes«, denn diese verdeutlicht, dass Geld für viele eine psychische Ressource ist, weil es sie von allen möglichen Zwängen befreit. Außerdem belegen neuere Studien, dass die Lebenszufriedenheit mit dem Haushaltseinkommen steigt, statt zu sinken. Was wiederum in Konflikt mit biopsychologischen Erkenntnissen zu stehen scheint, die das Suchtpotenzial von Geld mit dem von Alkohol und Nikotin gleichsetzen.

Dieses Buch ist der Versuch, diese Unstimmigkeiten zu erklären. Es soll Ausgangspunkt für eine Diskussion sein. Ziel ist dabei nicht, recht zu haben; vielmehr will ich zu Widerspruch anregen. Ich will Sie inspirieren, und deshalb breite ich mein erworbenes Wissen vor Ihnen aus – zusammen mit eigenen Gedanken, die ich mit Hilfe von Kollegen und Kolleginnen, Freunden und Freundinnen, Menschen aus der Wirtschaft, dem sozialen Bereich, der Politik und der Kunst weiterentwickeln durfte. Ich würde mich freuen, wenn Sie dieses Buch zum Nachdenken anregt und wenn es Sie inspiriert, das von mir Gesagte zu verfeinern, zu verbessern – oder gar zu widerlegen: Fordern Sie ruhig meine Gedanken heraus.

Widersprechen Sie mir. Zeigen Sie mir, wo ich etwas treffend beschreibe und wo nicht! Und haben Sie keine Angst vor dem Wort »Theorie«. Eine sozialpsychologische Theorie ist immer auch eine Theorie über das Alltagsleben, über völlig normale psychologische Prozesse, die man fast überall vorfinden kann. Wenn Sie sie nicht verstehen können, dann taugt die Theorie sowieso nicht viel. Ich sprach oben von den Befunden, die mir wie Trüffel erschienen. Damit sie gut zur Geltung kommen und sich zu einem Genuss verbinden, benötigen sie eine solide Basis – bestenfalls Nudeln. Genau das ist eine sozialpsychologische Theorie für mich: Nudeln. Nudeln machen glücklich und sind gut verdaulich.

Im Gegensatz zu Erich Fromm werde ich Sie nicht zum Verzicht auffordern oder Tiraden gegen den Materialismus schreiben. Dieses Buch wird die Welt vermutlich nicht verändern, wenn das auch wahrscheinlich jeder Autor hofft, der ein Buch über dieses Thema schreibt. Wir sind dabei, diesen Planeten zu vernichten, und die Psychologie kann das nicht verhindern. Ich kann jedoch versuchen zu verstehen, warum wir so sind, wie wir sind, und vielleicht hilft das unseren Urenkeln, uns zu vergeben. Und vielleicht führt ja doch ein Weg zur Veränderung über das Verständnis der Dinge. Die Hoffnung stirbt zuletzt.

I
Haben als Problem

Die subjektive Sicht: Haben wir überhaupt ein Problem?

»Du hast doch schon ein Fahrrad!«

Der kleine Junge trampelte auf dem Boden herum, weinte bitterlich und boxte gegen die schöne Ledertasche seiner Mutter.

»Aber doch nicht so eins! Das, was ich hab, ist doch für die Schule, und das hier ist ein Mountainbike!«

Die Mutter wurde wütend, erinnerte sich aber schnell daran, was die Super-Nanny im Fernsehen gesagt hatte. Sie holte also tief Luft und zählte rückwärts von 23 bis 20. Danach entschuldigte sie sich augenrollend bei den anwesenden Kunden für das Spektakel. Der Junge gab jedoch nicht nach: »Mama, bitte!« Der Mutter fiel nichts anderes ein, als ihr Argument zu wiederholen: »Du hast doch schon ein Rad!« Da wurde der Junge erneut zornig und schrie: »Aber du hast auch nicht nur ein Paar Schuhe. Du hast tausend!«, woraufhin die umstehenden Kunden lachten, die Mutter mit einstieg (Ach, was habe ich für ein schlaues Kind!) und den Verkäufer heranwinkte.

Vermutlich ist es aus ökologischer Sicht Schwachsinn, mehrere Räder zu haben. Auf der anderen Seite hatte das Kind bestimmt nicht unrecht, wenn man mal von der Übertreibung absieht. Die Mutter besitzt sicherlich nicht nur ein Paar Schuhe, und sie wird auch mehr als drei Teller im Schrank stehen haben. Und wer weiß, vielleicht besitzt das Kind ja gar nicht viel – im Vergleich zu anderen. Schaut man sich um, so haben viele Kinder ein Stadt- und ein Rennrad. Mindestens – neben Longboards, Rollern, Einrädern und Rollschuhen. Und wenn die Mutter sich das Geld hart erarbeitet hat, warum sollte sie ihrem Sohn nicht ein schönes Leben ermöglichen? Wo ist also das Problem?

Wer hat, der hat

»Haben wir zu viel?« Es hängt ganz davon ab, wie und wo man fragt. Hätten wir gerade eine Sendung über Arbeitsbedingungen in Textilfabriken in Indien gesehen, würden wir, sicherlich berührt, zugeben: »Klar, viel zu viel.« Würde die Frage lauten: »Sollen wir uns nicht ab und zu mal etwas gönnen?«, und wir sehen nach einem anstrengenden Arbeitstag diese Wahnsinnsschuhe, die um hundert Euro heruntergesetzt sind, dann greifen wir, ohne mit der Wimper zu zucken, zu und stellen sie neben unsere anderen zwölf Paar. Schon sind wir in einem psychologischen Prozess: *Soziale Vergleiche* – also der *Standard,* von dem wir unseren Besitz aus betrachten – bestimmen, ob wir meinen, genug zu haben und dass wir sogar etwas abgeben sollten, oder ob wir noch mehr haben wollen. Der Sozialpsychologe Leon Festinger stellte als Erster heraus, dass Menschen viele Informationen über sich gewinnen, indem sie sich mit anderen vergleichen.

Ob wir zu viel oder zu wenig haben, ob wir das Bedürfnis haben, zu kaufen oder zu konsumieren, hängt also häufig von einer *subjektiven Perspektive* ab, die sich je nach Situation schnell verändern kann. Sehen wir unseren Nachbarn, der seinen drei Kleinkindern gerade jeweils ein iPad gekauft hat, dann finden wir es vielleicht ein wenig albern, dass wir aus lauter Knauserigkeit bisher gar kein Tablet haben, und erwägen plötzlich, ob es nicht endlich an der Zeit wäre, sich so ein Ding zuzulegen. Damit hat der Nachbar durch sein Verhalten nicht nur eine Idee gesät (»Tablets sind sicher cool«), sondern gleichzeitig einen hohen Standard gesetzt (»Das hat heutzutage jedes Kind«) und damit unsere Vorstellung (»Wir brauchen keines«) herausgefordert. Die Schlussfolgerung könnte sein: »Wenn die sogar mehrere haben, sollte ich mir wenigstens eines zulegen.« Selbst wenn meine Einstellung, mir keines anzuschaffen, nicht nur auf Sparsamkeit oder gar Geiz beruht, sondern mit rationalen Argumenten untermauert war (»Mir ein Gerät anzuschaffen, das kaum etwas anderes kann als mein Computer, ist Verschwendung von Ressourcen und schadet der Umwelt«), kann sie durch den sozialen Vergleich ins Wanken geraten. Man könnte sich zum Beispiel auch sagen: »Im Vergleich zum Nachbarn, dem die Umwelt offensichtlich völlig egal ist, stehe ich mit einem einzigen Tablet noch immer ziemlich gut da.« In diesem Fall würde das ökologische Argument durch den sozialen Vergleich untergraben und schließlich außer Kraft gesetzt.

Warum beginne ich dieses Buch mit einem so einfachen Prinzip? Weil es uns manchmal motiviert, zu konsumieren, und manchmal nicht. Wir haben es doch sicherlich alle schon erlebt, dass wir eine unsinnige Anschaffung machten, die die nächsten Umzüge originalverpackt überlebte. Auf der anderen Seite haben wir sicherlich häufig schon aus Vernunftgründen verzichtet – oder ziemlich gewissenhaft eingekauft und uns dieses moralische Verhalten auch etwas kosten lassen. Heute Konsummonster, morgen bescheidenes Veilchen, übermorgen Klassensprecher der Vernunftbegabtenklasse. Dieses ständig wechselnde Verhalten gibt uns Konsumenten beinahe etwas Unberechenbares. Ein berechenbarer psychologischer Faktor ist jedoch der soziale Vergleich: Wenn wir gerade an einen hohen Besitzstandard denken, konsumieren wir im Regelfall mehr; denken wir an einen niedrigen, konsumieren wir weniger. Dies bedeutet: Wir sind alles andere als eine stabile Persönlichkeit mit klaren Zielen oder Einstellungen, was den Kaufwunsch oder das Habenwollen angeht. Mal entscheiden wir uns dazu, weniger zu kaufen, weil wir gehört haben, dass ein Drittel unserer produzierten Lebensmittel in den Müll wandert. Das nächste Mal kaufen wir doch wieder zu viele Tomaten, die in ein paar Tagen vor sich hin gammeln werden, und können auch an dem schönen Schal nicht vorbeigehen, obwohl wir ihn nie tragen werden, weil er farblich nicht perfekt zu unseren Jacken passt. Vielleicht wurde das Verhalten durch die Passantin ausgelöst, die wir eben wegen eines ähnlichen Schals bewunderten. Und vielleicht wurde der Tomatenkauf im Supermarkt durch einen sozialen Vergleich ausgelöst – aktiviert durch ein Plakat, auf dem sich ein Topmodel, das drei süße Kinder und trotzdem eine tolle Figur hat, eine riesige Schüssel Tomatensalat schmecken lässt (hoher Standard). Mit anderen Worten: Durch einen sozialen Vergleich wurde ein dem Verzicht entgegengesetztes Ziel präsent, das uns zuflüsterte: »Kauf!«, statt: »Das brauchst du nicht!« Wenn wir dagegen gerade gelesen haben, dass Mahatma Gandhi nur fünf Objekte besaß (niedriger Standard), weil er sich durch Materielles nicht korrumpieren lassen wollte, wird uns das vielleicht eher ausbremsen, und wir lassen die Eiswürfelzange aus poliertem Chrom im Design Store hängen.

Sozialer Vergleich schürt aber auch einen gewissen Wettbewerb, der eher eine Quelle des Neides als der Zufriedenheit ist. Der Soziologe und Ökonom Thorstein Veblen hat in seiner *Theorie der feinen Leute* Prestigesucht zu einem Hauptmechanismus des Habenwollens erklärt. Seiner Meinung nach häufen Menschen materielle Annehmlichkeiten nicht deshalb an, um versorgt zu sein oder um die schönen Dinge des Lebens zu genießen, sondern vor allem, um anderen überlegen zu sein. Reichtum ermöglicht Veblen zufolge Ehre und Prestige, wobei die Unterscheidbarkeit grundlegend ist. Demnach reicht es nicht aus, sich einen Lebensstandard in Saus und Braus zu ermöglichen, sondern es geht darum, *mehr* zu haben als die meisten anderen. Aus diesem Grund kann es nach Veblens Auffassung nie eine glückliche Konsumgesellschaft geben; selbst wenn wir alles haben, was ein sorgloses Leben ermöglicht, werden wir irgendwann bemerken, dass jemand anders mehr hat. Das nagt an unserem Selbstwert und ermuntert uns, den Wettbewerb aufzunehmen. Schon sitzen wir mit unserem neuen Tablet auf der Fensterbank – natürlich dem neuesten mit Retina-Display, das unser Nachbar nicht hat. Dieses Motiv, anderen überlegen sein zu wollen, könnte im Moment des Kaufs alle vernünftigen Gedanken verdrängt haben. Hätten wir nämlich an die Berichte über Produktionsskandale in China gedacht oder an die Ausbeutung der Rohstoffe unseres Planeten, hätten wir vermutlich widerstehen können. Veblen, der die *Theorie der feinen Leute* 1899 publizierte, wird von Biographen als ein unterhaltsamer Menschenhasser skizziert – seine zynischen Analysen sind Klassiker. Aber werden Menschen tatsächlich eher von niederen Motiven wie Wettbewerb und Prestige angetrieben als von Menschenliebe und Vernunft? Der soziale Vergleich jedenfalls ist in der modernen Psychologie zunächst einmal ein wertneutraler Prozess, denn nach demselben Prinzip könnte jemand einen hohen moralischen Standard auslösen. Eine Diskussion letzte Woche in meinem Seminar zur Psychologie von Sein und Haben, bei der wir herausfanden, dass vier der Studierenden vegan und drei vegetarisch leben, motivierte mich, wenigstens an diesem Abend auf Fleisch zu verzichten. Die Studierenden hatten einen hohen moralischen Standard gesetzt, der sich unmittelbar auf mein Konsumverhalten ausgewirkt hat.

Der gute und der schlechte Mensch

Als Psychologe beschäftigt mich im Allgemeinen weniger, ob wir Menschen schlecht oder gut sind. Es interessiert mich eher, wieso wir zum Beispiel die schöne Wanderjacke, die uns in einem Werbebanner auf der Website unseres E-Mail-Anbieters angeboten wird, spontan kaufen, obwohl wir schon eine haben und obwohl wir im Prinzip wissen, unter welch menschenunwürdigen Bedingungen sie produziert wurde und wie wenig umweltverträglich der Kunststoff ist, aus dem sie gefertigt wurde. Ist jemand, der hier zugreift, gierig? Prestigesüchtig? Oder egoistisch? Alles möglich. Es kann aber auch sein, dass er sich gerade jämmerlich fühlt und die Jacke ein recht billiges Mittel ist, ihn aufzumuntern. Es kann sogar sein, dass einer meiner Kollegen ihm in einem therapeutischen Prozess geraten hat, sich auch einmal etwas zu gönnen. Vielleicht handelt es sich ja um einen Menschen, der sich vor allem um andere kümmert oder der sich für zu hässlich oder wertlos hält, eine solche Jacke zu kaufen. Was ich damit sagen will, ist nichts anderes, als dass ein und dasselbe Verhalten, auch simples Kaufverhalten, verschiedene Motive haben kann. Die Beurteilung, ob diese Motive gut oder schlecht sind, ist häufig schwierig. Wenn beispielsweise ein eigentlich geiziger und knurriger Chef bei einem Betriebsausflug nach einem Glas unfair erzeugten Weins in Spendierlaune gerät und eine Runde ausgibt – ist das jetzt gut oder schlecht? Es ist mir jedoch wichtig dahinterzukommen, *warum* jemand etwas tut und was ihn daran hindert, alternative Ziele zu verfolgen. Fast wertneutral könnte man die bisher beschriebenen Motive zum Konsumieren als *ichbezogen* beschreiben. Durch den Kauf der Jacke tut die Person etwas für sich (sie will *sich* etwas aneignen, sie will *ihren eigenen Selbstwert* erhöhen, sie will *ihre eigene* schlechte Laune bekämpfen etc.) und ignoriert für einen Moment über sie selbst hinausgehende Motive (wie etwa Umwelt und Arbeitsbedingungen). Wenn durch das Ausleben dieser ichbezogenen Motive tatsächlich Schäden für andere entstünden, würde man dies landläufig vermutlich als unmoralisch und letztendlich als unvernünftig bezeichnen.

Wir beobachten beim Konsumverhalten aber auch andere, weniger ichbezogene Motive. Viele von uns kaufen Bio-Eier und fair produzierten Kaffee und greifen dafür tiefer in die Tasche. Vielen kommen die Tränen, wenn sie Kinder bei der Arbeit sehen, bis zu den Knöcheln in stinkender Chemikalienbrühe stehend, und googeln daher nach fair produzierter Kleidung. Diese Ziele sind deshalb weniger ichbezogen und können als altruistisch bezeichnet werden, weil sie das Wohl der anderen (der Tiere, der Arbeiter) im Blick haben und die eigenen Bedürfnisse für einen Moment hintanstellen. Menschen tun dies gar nicht so selten.

In Köln-Bayenthal, wo ich wohne, gibt es mittlerweile auf kleinstem Raum drei große Bio-Märkte. Einer davon war ein Pilotprojekt und hatte solchen Erfolg, dass nun ähnliche Märkte an vielen Orten Nordrhein-Westfalens gebaut werden.* Und in vielen herkömmlichen Supermärkten werden die Regale für Bio-Produkte immer größer. Inzwischen ist bekannt, dass sich Bio-Produkte in Blindtests selten als geschmacklich besser erweisen, und für mich als Psychologen ist es nicht trivial, dass immer mehr Menschen willens sind, aus ethischen Überlegungen heraus tiefer in den Geldbeutel zu greifen. Mit den höheren Ausgaben wollen sie bewirken, dass Tiere freien Auslauf haben, nicht mit Medikamenten vollgepumpt werden und die Arbeiter in den Betrieben ge-

* Dass die Interessen derer, die den Supermarkt betreiben, nicht unbedingt »fair« sein müssen, sondern auch rein kommerziell sein können – sie also sozusagen die ökologische Bewegung kommerzialisieren –, das steht auf einem anderen Blatt. Der Käufer steht hier im Fokus, und der denkt mit einigem Recht, dass er sich ethischer verhält, wenn er sein Geld in einem dieser Märkte lässt.

recht bezahlt und behandelt werden. Im Prinzip ist das wie eine Spende an eine bessere Landwirtschaft oder eine finanzielle Unterstützung fairer Betriebe – die Kasse wird gleichsam zum Klingelbeutel. Außerdem boomen vegane Restaurants, die Slow-Food-Bewegung hält Einzug in stinknormale Brauhäuser, das Luxusobjekt Auto verliert nach neuesten Umfragen bei deutschen Jugendlichen an Bedeutung, und meine Studierenden wollen, so habe ich den Eindruck, wieder mehr über politische Themen diskutieren als über ihre Zwei in der Hausarbeit, die doch eigentlich eine Eins hätte sein sollen. Verantwortung für andere und für die Umwelt, soziales Verhalten, Nachhaltigkeit – wir Menschen halten diese Werte genauso in uns wie andere, weniger moralische, ichbezogene Wünsche. Des Weiteren wollen Studierende bei meiner Karriereberatung immer häufiger wissen, wie viel Zeit sie bei welchem Beruf am Arbeitsplatz verbringen und wie viel sie verdienen müssen, um sorglos zu leben, ohne dabei in den Stress zu geraten, den sie von ihren Eltern her kennengelernt haben. Fragen nach der Vereinbarkeit von Familie und Beruf, nach dem Freizeitleben, nach Möglichkeiten von Teilzeitarrangements höre ich nun öfter – und dies bereits am Anfang des Studiums! Hierin sehe ich zwar ichbezogene Lebensziele, aber sie erscheinen mir vernünftig, und sie schaden niemandem. Im Gegenteil – wenn alle Menschen durch eine kluge Stressreduzierung entspannter durchs Leben driften, muss man sich sicherlich die ein oder andere Unfreundlichkeit im Alltag künftig nicht mehr anhören. Mit anderen Worten: Ein ichbezogenes Verhalten könnte je nach Fall positive soziale Konsequenzen haben.

Ergo: Ichbezogene Ziele können sinnvoll sein, entweder therapeutisch gesehen für das Individuum oder für die anderen in seinem Umfeld. Dagegen kann jemand, der dauernd verzichtet, um die Welt zu retten – und dadurch chronisch schlechte Laune hat –, zwar moralisch im Vorteil sein, aber sein Verhalten könnte im menschlichen Miteinander durchaus als eine Störung wahrgenommen werden. Es scheint mir nicht nur für Psychologen sinnvoll zu sein, sich an einer Wertefreiheit solcher Motive und Ziele zu üben. Im Gegensatz zu manchem Vorgänger liegt es mir fern, das Habenwollen zu verteufeln. Es erfüllt in bestimmten Situationen eine wichtige psychologische Funktion, die wir übersehen würden, hätten wir moralische Scheuklappen auf. Außerdem konsumieren wir alle zu viel, und eine allein abwertende Haltung zu diesem Verhalten wäre schlichtweg bigott. Wir werden in späteren Kapiteln der Funktionalität von Verhaltensweisen nachgehen.

Ein Verhalten ist *funktional,* wenn es normalerweise zum Ziel führt und der Mensch sich nach Erreichen des Zieles gut fühlt. Der Weg dorthin ist im Idealfall ebenfalls angenehm – Tätigkeiten, die uns alles vergessen lassen, bei denen wir ein *Flow-Erlebnis* haben (alles fluppt, alles fließt, alles macht Spaß), sind natürlich erstrebenswert –, viele Ziele erreichen wir jedoch nur durch Schweiß, Blut und Tränen. Während der Lernphasen meines Psychologiestudiums etwa war ich selten im Flow, und trotzdem bin ich mit dem Beruf, der das Ziel war, rundum glücklich (selbst wenn mir an manchen Universitäten traumatische Erlebnisse nicht erspart blieben). Solange sich die Schmerzen in Grenzen halten und man sie eher als vorübergehende »Anstrengungen« oder »Schwierigkeiten«, also Durststrecken, beschreiben kann, wird funktionales Verhalten durchaus auch einmal als unangenehm toleriert. Es sollte dann aber wenigstens zu einem Ziel führen, das uns bereichert oder gar, im Falle eines Berufes, erfüllt. Wie man für sich selbst herausfindet, welche Ziele und Handlungen einem guttun, habe ich in meinem Buch *Unser Autopilot* detailliert beschrieben. In diesem Buch geht es mir nun eher darum, die Motive und Handlungen beim Haben und Sein zu diskutieren und wann sie funktional oder dysfunktional sind.

Verhalten wird als *dysfunktional* bezeichnet, wenn es dem Handelnden tatsächlich schadet, also seinem fundamentalen Überlebens- oder Unversehrtheitsmotiv entgegenläuft, oder wenn er damit nicht das erreicht, was er erreichen wollte. Demnach wäre es ebenso dysfunktional, wenn wir durch Verzicht verhungern, wie wenn wir uns durch ständiges Shoppen finanziell so ruinieren, dass uns irgendwann die Lebensgrundlage fehlt. Dies bedeutet auch, dass Verzicht, sowenig ichbezogen oder, im landläufigen Sinne, »gut« er auch sein kann, nicht immer funktional ist. Selbstaufopferung kann durchaus dysfunktional sein. Ebenso würden wir Verhalten als dysfunktional bewerten, wenn jemand Luxusgüter kauft, weil er denkt, dann beliebter zu werden – und schließlich merkt, dass es ihn im Gegenteil nur unbeliebter macht. Dasselbe gilt für jemanden, der glaubt, durch das Konsumieren des Zuckerersatzes Saccharin schlank zu werden – was aber nicht funktioniert, weil das Zeug nur noch hungriger macht; oder wenn sich jemand eine größere Wohnung kauft – weil er denkt, es ginge ihm dadurch besser, es ihn jedoch nur noch ängstlicher werden lässt. Alle diese Beispiele spiegeln dysfunktionales Verhalten wider, weil eine bestimmte Verhaltensweise nicht zum gewünschten Ziel führte. Dies bedeutet auf der anderen Seite, dass viele Verhaltensweisen nicht per se »schlecht« oder dysfunktional sind. Das Erwerben von Luxusgütern könnte dann als funktional angesehen werden, wenn es etwa dem Ziel diente, möglichst viel Besitz anzusammeln oder möglichst viel Macht zu erlangen. Allerdings sollte es dem Menschen tatsächlich gut mit diesem Besitz gehen. Wenn er im goldenen Käfig jeden Abend allein vor einer Weinflasche sitzt, war das Ganze letztendlich dysfunktional. Wenn er jedoch in einer riesigen Wohnung eine Großfamilie beherbergen will und diese sich dort wohl fühlt, kann ihr Erwerb subjektiv sinnvoll sein. Psychologisch gesprochen muss man also immer beleuchten, inwieweit ein Mittel (Verhalten) einem Ziel dient. Ist das Verhalten nützlich? Und wem nützt es? Überspitzt gesagt, würde man sogar aggressives Verhalten als funktional bezeichnen können, wenn es zum Ziel führt – und das tut es ja tatsächlich häufig. Hat man einen unbeliebten Kollegen hinausgemobbt, geht es einem besser. Die Trennung von moralischer Bewertung und Funktionalität erlaubt es einem, das Verhalten besser zu verstehen – was keinesfalls bedeutet, dass im alltäglichen Leben keine Veränderung angestrebt wird. Aus der simplen Feststellung, dass Aggression häufig funktional ist, könnte man zum Beispiel die Maßnahme ergreifen (die in unserer Gesellschaft intuitiv gewählt wurde), Aggression unter Strafe zu stellen. Wird aggressives Verhalten, wie Mobbing, bestraft, wird die Funktionalität ausgehebelt, weil man sich bei der Zielerreichung nicht mehr gut fühlt, sondern die Strafe fürchten muss. Die Strafe macht das Verhalten dysfunktional. Zudem kann ich mir auf der Grundlage der Funktionalität überlegen, welche alternativen Verhaltensweisen zum selben Zielzustand verhelfen, weil ja bekanntlich mehrere Wege nach Rom führen. Vielleicht wäre der unliebsame Kollege zu einem netten Kerl geworden, wenn man es statt Mobbing mal mit einer Supervision versucht hätte. Auf den Erwerb von Konsumgütern bezogen: Eventuell ist für das Ziel, glücklich zu werden, die alleinige Beschäftigung mit dem Erwerb von Gütern ein schlechter Ansatz und deshalb dysfunktional. Wäre dem so (wir werden weiter unten die Forschung zu diesem Thema näher beleuchten), dann könnte ich mir eine Alternative ausdenken.

Nichtsdestotrotz verfolgen Menschen teils ichbezogene und teils moralische Ziele, die über die Befriedigung eigener Bedürfnisse hinausgehen und Verantwortungsgefühl für andere reflektieren. Um zu begreifen, wann welche Ziele besonders verhaltenssteuernd sind, lohnt sich ein Blick in das menschliche Gedächtnis, in dem alle unsere Ziele, Mittel, Gedanken und Vorstellungen abgespeichert sind.

Hätten wir unsere ethischen Werte ständig »auf dem Schirm«, würden wir vermutlich weder die problematisch erzeugte Jacke noch ein Tablet kaufen, dessen Funktionen nicht besonders weit über die unseres Computers hinausgehen. Aber wir können, so die Sozialpsychologie, nicht immer alle Ziele und Motive, die im Gedächtnis abgespeichert sind, gleichzeitig wahrnehmen oder »denken«. Normalerweise steht in einer bestimmten Situation nur ein einziges Ziel im Zentrum unserer Aufmerksamkeit und treibt damit unser Verhalten voran. Sehe ich also die Wanderjacke, ist das Ziel in meinem Aufmerksamkeitsfenster entweder »Versuche, gut auszusehen« oder »Versuche, besser auszusehen als der andere«, oder »Mach ein Schnäppchen«, oder »Lass dich nicht von dieser Werbung beeinflussen«, oder »Denk daran, dass das ökologischer Schwachsinn ist«, oder »Jetzt gönn dir mal was«. Dabei ist es möglich, dass *alle* vorgenannten Ziele und Motive – sogar die widersprüchlichen – in einer Person abgespeichert sind, und vielleicht noch viele mehr. Jeder ist demnach ein Dr. Jekyll *und* ein Mr. Hyde, das heißt, jeder hat in seinem Langzeitgedächtnis sowohl soziale, altruistische als auch deviante, ichbezogene Werte verankert; man hat, um nur einige zu nennen, fürsorgliche, hedonistische und aggressive Ziele abgespeichert, spürt Liebe und Hass. Sie alle stellen Teile unseres Selbst dar und ermöglichen letztendlich ein großes Repertoire an Handlungsspielräumen. Welches Ziel schlussendlich unser Verhalten lenkt, hängt von der *Aktivierung* in der Situation ab. Die beiden Sozialpsychologen Bob Wyer und Tory Higgins haben Metaphern wie *Batterie* oder *Synapse* verwendet, um zu beschreiben, dass eine bestimmte Erinnerung entweder aktiv beziehungsweise aufgeladen oder aber inaktiv ist.

Nehmen wir ein Beispiel: David beschäftigt sich seit langem mit den negativen Folgen von Plastik. Er findet es grauenhaft, dass so viele Fische am Plastikmüll im Meer verenden, und unbegreiflich, dass aus lauter Bequemlichkeit Rohstoffe verschwendet und Gifte produziert werden. Soweit es geht, meidet er daher Plastik. Bei David ist das Ziel, Plastik zu meiden, ständig aktiviert, das heißt, die Batterie für das Ziel ist hoch aufgeladen – oder, wenn man die Synapsenmetapher bevorzugt: Das Ziel hat ein hohes Aktionspotenzial, das relativ langsam verfällt. Dieser kraftvolle Gedächtnisknoten erinnert ihn unter anderem daran, vor dem Einkaufen in seinem Rucksack nachzusehen, ob er eine Stofftasche dabeihat.

Davids Freund Kalle, dem ökologisches Verhalten durchaus imponiert, für den die Angelegenheit aber nicht so zentral ist wie für David, hat entsprechend ökologische Ziele weniger stark aktiviert. Das führt dazu, dass er die Stofftasche gelegentlich vergisst und sich dann eine Plastiktüte kauft. Wenn das passiert, ist er sich selbst gegenüber nachsichtig. Diese Angelegenheit ist ihm ja nicht so wichtig, und er ist schon ganz zufrieden, wenn er wenigstens manchmal daran denkt.

Ziele, die wir seit langem und nachhaltig verfolgen und die somit ein fester Bestandteil unserer *Persönlichkeit* sind, nennen wir *chronische Ziele*. Sie sind generell sehr aktiv und bestimmen nicht nur unser Verhalten, sondern fesseln auch ständig unsere Aufmerksamkeit. David wird häufiger bemerken, wie sehr andere Plastik vergeuden. Er wird eher Produkte im Regal erkennen, die in Papier verpackt sind; und wenn er durch die Zeitung blättert, fällt ihm eher ein Artikel über das neue Geschäft auf, in dem alles aus Schütten heraus in von Kunden mitgebrachte Behälter verkauft wird. Stark aktivierte Gedächtnisknoten ermöglichen es einem sogar, völlig automatisch, also unbewusst zu handeln. Sieht David das grüne Bio-Zeichen auf einem Müsli, greift er, ohne viel nachzudenken, nach dieser Packung.

Daneben können Ziele jedoch auch in bestimmten Situationen geweckt werden. Sie sind weniger chronisch, also ein weniger wichtiger Bestandteil unserer Persönlichkeit, aber ebenso verhaltensleitend. Kalle hat zwar eine Neigung, fair einzukaufen, aber er hat dieses Ziel nicht immer auf dem Schirm. Übernachtet er jedoch bei David, führt allein die Präsenz ökologischer Gedanken zu einer Aktivierung seiner moralischen Ziele, und so kommt es, dass er, ohne viel nachzudenken, morgens beim Brötchenholen zur Stofftasche greift. Das tut er selbst dann, wenn David noch gar nicht aufgestanden ist, ihn also nicht explizit dazu auffordern konnte, und obwohl er vom gestrigen Kaltgetränkkonsum vollkommen übermüdet und daher geistig recht abwesend ist. Die Werte seines Freundes wurden unbewusst aktiviert, denn sobald Kalle an David auch nur erinnert wird, steigt bei ihm das Aktionspotenzial ökologischer Ziele und leitet sein Verhalten. Kalle verhält sich also nachhaltiger in *bestimmten Situationen*, die ihn an dieses Ziel erinnern. Wir sprechen bei einer solchen Aktivierung von einer *situationalen* (in der Situation ausgelösten) Zielaktivierung.

Ziele können also mehr oder weniger aktiv sein, und normalerweise sind widersprüchliche Ziele in unserem Gedächtnis unterschiedlich stark aktiv. Unser Gedächtnissystem hilft uns teils sogar unbewusst, unangenehme Konflikte gar nicht erst zu erleben. Wenn allerdings doch einmal zwei gegensätzliche Werte ständig abwechselnd in unseren Aufmerksamkeitsfokus geraten, entsteht ein unangenehmer Zwiespalt. Wie letztens bei mir, als die Bio-Hähnchenbrust fünfzehn Euro kostete und die vom Freilandhuhn daneben nur fünf. Da habe ich bemerkt, wie sich mein Körper widerwillig mal zum einen, mal zum anderen Produkt neigte – und weil mir der Konflikt zu unangenehm wurde, habe ich letzten Endes keine von beiden gekauft. Meistens tritt jedoch ein bestimmtes Ziel in den Vordergrund. Falls hier zum Beispiel die ethischen Werte irgendwo in unserem Langzeitgedächtnis ruhig vor sich hin schlummern und sich so ein eher hedonistisches Ziel (wie Geiz) ungehindert durchsetzen kann, wird kein Konflikt empfunden, und wir kaufen das billigere Hühnchen, ohne ein schlechtes Gewissen zu haben. Sind dagegen ethische Werte aktiver, kaufen wir das Bio-Huhn und sind vermutlich stolz auf uns. Ziele können durch alles Mögliche, durch nahezu alle Reize der Umgebung aktiviert werden. Erinnern wir uns an die Standards vom Anfang – sie sind eine klassische Quelle für Aktivierungen von Zielen. Sehe ich auf Tablets patschende Nachbarskinder, aktiviere ich in meinem Gedächtnissystem Begehrlichkeiten. Andere Beobachtungen, wie ein Werbeplakat, auf dem die neue HDTV-Glotze angepriesen wird, damit man endlich einmal die WM scharf genug sehen kann, aktivieren genauso Ziele wie eine Sendung, in der auf den Trinkwassermangel in der Welt aufmerksam gemacht wird. Der Psychologie-Journalist Martin Tschechne beschrieb in einer Radio-Glosse vor kurzem das Phänomen, dass achtzig Prozent der Waren, die man an der Kasse im Supermarkt bezahlt, nicht auf der Einkaufsliste standen, und wie uns die Marketingexperten »auf die Idee« bringen, dass wir diesen elektronischen Dosenöffner oder jene Trinkschokolade noch brauchen. Das kennen wir sicherlich alle, und wir mögen es bizarr oder skurril finden. Es ist aber vor dem Hintergrund der Motivationspsychologie vollkommen normal, wenn man schlichtweg unterstellt, dass in Supermärkten mit allen Mitteln vor allem ein Ziel aktiviert werden soll: kaufen. Da haben andere Ziele häufig keine Chance mehr, sosehr wir sie sonst bei uns zu Hause und gegenüber Freunden vertreten.*

* Welche Reize es letztendlich sind, auf die wir hereinfallen, ist in vielen Büchern Thema. In diesem Buch werde ich die Tricks der Marketingexperten weniger betrachten, da es auf meiner Ebene der Analyse nichts ausmacht, ob Sie die Milch kaufen, weil sie in der hellblauen Verpackung leichter aussieht als die dunkelblau verpackte, weil sie in Augenhöhe stand oder weil eine Werbedame Ihnen nett zugelächelt hat. Ich empfehle Interessierten die Bücher von Paco Underhill und Wolfgang Ullrichs *Habenwollen*.

Bleiben wir noch einen Moment bei Zielkonflikten. Viele moralische Ziele erfordern, dass wir uns selbst zurückstellen. Wenn ich etwa einem Obdachlosen abends auf der Fahrt ins Theater helfe, komme ich eventuell zu spät zur Vorstellung. Wenn ein Bio-Produkt nicht in mein Budget passt und ich keine billige Alternative will, muss ich mich vielleicht zusammenreißen, um dem Konsum zu entsagen – oder zähneknirschend den hohen Preis bezahlen und dafür auf etwas anderes verzichten. Ökologische und faire Güter kann man schlichtweg nicht billig produzieren. Bezahlt ein Winzer seine Arbeiter anständig und verliert ab und zu eine Jahresernte, weil sich die Reblaus nicht so einfach durch seine ökologisch vertretbaren Methoden vertreiben ließ, dann ist eine Flasche Wein nun mal nicht für zwei Euro zu haben. Und wenn wir nicht gerade Leonardo DiCaprio heißen, der sicherlich ohne Probleme jeden Abend in einem Bio-Markt einkaufen und einen fair produzierten begehbaren Kleiderschrank mit fair geklöppelter Designerkleidung füllen kann, steigt die Wahrscheinlichkeit für einen typischen *Zielkonflikt:* Ich kann nicht sparen wollen und gleichzeitig ethisch einkaufen. Dadurch ist Frust nach der Entscheidung vorprogrammiert, denn eines meiner Ziele bleibt in jedem Fall unbefriedigt. Wähle ich A (Moral: an einer gerechten Welt arbeiten, Verzicht), dann ist B (Freude: kaufen und genießen) nicht befriedigt; entscheide ich mich für B, bleibt A auf der Strecke. Da sich gesunde Menschen frustrierenden Gefühlen zu entziehen versuchen, bedienen sie sich verschiedener Methoden der Konfliktvermeidung.

Eine Möglichkeit ist, Zielkonflikte zu umgehen, indem man eines der Ziele schlichtweg aufgibt. Ich könnte mir beim Klamottenkauf beispielsweise zureden: »Sei nicht so geizig, an diesem T-Shirt klebt wenigstens kein Blut!« – und meinen

Sparfimmel hintanstellen. Alternativ könnte ich mir sagen: »Das geht langsam zu weit, achtzig Euro für ein T-Shirt zu verlangen. Ich habe einfach nicht das Geld.« Damit steigt vermutlich die Lust, mal einen Blick in die Läden zu werfen, die mir vorher problematisch erschienen.

Andere Methoden sind Entschuldigungen oder Rechtfertigungen. Bei den *Entschuldigungen* geben wir nach einem unethischen Verhalten zu, dass wir Mist gebaut haben. Vor kurzem hörte ich einen Ehemann beichten: »Ja, Putzi, ich weiß, dass das scheiße war ... das mit der Gabi, das tut mir wirklich leid.« Putzi reagierte nicht darauf, sondern zeigte übertrieben angewidert mit ihren mit Eichhörnchenbildern beklebten Fingernägeln auf einen Ekelfleisch-Hamburger, den der Mann in der Hand hielt. Und rümpfte die Nase wie vor einer Güllegrube. Er wusste natürlich sofort, was er Böses getan hatte: »Ja, Putzi, auch Mäcs essen ist scheiße. Aber nicht so scheiße wie das mit der Gabi.« Beide Male hat uns der Gatte gezeigt, dass er den Widerspruch nicht aufzulösen gedenkt. Er gesteht vielmehr seine Fehler ein. Wird die Entschuldigung angenommen, hat er sein Ziel erreicht – er ist aus dem Schneider.

Im Gegensatz dazu versucht man durch *Rechtfertigungen,* den Widerspruch aufzuweichen: »War doch eigentlich nicht so schlimm« oder »Es hatte einen bestimmten Grund«. Hätte der Gatte gesagt: »Das mit Gabi, damit wollte ich dich doch nur sexuell entlasten«, oder: »Das Fleisch in diesem Burger ist top, das, was daran stinkt, ist die Landluft«, wäre damit der Versuch unternommen worden, einen Widerspruch aufzulösen oder, wie wir Psychologen gern sagen: »wegzuerklären« oder »umzukonstruieren«. Auf den Konsum bezogen bestätigen wir uns manchmal darin, wie sehr wir die unvernünftigen Dinge einfach »verdient« haben. Oder wir sagen uns, dass wir die Welt nicht retten können mit unserem individuellen Verhalten, dass vielmehr »die Politiker was machen sollen«.

Das sind, wie der Psychologe Russell Belk zeigen kann, ebenfalls typische Rechtfertigungen für ein Verhalten, das mit ethischen Maximen im Konflikt steht oder gängigen Normen widerspricht.

Rationalisierungen, die uns zu ethischem Verhalten führen, beinhalten häufig Zweifel am *Wert* der ichbezogenen Alternative. Nach den Skandalnachrichten aus Fabriken, die Teile für iPhones produzieren, hörte man häufig: »Na, so cool sind die iPhones nun auch wieder nicht.« Die Abwertung von unvernünftigem Verhalten taugt hervorragend zur Selbstregulation. So ist einer meiner bevorzugten Tipps zum Abnehmen, sich zu fragen, ob ein kalorienhaltiges Produkt, das einen gerade anlacht, es *wert* ist, davon zuzunehmen. Mag ich wirklich so gern Frankfurter Kranz, dass ich in Kauf nehme, davon fett zu werden? Bejahe ich die Frage, entgehe ich dem Konflikt: Dann lasse ich es mit Vergnügen mal krachen und verstehe die Buttercreme (im wahrsten Sinn des Wortes) als Hüft*gold.* Verneine ich sie jedoch, was relativ häufig passiert, kann ich entsagen, weil ich die Torte innerlich abgewertet habe. Frankfurter Kranz esse ich zum Beispiel nur in den besten Cafés, nie bei einer dieser Bäckerei-Ketten – das setzt dem Verzehr automatisch Grenzen. Und selbst im besten Café sage ich spätestens dann nein, wenn meine Hosen so eng sitzen, dass sich die Falten der Boxershorts in mein Fleisch stempeln.*

Bei Konsumentscheidungen können wir grundsätzlich immer hinterfragen, *warum* wir etwas brauchen, ob wir etwas

* Übrigens, wenn Sie einmal ein Ding loswerden wollen, dann schmeißen Sie doch Ihre Waage weg. Ich habe zur Selbstkontrolle schon Wesentliches in meinem Buch *Unser Autopilot* gesagt, in diesem Zusammenhang sei hinzugefügt: Die Hose, die Sie haben, ist ein ausreichendes Messinstrument der Körperfülle – die Dezimalstellen hinter dem Komma, die moderne Waagen anbieten, sind lediglich trügerische Anzeichen dafür, dass man abgenommen hat, und verleiten dazu, sich als Belohnung für diesen tollen Erfolg die Pizza double cheese kommen zu lassen.

tatsächlich brauchen und ob es uns *glücklich* macht. Diese Rationalisierungsprozesse sind natürlich höchst subjektiv, und es ist schwer vorherzusagen, wie jemand entscheiden wird. Ob wir etwas wirklich brauchen, kann psychologisch gesehen nicht durch einen objektiven Blick in den Kleiderschrank oder in die Garage entschieden werden. Selbst jemand, der schon zwölf Autos hat, kann subjektiv das Gefühl haben, einen weiteren Wagen zu brauchen. Und jemand, der einen fünfzig Jahre alten Küchentisch hat, über den sich die Nachbarn schon lustig machen, kann seine Frau jahrelang mit den Sätzen zur Weißglut bringen: »Wozu brauchen wir einen neuen Tisch? Wir haben doch einen.«

All diese Prozesse werden mit mehr oder weniger Erfolg dazu eingesetzt, Konflikte oder schlechte Gefühle zu verringern, die wir beim Aufeinanderprallen von ichbezogenen, lustbezogenen Zielen einerseits und ethischen, vernünftigen Zielen andererseits spüren.

Zusammenfassend betrachtet ist die Psychologie der Ziele, so wie die der Konsumentenziele, eine sehr flexible. Ich werde später noch einmal darauf zurückkommen. Halten wir hier erst einmal fest, dass es nicht nur ein einziges Motiv gibt, um etwas zu kaufen oder nicht zu kaufen – es gibt viele, und ich werde an späterer Stelle einige zur Diskussion anbieten, für die es in der Psychologie auch gute Beweise gibt.

Der schlechte und der gute Reiche

Ziele entstehen nicht im luftleeren Raum, sondern bilden sich innerhalb einer Gesellschaft heraus. Sie können manchmal durchaus widersprüchlich sein und stehen nicht nur in unserem Gedächtnis, sondern auch innerhalb unserer Gesellschaft konfliktreich nebeneinander. So kennen wir die Norm, andere nachts nicht zu stören, und die ihr widersprechende, uns mit Freunden zu Partys zu treffen, um das Leben zu genießen – und da geht es halt manchmal gar nicht leise zu. Ein weiteres Beispiel aus dem wirklichen Leben des Sommers 2014: Trotz des schönen Wetters sollten wir nicht zu häufig grillen, weil der Gestank unseren Nachbarn ins Zimmer dringt; in starkem Gegensatz dazu gab es nichts Cooleres (so die Baumärkte) als die neuen Supergrills, mit denen man jetzt »auch Fisch kann«.

Manche werden sich daran stören, dass ich für Modeerscheinungen wie laute Partys und teure Grills das Wort »Norm« gebrauche, aber ich verstehe darunter wie viele Sozialpsychologen schlichtweg eine gesellschaftliche Verhaltensvorschrift, die kein niedergeschriebenes Gesetz sein muss, sondern einen Aufforderungscharakter haben kann, der Verhalten leitet. Beim Konsumieren ist es häufig so, dass zwar kein expliziter Zwang ausgeübt wird, ein bestimmtes Konsumverhalten zu zeigen, trotzdem aber ein gesellschaftlicher Druck besteht, sich etwas Bestimmtes anzueignen. So werden aus manchen Dingen »Must-haves«. »Jeder« hat einen Flachbildschirm zu besitzen, einen Computer, ein E-Bike, dünne Daunenjacken, beleuchtete Rentiere im Vorgarten oder ein Auto (im Moment so ein überdimensioniertes Geländefahrzeug, SUV, das man eigentlich zur Elefantenjagd einsetzen müsste). Jeder muss ab und zu von dem Besuch eines kulturellen oder sportlichen Großereignisses berichten können, und jeder muss bestimmte Sachbücher auf dem Couchtisch liegen haben – um nur ein paar Beispiele zu nennen.

Natürlich gibt es auch weniger materialistische Normen, die uns dazu aufrufen, zu sein und zu wachsen, statt zu haben. So sind momentan Yoga-Kurse, vegane Restaurants, Bio-Märkte, Achtsamkeitsbücher und anderes en vogue oder »Must-dos«. Vollkommen widersprüchlich in einer Gesellschaft, in der wir unseren Selbstwert an unserem Besitz ablesen, ist die sehr klare, allgemeine und weitverbreitete (ethische) Norm, es sei nicht gut, viel zu haben. Kirchgänger kriegen ab und an zu hören: »Eher geht ein Kamel durch ein Nadelöhr, als dass ein Reicher in das Reich Gottes gelangt (Mt 19,24).« Ähnlich eindeutig ist das zehnte Gebot: »Du sollst nicht nach dem Haus deines Nächsten verlangen. Du sollst nicht nach der Frau deines Nächsten verlangen, nach seinem Sklaven oder seiner Sklavin, seinem Rind oder seinem Esel oder nach irgendetwas, das deinem Nächsten gehört.« Und es gibt kaum eine Religion – weder die christliche noch die jüdische, die buddhistische oder den Islam –, die uns dazu ermuntern würde, dem Geld und materiellen Gütern nachzujagen. Oder ein T-Shirt für zwei Euro zu kaufen, wohl wissend, dass das nicht ohne Ausbeutung anderer funktioniert. Solche moralischen Grundsätze sind ebenfalls Teil unseres Ichs und wirken selbst da, wo die Religionen an Einfluss verlieren. Folgt man Kant, so benötigt man nicht einmal die Religion, um dergestalt moralisch zu handeln. Es reicht die Vernunft. Auf Konsumverhalten angewandt, würde der Kantsche kategorische Imperativ gebieten, dass ich nicht von etwas profitieren sollte, das unter Umständen produziert wurde, die ich mir selbst nicht wünschen würde beziehungsweise die irgendwem jetzt oder in der Zukunft Schaden zufügen.

Verhaltensrelevant werden alle diese Normen wiederum durch Aktivierung der Gedanken im Gedächtnis. Wenn in unserem Büro über nichts anderes geredet wird als über extravagante Urlaube, steigt der Druck, selbst mal eine exotische kostspielige Reise zu unternehmen, um »mitreden zu können«. Und wenn an unserer Universität an jeder Tür ein Plakat mit dem Rektor prangt, der den Stecker aus dem Computer zieht, dann machen wir abends, bevor wir nach Hause gehen, auch eher unseren Drucker aus. Ökologische und soziale Normen, Moden, Trends, Prestigeziele, Wettbewerbsziele, Selbstwertziele und vieles andere mehr können durch einfache Erinnerungen an dieselben aktiviert werden.

Normen sind wandelbar und subjektiv in dem Sinne, dass andere Nationen oder gesellschaftliche Gruppierungen ganz andere Verhaltensweisen als normativ festlegen können. Gerade zum Thema Habenwollen gibt es ganz unterschiedliche Vorstellungen. Durchschnittswohnungen in New York oder Amsterdam sind kleiner als solche in Bremen oder Holzhausen, und sie sind größer als jene in den Slums von Kalkutta. Damit ändern sich die Begehrlichkeiten für eine »angemessene« Wohnung und das Wohlgefühl, wenn man über oder unter dem Standard liegt. Ich erinnere mich an eine Klientin, die in Armut geraten war und kaum etwas zu essen hatte. Ich lud sie ein, darüber nachzudenken, ob sie als Single wirklich eine Dreizimmerwohnung benötige. Sie schluchzte: »Aber Herr Professor, das ist das mindeste, was man zum Leben braucht. Alles darunter ist doch menschenverachtend.«

Darüber hinaus unterscheiden sich die Mittel, Wohlstand zu zeigen. Werden die Reichen in Ostwestfalen am teuren Auto erkannt, führt die High Society in New York möglichst große Hunde aus, die signalisieren sollen, dass man mindestens hundert Quadratmeter Wohnfläche besitzt. Die Wandelbarkeit von Normen über Generationen hinweg kann durch den Befund aufgezeigt werden, dass Elektrogeräte wie Handy und Laptop bei deutschen Jugendlichen das Auto als Statusobjekt abgelöst haben. Normen beinhalten also wandelbare gesellschaftliche Orientierungshilfen für Verhaltensweisen und sind damit der Grund dafür, warum wir bestimmte Ziele entwickeln und andere nicht. Sie sagen uns, was und wie viel angemessen oder erwünscht ist.

I, Rolex

Die Wirkung von Normen wird besonders deutlich bei der Bevorzugung bestimmter Marken. Diese sind normalerweise teurer als vergleichbare No-Name-Produkte und werden trotzdem lieber gekauft. Wenn auch die Gleichung »teuer = gut« bei ökologischen Produkten im Allgemeinen zutreffen mag (obwohl, wie schon gesagt, geschmacklich oft kein Unterschied festzustellen ist), so sind bei Markenprodukten Qualitätsgründe nicht ausreichend für das hohe Investment; oftmals, so haben Warentests festgestellt, ist die »Marke« einem No-Name-Produkt in der Qualität nicht sonderlich überlegen und manchmal gar unterlegen. Blindtests zeigen etwa, dass Versuchspersonen Cola-Sorten überhaupt nicht voneinander unterscheiden können. Zudem enthüllten die letzten Skandale über Textilfabriken in Asien, dass selbst teure Kleidung teilweise unter menschenunwürdigen Bedingungen produziert wird. Offensichtlich geht es um einen wenig vernünftigen Grund des Kaufens: Prestige. Zwar hat der Ökonom Thorsten Veblen 1899 in seinem Buch eine Gesellschaft beschrieben, die noch in einem sehr starren Normenkorsett gefangen war, zum Beispiel durften bestimmte Kleidungsstücke nur von »feinen« Leuten getragen werden und mussten in bestimmten Gebäuden oder zu bestimmten Anlässen Kleidervorschriften zwingend eingehalten werden, jedoch scheint das Prestige-Motiv die Zeiten überdauert zu haben. Heute zeigt der Konsument durch das Tragen einer Marke (oder durch andere Statussymbole, wie Schmuck) seine Überlegenheit – oder hofft zumindest, dass andere ihn deswegen für überlegen halten. »Trage ich diese Tasche, dann schauen alle im Theater nur mir hinterher.« Daraus folgen Neid oder Bewunderung. Zudem drückt der Markenkauf den Wunsch aus, sich selbst als eine Person zu präsentieren, die gewisse Werte vertritt. Bekanntlich haben Marken ein ureigenes Image, und manche Kollegen vergleichen sie gar mit Persönlichkeiten, die bestimmte Charaktereigenschaften haben. So ist ein Porsche »sportlich«, ein Mercedes »konservativ« und ein Mini »stylish«, während VW Touran oder Opel Zafira eher mit »Familienkutsche« assoziiert werden.

Wie mit manchen Menschen, so wollen wir mit manchen Marken schlichtweg nichts zu tun haben, während wir andere »cool« finden. Marken vermitteln Gruppennormen innerhalb einer Gesellschaft und geben dem Konsumenten eine soziale Identität im Sinne von »Ich bin einer von denjenigen, die sportlich, elegant oder ökologisch sind«. Ein Beispiel ist die Marke American Apparel, die für jene jugendlichen Hipster bestimmt ist, die schlichte Coolness statt modischen Firlefanz mögen. Sie wirbt zudem damit, dass sie nur in Amerika produzieren lasse. Damit zeigt man auch eine gewisse Gesinnung: »Die Frage nach Gerechtigkeit in der Produktion ist uns nicht egal.« Es ist durchaus sinnvoll, sich zu erkundigen, wofür eine Marke steht. So bat mich vor kurzem ein Freund, ihn in einen Kölner Mono-Label-Store zu begleiten, um ihn beim Hosenkauf zu beraten. Als wir vor dem Laden standen, musste ich ihm offenlegen, dass dieses Label die neue Edelmarke der Neonazi-Szene ist. Er ging dennoch in das Geschäft, allerdings nicht, um etwas zu kaufen, sondern um das Verkaufspersonal zu beleidigen – was mit seinem Rauswurf endete.

In jeder Gesellschaft gibt es spezifische Gruppennormen, die Verhaltensvorschriften (neudeutsch Gos und No-gos) für bestimmte Gruppierungen oder Interessengemeinschaften beinhalten. Da Kleidung und Besitztümer schnell zu erkennen sind, signalisieren sie effektiv, zu welcher Gruppe man gehört und welche Werte man vertritt. So waren für die Punks der Achtziger Bundfaltenhosen tabu und bunte Haare ein Must-have, und ein Hipster kommt heutzutage selten ohne Apple-Produkte aus.

Anhand der Marke schließen wir auf die Persönlichkeit eines Menschen und denken, dass er etwas von sich offenbart, wenn wir erfahren, dass er eine Anlage von Bose hat, ein Aquarium mit exotischen Wasserkrabben oder ein Birdy-Fahrrad. Menschen sind soziale Tiere, und solche Marker für die eigenen Werte haben durchaus eine wichtige Funktion. Erfahre ich auf einer Party, dass ein Gast sich gerade eine Boffi-Küche geleistet hat, macht ihn das vielleicht für mich interessant. Ich denke sofort: »Der kocht genauso gern wie ich« – und komme so mit ihm ins Gespräch, lästere über Ikea und lade ihn zu einer tollen neuen Vinothek um die Ecke ein; spätere Freundschaft nicht ausgeschlossen.

Diese Identifikation mit Marken geht allerdings inzwischen so weit, dass manche Eltern ihre Kinder auf Markennamen taufen. Kein Scherz: Irgendwo spielt schon ein Armani mit Chanel im Sandkasten, während der gemeine Porsche die niedliche L'Oréal an den Haaren zieht. So wird aus einer Marke, die vorher bestimmte menschliche Werte angezeigt hat, im Handumdrehen ein Mensch aus Fleisch und Blut, von dem vermutlich ähnliche Werte erwartet werden. Ein besseres Beispiel dafür, wie Marken unsere Identität ausdrücken und prägen, gibt es wahrscheinlich nicht.[*, **]

Die Kraft der Marke beim Konsum wird von Marketingexperten selbstverständlich gnadenlos ausgenutzt – unvernünftiges Verhalten vorprogrammiert. Wenn man das Preis-Leistungs-Verhältnis als Maßstab für Vernunft anlegt, geben Menschen viel (zu viel) Geld für Dinge aus, die sich *ausschließlich* durch ein Markenlabel von günstigeren Varianten

* Hier kann ich mir den Hinweis auf die Studie von Belk und Kollegen aus dem Jahr 1982 nicht verkneifen, in der Kinder bis zu 1000 Logos und Marken erkennen konnten, jedoch bei der Identifikation von Gemüsesorten arge Probleme hatten.

** Die erste Mutter, die ihr Kind Lidl tauft, bekommt von mir ein Jahr lang jede Woche zwei Pfund Mett von Aldi. In Bio-Qualität.

unterscheiden. Und, ähnlich wie es im 19. Jahrhundert von Thorstein Veblen Kleidervorschriften gab, wird bewusst bestimmten Schichten der Zugang zu einigen Markenprodukten verwehrt – andernfalls könnten diese das Prestige-Motiv nicht mehr befriedigen. Ärmere Familien können ein Lied davon singen, wenn ihre Kinder weinend nach Hause kommen, weil sie in der Schule wegen der »falschen« Jeans aufgezogen wurden. Da kann man als vernünftiger Erwachsener noch so häufig die letzten Stiftung-Warentest-Ergebnisse zitieren, dass die um siebzig Euro billigere Jeans »genauso gut« ist wie das Markenprodukt – das Kind wird sich von den Eltern unverstanden fühlen.

Bisher habe ich vor allem psychologisch argumentiert. Mir war daran gelegen, kurz aufscheinen zu lassen, wie vielfältig und wandelbar Gedanken über das Habenwollen sind, wie stark sie durch den gesellschaftlichen Kontext beeinflusst sind, wie schnell sie sich über die Zeit hinweg verändern und wie funktional oder dysfunktional sie sein können. Dabei ist es häufig schwierig zu entscheiden, ob ein bestimmtes Kaufverhalten gut oder schlecht ist. Vielmehr ist es wichtig, die subjektive Perspektive des Individuums während der Handlung zu erfassen. Sich ein »völlig sinnloses« Karnevalskostüm zu kaufen kann den Sinn haben, einen Partner zu finden, sich ein überteuertes Fahrrad zu kaufen kann die Eintrittskarte in eine Gruppe cooler Jugendlicher bedeuten, der Kauf einer Hipster-Wasserflasche aus schwerem Glas kann einem ein gutes Gewissen geben oder auch das Gefühl von Überlegenheit.

Außerhalb der Psychologie freilich macht man sich andere Sorgen.

Die objektive Sicht: Wir haben ein Problem

Die Explosion der Dinge

Aus einem völlig anderen Blickwinkel der Beobachtung, einem, der eine objektive Sicht zulässt, erkennen wir, dass immer mehr Menschen erbärmlich wenig haben, wohingegen Mitglieder der Mittel- und Oberschicht in wohlhabenden, meist westlichen Gesellschaften so viele Dinge besitzen wie nie zuvor Menschen eines vergleichbaren Standes. Zudem klafft die Schere zwischen armen und reichen Nationen immer weiter auseinander.

Die Anzahl unserer Besitz- und Konsumgüter ist enorm und wächst explosionsartig. John Ryan hat es für uns ausgerechnet: Jeden Tag konsumiert jeder in der westlichen Welt rund 55 Kilo an »Zeug«, meist mit negativem Einfluss auf die Umwelt. Dazu gehören Plastiktüten, Zahnpasta, Wasser, Benzin, Nahrung, Kleidung, Pappbecher und all das, was zu deren Herstellung nötig ist. Zeug besteht aus Zeug: Allein ein »Coffee to go« beispielsweise aus einem Becher, einem Plastikdeckel, einem Holzstiel, einer Packung für Zucker, Zucker, einem Döschen für Milch, Milch, einer Serviette und einer Pappmanschette; acht Dinge, die alle woanders produziert, zu diesem Ort gebracht und dann sortiert und eingeordnet werden müssen. Hunderte Menschenhände haben daran gearbeitet. An einem Kaffee, den ich trinke (oder nach zwei Schlucken wegwerfe, weil er mir nicht stark genug ist), sind also unter anderem zig Fabriken und zig Transportunternehmen beteiligt. Nicht zu vergessen die zig Rohstoffe, die verbraucht wurden (Wasser, Holz, Metalle, Gas, Farben etc.) und die zig Eingriffe in die Natur, die dafür nötig waren (wie Straßenbau zu den Fabriken oder Umleitung von Flüssen) und wiederum den Einsatz von Dingen, Substanzen und Werkstoffen erfordert haben (Baumaschinen, Sicherheitshelme, Arbeitskleidung usw.). So sind zig Liter Wasser, zig Liter Öl, eine nicht zu unterschätzende Anzahl von Giften sowie einige Kilowattstunden an Strom nötig, um allein die farbige Aluminiumlasche auf dem winzigen Milchdöschen zu produzieren. Früher hätte an seiner Stelle ein einziges Ding – ein Milchkännchen – gestanden, das ständig wieder aufgefüllt worden wäre.*

Dies ist nicht der einzige Grund, warum unser *ökologischer Fußabdruck* immer größer wird. Um das Überleben der Erde zu gewährleisten, stünden jedem Menschen 1,8 Hektar Land zur Verfügung. Gegenwärtig beansprucht jeder Erdenbürger jedoch im Schnitt 2,7 Hektar, wobei die Größe je nach Region stark variiert; der ökologische Fußabdruck von uns Deutschen misst zum Beispiel 4,6 Hektar pro Person, was einer Überbeanspruchung der Biokapazität von über 100 Prozent entspricht! Mit anderen Worten: Wir betreiben Raubbau, konsumieren mehr, als wir haben, und leben damit »auf Pump«, solange die Erde uns Kredit gibt.

Wir verbrauchen mehr Strom, Wasser und andere Ressourcen, als uns zur Verfügung stehen. Die ständig steigende Tendenz dieser Beanspruchung kann anhand des stetig steigenden Besitzes des Durchschnittseuropäers im Lauf des letzten Jahrhunderts verdeutlicht werden.

* Das Beispiel habe ich frei nach Niko Paechs Buch *Befreiung vom Überfluss* entwickelt, der sich vor allem mit den verheerenden Folgen von Transportwegen und Billiglohnländern auseinandersetzt.

Der französische Soziologe und Philosoph Gilles Lipovetsky hat unserem Zeitalter ein *Hyperkonsumverhalten* zugeschrieben, das von zwei Phasen – der Phase der *Erfindung des modernen Konsumenten* (1890 bis 1950) und der Phase des *Massenkonsums* (50er bis 70er Jahre) – eingeleitet wurde. Kurz gefasst stellt er fest, dass wir immer mehr Güter besitzen, die Anfang des Jahrhunderts zwar ebenso begehrt, aber bis in die späten 40er Jahre hinein einer elitären Schicht vorbehalten waren. Bis 1880 waren Produkte recht unschön und anonym verpackt und wurden in Massen verkauft. Wie Wolfgang Ullrich sehr schön beschreibt, ging es vor allem um Haltbarkeit. Patina war etwas Positives und zeigte einen Wert an, da sie für eine lange Lebensdauer eines Objekts, zum Beispiel eines Kochtopfs, sprach. Erst Ende des 19. Jahrhunderts begann man Produkten durch Verpackungen ein gefälliges Aussehen zu geben; man erfand die Werbung und gab Gütern einen Markennamen. Aus einer bloßen Bedarfs*deckung* wurde die Bedarfs*weckung;* man wollte möglichst breite Bevölkerungsschichten zum Konsumieren verführen. Zwar konnte damals tatsächlich das ein oder andere Begehren geweckt werden, jedoch blieb es häufig dabei, da die leeren Geldbeutel der breiten Mittel- und Unterschicht keine Umsetzung der neu erzeugten Träume erlaubten. Kaum jemand konnte sich die als Selbstverständlichkeiten beworbenen Produkte wie Auto, Fernseher, Radio oder Kühlschrank leisten. Vielleicht kennen Sie die vergilbten Fotos, auf denen offensichtlich mehrere Familien in einem Wohnzimmer dicht gedrängt vor einem Radio sitzen – ein alltägliches Szenario zu jener Zeit.

Nach dieser ersten Phase setzte in den 50er Jahren durch den wirtschaftlichen Aufschwung eine sogenannte *Demokratisierung des Konsumverhaltens* ein – vormalige Luxusgüter wurden Standard. So hatten beispielsweise im Jahr 1975 immerhin 73 Prozent der Franzosen ein Auto, 86 Prozent ein TV-Gerät und 91 Prozent einen Kühlschrank. Plötzlich verloren Erbstücke und alles Alte ihren Wert. Man hatte Lust auf modernes Design, auf Neues; alles musste glänzen. Was dann Anfang der 80er Jahre begann, davon hatte die Wirtschaft vermutlich nicht zu träumen gewagt: Die Idee, dass jede Familie *ein* Exemplar dieser Güter haben musste, wurde von der neuen Norm abgelöst, dass *jeder Einzelne* sein eigenes haben sollte. Die Ära des Zweit-Autos, des Dritt-Fernsehers, ja, des Zweit-Kühlschranks begann, und so hatte jeder nun »seins«. Während also der elfjährige Erwin in den 50er Jahren froh sein konnte, wenn die kostbare Brause, die er vom Nachbarn fürs Kohletragen bekommen hatte, nicht gleich von seinen zwei Brüdern, die das Zimmer mit ihm teilten, stibitzt wurde, sitzt heute der gleichaltrige Mark-Jason auf seinem rückenschonenden Sitzsack und greift sich entspannt einen Iso-Drink aus seinem danebenstehenden Mini-Fridge; dabei spielt er in seinem Zimmer an seiner eigenen Konsole seine Lieblings-Games.

Kinderzimmerfreiheit

Lipovetsky weist auf die psychologischen Folgen hin. Er beobachtet einen zunehmenden *Hyperindividualismus,* der zwangsläufig entsteht, wenn jemand durch den Besitz von allem von anderen Mitgliedern einer Gesellschaft unabhängig wird. Das könnte zu ungeahnten Problemen führen: Wenn Mark-Jason nicht mehr mit anderen teilen muss, wie lernt er dann, sich sozial zu verhalten, wie es Erwin früher notgedrungen musste? Die Tatsache, dass er nicht mehr in die Küche laufen muss, um sich einen Saft zu holen, könnte allein schon seine Möglichkeiten einschränken, mit anderen Menschen zu interagieren. Und wer ersetzt ihm die vielen Kontakte, die Cliquen, die Freundeskreise, die für Erwin notwendig waren, um sich beispielsweise ein Fahrrad auszuleihen? Wo lernt Mark-Jason geschicktes Verhandeln? Wie lernt er, Leute mit begehrenswerten Dingen oder Ressourcen um den Finger zu wickeln; wie macht er sich interessant, wie gewinnt er Freunde, und wie hält er sie sich warm? Obendrein: Wie hält er es später aus, wenn er einen Wunsch oder ein Bedürfnis einmal nicht sofort erfüllt bekommt? Kann er überhaupt verzichten? Diese Fragen sind tatsächlich ernst und nicht rhetorisch gemeint, sie beinhalten keinesfalls eine vorgedachte Antwort in dem Sinne, dass der Egoismus das Ende des Abendlandes einleite.

Menschen haben sich schließlich *immerfort* verändert, sie haben sich neuen Gegebenheiten und Technologien angepasst, und sie suchen sich neue Ziele und Herausforderungen. Es ist durchaus möglich, dass Mark-Jason durch die Sicherheit, in die er hineingeboren wurde, und durch seine Internetkontakte später einmal zum nächsten Bill Gates oder Mahatma Gandhi wird.

Die Wertneutralität, der ich mich als Wissenschaftler verpflichtet habe, gebietet es, niemals die Aufmerksamkeit allein auf etwaige negative Konsequenzen zu richten (siehe die mühseligen und ideologisch aufgeladenen Debatten über die »Gefahr durch Medien«). Eine Psychologie, die Alltagsphänomene erklären will, muss vielmehr nach der *Funktion* eines Verhaltens suchen, um den Menschen – und damit *das Menschliche* – besser zu verstehen. Mark-Jason beispielsweise hat viel größere Freiheiten als seine Eltern in ihrer Kindheit. Vielleicht ist ihm ja seine individuelle Zeitgestaltung wichtiger, als mit seiner Schwester auf dem Sofa zu kuscheln. Außerdem könnte er sich jederzeit zu ihr setzen, wenn er wollte. Eventuell liebt er die Wahlfreiheit, mal das eine und mal das andere tun zu können: die Kindersendungen gemeinsam mit der Schwester zu schauen, aber die Jungs-Filme lieber allein in seinem Zimmer. Er hat jedenfalls bessere Möglichkeiten, sich vor verständnislosen Erwachsenen zurückzuziehen; etwas, was Erwin nicht konnte; er war permanent den elterlichen Launen (und langweiligen Fernsehsendungen) im patriarchalisch strukturierten Wohnzimmer ausgesetzt.* Gegebenenfalls hat Mark-Jason später ein Defizit, was Augenkontakte, Sprachfähigkeiten oder soziale Beziehungen angeht, aber wer würde das gegen ein früh erlebtes Gefühl von Freiheit und Autonomie aufwiegen wollen? Ich nicht.

Nehmen wir beispielsweise die Rechtschreibung: Früher war natürlich alles besser, weil wir vor der Rechtschreibreform alle richtig geschrieben haben. Jetzt schreibt jeder, wie er will, und keiner kennt mehr die korrekte Schreibweise. Hat uns das umgebracht, ist das Abendland untergegangen? Nein. Wir haben gelernt, entspannter mit Rechtschreibfehlern umzugehen, und schließen nicht mehr automatisch auf mangelnde Intelligenz oder schlechte Schulbildung, wenn jemand »das Ganze« kleinschreibt.

Immer mehr Forscher zeigen, dass die von meiner Generation kritisierten Computer- und Konsolenspiele tatsächlich negative Effekte auf Kinder haben können – sie werden dadurch aggressiver, nervöser und interessieren sich nicht mehr für Sachthemen, die uns wichtig waren. Neuere Studien, die versuchen, die Sache wertneutral zu betrachten, zeigen allerdings, dass Kinder durch die Beschäftigung mit Videospielen bestimmte kognitive Fähigkeiten stärker ausbilden, die ihnen

* Vermutlich muss er an Ostern nicht gemeinsam mit der Sippe die Kreuzigung Jesu schauen – etwas, was meine Oma in Ostwestfalen alljährlich forderte. Monatelang hatten wir Kinder danach Alpträume, und Jesus war damals für uns ein Protagonist aus einem Horrorfilm. Meine Oma war übrigens nicht gläubig, meinte aber, dass man aus der Bibel sehr viel lernen könne.

in ihrer Zukunft nutzen könnten.* Ich würde demzufolge neue Phänomene weder notwendigerweise als *Fortschritt* bezeichnen noch als neue *Geißel der Menschheit*. Es kommt darauf an zu ergründen, was man auf welchem Gebiet hinzugewinnt oder verliert.

Als Psychologe kann ich Ihnen ebenso wenig sagen, was *im Allgemeinen* gut oder schlecht »für den Menschen« ist. Wohl kann mir Mark-Jason als seinen Therapeuten den Auftrag geben, ein Problem zu bearbeiten, das ihm aus einer Neuerung entsteht. Des Weiteren kann ich als Wissenschaftler untersuchen, wie sich bestimmte Fähigkeiten von der Generation Erwin zur Generation Mark-Jason verändert haben. Generell hege ich aber keine Befürchtungen, dass Menschen nicht mit Neuerungen umgehen können – im Gegenteil: Wir sind eines der am besten angepassten Lebewesen und werden schon nicht verkommen. Das Einzige, was wir vermutlich nicht überleben werden, ist der Untergang der Erde, der, so die Wachstumskritiker, bevorsteht.

Haben als Katastrophe

Gesellschaftlich und politisch gesehen bedeutet die *Explosion der Dinge* allerdings eine Katastrophe. Die Kosten, die unser Habenwollen für die Ökosphäre verursacht, sind gewaltig, selbst wenn wir nicht nur um des Habens willen konsumieren, sondern damit edlere Ziele wie Freiheit, Unabhängigkeit oder Selbstverwirklichung verfolgen. Viele Wachstumskritiker, allen voran der Franzose Serge Latouche und der Deut-

* Die Kollegen Tilo Strobach und Torsten Schubert zeigen zum Beispiel, dass action gamer bei exekutiven Funktionen, die beim »multiple tasking« gebraucht werden, im Vorteil sind.

sche Niko Paech, machen unmissverständlich klar, dass wir die Erde ausbluten. Wenn wir uns nicht schleunigst ändern, werden wir am Ende uns selbst vernichten.

Für den Volkswirtschaftler Niko Paech sind Vorstellungen von Fortschritt und Freiheit nichts als Übertünchungen weit niederer Motive der Konsumgesellschaft, die allein auf Profit ausgerichtet ist und dabei eine Ausbeutung der Umwelt sowie ganzer Nationen in Kauf nimmt. Aus seiner Sicht besteht das »Wesensprinzip des Konsumierens [...] darin, sich die von anderen Menschen an anderen Orten geleistete Arbeit und insbesondere den materiellen Ertrag andernorts verbrauchter Ressourcen und Flächen zunutze zu machen«. Kurz zusammengefasst, zeigt er, dass die billige Herstellung von Gütern vor allem dann funktioniert, wenn immer mehr Produktionsschritte in die jeweils billigsten Länder verlagert werden, was ständig neue Transportwege und Produktionsstätten nötig mache, während die in den noch bis vor kurzem billigsten Ländern nach kurzer Zeit verfallen. Finanziert würde das Ganze auf »Pump«, denn für nichts seien die Subventionen höher als für die »Erschließung«, »Integration« oder »Harmonisierung« neuer Produktionsstätten, »die eine Region attraktiv machen«. Weiterhin werde der Transport der Ware erst durch gewaltige Subventionen ermöglicht, was nichts anderes bedeutet, als dass für billige Flüge, Schiffs- und Lkw-Transporte und deren zu erwartende Spätfolgen die Steuerzahler aufkommen.

Ein Beispiel aus dem wirklichen Leben: In einer Stadt im Osten Deutschlands wird eine riesige Schweinemastanlage für 10 000 Muttersäue gebaut. Man spricht von »erfreulicher Anbindung«, hört, wie sich »der Bürgermeister freut« und dass »die Leute jetzt endlich nicht mehr abwandern«. Natürlich gab es auch Proteste, aber die hatte man, den schwach entwickelten Osten und die Einzelschicksale zahlreicher Arbeitsloser im Auge, schnell niedergerungen und anschließend vergessen. Der Produzent hat selbstverständlich nicht aus lauter Menschenliebe eine Anlage an genau diesen Ort gesetzt, sondern weil seine Art der Mast in den Niederlanden durch mehr und mehr Auflagen immer teurer geworden war. Die Entsorgung von Gülle (es kann mit 60 000 Tonnen pro Jahr gerechnet werden) ist beispielsweise ein zunehmendes Problem großer Mastanlagen, weil man heutzutage weiß, wie sehr Wasser und Biotope durch die Gärreste aus den Biogasanlagen belastet werden. Weiterhin erzeugen die Tiere große Mengen an Methan und Lachgas – Letzteres ist im Hinblick auf den Treibhauseffekt 300-mal schädlicher als CO_2. Kann man den anfallenden Dünger nicht mehr auf benachbarten Feldern verteilen, steht man vor der Wahl zwischen kostenaufwendigem Abtransport und Entsorgung durch millionenteure Biogasanlagen. Auch von steigenden Gesundheitskosten ist die Rede, wie der Schriftsteller Jonathan Safran Foer und andere aus Prüfungsberichten des Senats von Kalifornien recherchiert haben, denn Güllenebel kann »bei Menschen Entzündungen, Immunreaktionen, Reizungen und neurochemische Schäden hervorrufen«. Einige Studien zeigen zudem eine höhere Anfälligkeit für alle möglichen Krankheiten (wie Asthma, Depression, Nervenkrankheiten, chronische Müdigkeit) bei Bewohnern im näheren Umkreis großer Mastanlagen. Gülle enthält zudem über 100 verschiedene Krankheitserreger, die auf den Menschen überspringen können. Die Stadt im Osten hatte dafür anscheinend Lösungen parat, sprich: Irgendwie machte sie das Ganze billiger. Jedoch ist vorauszusehen, dass Umweltauflagen, die in den Niederlanden anscheinend schon gelten, in einem vereinigten Europa irgendwann auch Ostdeutschland treffen werden, womit der Standortvorteil schnell dahinschwindet. Und wer sagt, dass die billigen Arbeiter (man versprach 30 bis 45 Arbeitsplätze) den Job in einigen Jahren noch zu den Löhnen machen werden, die ihnen jetzt attraktiv erscheinen? Oder ob man sie nicht irgendwann per Gesetz so fair entlohnen muss, dass das Schnitzel schlichtweg nicht mehr nur fünf Euro pro Kilo kosten kann?

Die Wahrscheinlichkeit ist groß, dass in absehbarer Zeit eine weitere Riesenanlage dem Verfall preisgegeben wird, samt Transportwegen. Dafür wird dann andernorts (in Polen? Litauen? Rumänien, hört man, sei im Kommen) eine neue Anlage aufgebaut, samt Transportwegen. Eine Verschwendung von Subventionen und Ressourcen. Warum passiert so etwas? Weil wir alles immer billiger haben wollen und weil wir, wie Paech es ausdrückt, nicht bereit sind, den »wirklichen« Preis zu zahlen. Mit dem Geld, das wir beim Essenskauf sparen, eignen wir uns andere Konsumgüter an, die häufig ebenfalls auf problematischem Weg erzeugt und fragwürdig subventioniert wurden, wie etwa exotische Früchte, Laubbläser, Elektroräder und Pfannenwender aus Plastik in frischen Modefarben. Paech nennt das »Freiheitsfetische«, denn wir haben den Eindruck, dass wir ohne die Freiheit, täglich zwischen Mango und Papaya wählen zu können, nicht mehr glücklich leben könnten. Je billiger die Produkte, umso größer empfinden wir die Freiheit der Wahl: »Sich alles leisten zu können« ist das Ziel des ständig wachsenden Mittelstandes, und es ist – mit wenigen Ausnahmen, wie absolute Luxusgüter oder Traumvillen in bester Lage – für fast jeden erreichbar.

Der »wirkliche Preis« errechne sich durch den Abzug von Subventionen. Auch alle Transporte, so Paech, würden direkt wie indirekt bezuschusst, weil sie nicht für den Schaden aufkämen, den sie durch CO_2-Ausschüttung langfristig anrichteten. Subventionen sind Steuergelder, und wenn diese nicht ausreichten, mache der Staat eben Schulden; auf die ein oder andere Milliarde käme es schließlich nicht mehr an.

Das Beispiel Ostdeutschland habe ich im Übrigen bewusst gewählt, um den Zielkonflikt besonders deutlich und kompliziert zu machen. Natürlich empfinden wir es als ungerecht, dass der Osten immer mehr ausblutet und die Jugend von dort abwandert, weil es keine Arbeit gibt; natürlich gönnen wir den Menschen dort das Beste. Folglich muss der Bürgermeister nicht notwendigerweise ein Ausbeuter sein. Er will vielleicht wirklich nichts anderes als aufbauen, sprich: eine Grundlage für Wachstum und weiteren Fortschritt schaffen. Ökologische Erwägungen stehen ihm aufgrund der Probleme seiner Region zunächst einmal im Weg und werden, wenn unausweichbar, wegdiskutiert. Schließlich waren Umweltgesichtspunkte und Arbeitsrechte auch in den Aufbaujahren der BRD zweitrangig gewesen. Warum die Ländereien dem Verfall preisgeben, nur weil Öko-Fanatiker eine seltene Fledermausart retten wollen oder irgendeine Erdkröte oder weil sie Panik schieben vor einem ominösen Güllenebel? Soll der Fortschritt, der Aufbau Ost, etwa an unrealistischen Mindestlöhnen, an unbezahlbaren Öko-Auflagen oder am Verbot von Kohlekraftwerken scheitern? Wir kennen diese Argumentation aus den Entwicklungsländern: Es klingt beinahe obszön, von ihnen dieselben ökologischen Standards oder Arbeitsbedingungen zu verlangen, die für uns gelten. Ist es nicht gut, wenn die indische Arbeiterin überhaupt einen Job hat? Für die Menschen dort sind, wie man hört, zwei Euro pro Tag schon ein Traum – sollen wir ihnen nun auch das noch rauben? Sollen sie doch die Elendsgebiete erst einmal langsam aufbauen; und wenn das geschafft ist, kann man weitersehen. Zielkonflikt gelöst.*

Paech verdeutlicht, dass unsere Billigmeierei fast alle Konsumgüter betrifft und dass damit keinem einzigen ärmeren

* Diese Argumentation ist so verbreitet und so wenig durchdacht, dass sie auch von weniger Armen ins Feld geführt wird: Im Jahr 2012 gaben 43 Prozent Teilnehmer einer amerikanischen Studie von Leiserowitz und anderen an, dass sie sich die kostspieligen Maßnahmen zur Minderung der globalen Erwärmung aufgrund der Wirtschaftskrise schlichtweg nicht leisten können.

Landstrich längerfristig geholfen werden kann. Wie gesagt, die Anlage im Osten wird sich nur durch große Subventionen halten können und kostet uns somit auf lange Sicht mehr, als sie uns kurzfristig »an Freiheiten« ermöglicht. Ferner wird die Suche nach dem billigsten Produktionsort niemals abgeschlossen sein, woraus zwingend folgt, dass irgendwann ein günstigerer Ort gefunden wird. Mit der Empathie eines niederländischen Fleischfabrikanten, der schon seine Landsleute mit der Schließung von Betrieben vor den Kopf gestoßen hat, ist wohl kaum zu rechnen. Dabei spielen Entfernungen kaum mehr eine Rolle: Transporte sind schlichtweg unglaublich billig geworden. Heutzutage ist es fast egal, ob Schweine in Kalabrien, Indien oder Kasachstan gemästet werden. Schließlich kommt unsere Kohle bereits aus Kolumbien, das Erdgas aus Sibirien, das Lithium aus Bolivien, Wein aus Südamerika, Blumen aus Südafrika oder Kenia. Trotzdem kostet die Flasche Carménère aus Chile nur drei Euro und der Strauß Strelitzien aus Südafrika nur fünf; afrikanischer Viktoriabarsch, der oft als künstlicher Ballast zugegeben wird, damit die Blumenflieger nicht zu leicht werden, ist für deutsche Konsumenten schon nicht mehr gut genug und taugt höchstens noch als billiges Katzenfutter.

Das Problem ist, dass Flüge einen absehbaren maximalen Klimaschaden anrichten. Wenn die Flugunternehmen dafür aufkommen müssten, könnten die Preise kaum gehalten werden. Diese Kosten werden jedoch an die nächste Generation weitergegeben. Zur Verdeutlichung: Ein Flug nach New York und zurück bedeutet pro Person eine »Schuld« von vier Tonnen CO_2, aber eigentlich haben wir, wenn wir diese Erde retten wollen, nur ein Emissionsquantum von 2,7 Tonnen zur Verfügung – pro Jahr!*

Würde die Zeche für Folgeschäden direkt gezahlt, könnte

* Ein Flug nach Australien beläuft sich auf 14,5 Tonnen CO_2.

sich keiner Lammfleisch oder Kiwis aus Neuseeland leisten. Von Reisen – Hauptproduzent von CO_2 – ganz zu schweigen. Hier tut Paechs Analyse richtig weh, vor allem uns Deutschen, den Urlaubsweltmeistern, die mit Reisen wie mit keinem anderen Gut Freiheit und Bildung assoziieren. Eine Kiwi könnten wir uns sicherlich verkneifen, aber Reisen? Reisen reduziert doch Vorurteile, ist Balsam für unsere gestressten Seelen, bereichert. Teil meines Selbstexperimentes, das ich mit diesem Forschungsprojekt begonnen habe, war, innerdeutsch vom Flugzeug auf die Bahn umzustellen. Das war gegen alle Erwartungen vollkommen in Ordnung. Auch ein Auto brauche ich in Köln absolut nicht; ich finde Autos per se nicht ästhetisch, man braucht in der Stadt damit länger als mit dem Fahrrad und wird vom Autofahren weder fit noch schlank. Aber nie mehr nach New York? Nie mehr nach Neuseeland zum Wandern in den Regenwäldern? Das würde verdammt schmerzen. Vermutlich beißt Paech gerade an diesem Punkt auf Granit, denn uns fallen sehr schnell Rechtfertigungen ein, die den Zielkonflikt lösen. Ich kann mir zum Beispiel sagen: »Ich reise vor allem deshalb häufig nach New York, um auf Kongressen über meine Forschung zu sprechen, die das Leben der Menschen verbessern soll. Das ist doch moralisch.« Oder: »Ich habe so viel gearbeitet, ich will auch einmal etwas von der Welt sehen. Und schaut euch doch das Wetter hier mal an!« Und wenn das meine Gewissensbisse nicht beseitigt, könnte ich Paechs Thesen einfach anzweifeln: »Vielleicht stimmt das ja alles gar nicht. Völlig übertrieben.« Ich fände genug Ökonomen, Geologen oder Meteorologen, die sie kritisieren. Darüber hinaus spielen ja selbst die Regierungen die Forschungsergebnisse zur globalen Erwärmung herunter. Zielkonflikt gelöst.

Nach Paech gibt es aber nur einen Ausweg für den Einzelnen: die Veränderung des Lebensstils. »Souverän ist nicht, wer viel hat, sondern wenig braucht«, bringt er seine Botschaft auf den Punkt. Es gehe darum, zu teilen und zu verzichten, anstatt sich durch den Erwerb eines Energiesparhauses Stromkosten zu sparen und sich von dem Geld eine, ökologisch gesehen, katastrophale Kreuzfahrt in die Karibik zu gönnen. Auch solche Art Belohnungen würde Paech als »Freiheitsfetische« bezeichnen; also Aktivitäten, die durch gezielte Werbung, vor allem aber durch unsere gesellschaftliche Vorstellung vom Reisen und Konsumieren den Eindruck vermitteln, wir wären damit autonomer, freier, gebildeter.

Paech ist nicht der Einzige, der eine Alternative zu dieser auf Wachstum fokussierenden Wirtschaftsform anbietet. Auch die Thesen des Franzosen Serge Latouche zur willentlichen »Wachstumsrücknahme« werden international heiß diskutiert. Ich kann nicht beurteilen, ob solche radikal neuen Modelle funktionieren würden oder ob dadurch unser gesamtes Wirtschaftssystem zusammenbräche, wie einige unken, die die These verfechten, dass Wirtschaft und Wohlstand alternativlos auf Wachstum beruhen. Auf diesem Gebiet bin ich kein Fachmann. Als Psychologe kann ich jedoch sehr gut verstehen, dass nach der Bankenkrise kaum jemand Lust auf riskante Experimente hat oder gar eine neue Gesellschaftsordnung mit unbekannten Konsequenzen probieren will. Verunsicherte Menschen haben Angst vor Neuem, das haben wir in unserem Labor in zahlreichen Experimenten gezeigt. Auf der anderen Seite wäre gerade diese Krise laut Wachstumskritikern ein Anlass, etwas grundlegend zu ändern, denn es sei »fünf vor zwölf«.

Eine radikale Wende ist vermutlich auch deshalb schwierig durchzusetzen, weil das gängige Wirtschaftsmodell im Hier und Jetzt noch funktioniert, während die Folgen für die Umwelt erst in der Zukunft zu erwarten sind und somit recht diffus erscheinen. Noch ist der Himmel blau und sind die Stürme auszuhalten, noch haben die Eisbären Eis unter den Pfoten und ist Amsterdam über Wasser. Noch läuft alles gut, von kleinen Krisen abgesehen, die wir schnell in den Griff bekommen. Wer weiß, ob die Erde sich nicht doch von selbst regeneriert? Jedenfalls hören wir häufig diese Zweifel, die Rechtfertigungen für den Fortbestand unseres globalisierten Wirtschaftssystems liefern, das auf unbegrenztes Wachstum aus ist – und so bleibt alles beim Alten. Die Klimagipfel führen zu keiner Einigung, bei jedem Vorschlag stellt sich ein Staat quer.

Auf der einen Seite zweifeln wir, auf der anderen Seite wissen wir genau, dass das nicht gutgehen kann. Wissen scheint nicht zu helfen. Laut einer Studie, die Greenpeace kürzlich veröffentlichte, wissen 96 Prozent von 500 getesteten Jugendlichen zwischen 12 und 19 Jahren, dass Arbeiter in der Bekleidungsindustrie unter unwürdigen Arbeitsbedingungen arbeiten. 83 Prozent wissen um die Verwendung von Chemikalien in der Branche, 74 Prozent um die negativen Auswirkungen auf die Umwelt. Trotzdem schauen nur 13 Prozent aufs Etikett und achten auf die Herstellungsbedingungen, 80 Prozent kaufen in konventionellen Läden. Diese Jugendlichen geben nach eigenen Angaben pro Monat 40 bis 50 Euro für im Schnitt fünf Kleidungsstücke aus. Wissen schützt vor Torheit nicht.

Dennoch kann es nicht verkehrt sein, die wachstumskritischen Thesen genauer zu überprüfen – vielleicht haben sie irgendwann doch einen Einfluss. Die *FAZ* berichtete am 6. Mai 2014 von Wirtschaftsstudierenden, die in einem offenen Brief den Einzug ökologischer und alternativer Theorien in ihren Lehrplan forderten. Ich nehme dies als Zeichen dafür, dass die jüngere Generation verantwortlich an unserer Zukunft arbeitet. Vielleicht können die jungen Menschen kreative Gedanken entwickeln, die auf Akzeptanz stoßen, und die krassen Dilemmata lösen, die nach Schilderung der Wachstumskritiker auf uns zukommen. Vielleicht haben sie auch weniger Angst vor dem Neuen als wir Nachkriegskinder, die von traumatisierten Eltern großgezogen wurden. Bis dahin ist es jedem selbst überlassen, ob er seinen Konsum reflektiert. Ich halte das für keine schlechte Idee und finde die Analysen bereits mehr als überzeugend. Nach Lektüre der Bücher habe ich mich jedenfalls dazu entschlossen, nachhaltiger zu leben: mich mit Partner auf eine 60-Quadratmeter-Wohnung zu beschränken, nur noch ein Kleidungsstück pro Monat zu kaufen und keine Dekoprodukte, kein Essen to go, nur noch fünf Plastiktüten pro Jahr, sowieso nur noch Bio, Fair Trade und Slow Food, kein Auto, keine Flugreisen, Bücher werden getauscht. Das Selbstexperiment läuft noch, und ich bin durchaus auch manchmal inkonsequent.* Ich vermisse bis jetzt allerdings nichts. Trotzdem habe ich noch Unmengen an Zeug. Braucht man das wirklich alles? Wofür eigentlich?

Was ist die Lösung?

Weniger ist das neue Mehr

Verzicht hört sich zunächst spießig an, anstrengend, calvinistisch, hinterwäldlerisch, spaßfremd. Wenn man anstelle dieses Vorurteils, dass Verzicht ein Spielverderber sei, eine wertneutrale Haltung einzunehmen versucht, entdeckt man schnell auch positive Folgen. Vegetarier sind häufig stolz auf ihr konsequentes Verhalten, und als leidenschaftlicher Fleischesser, der sich regelrecht zu Auszeiten zwingen muss, bewundere ich sie. Ebenso ist es dysfunktional, wenn sich Eigen-

* Ein hoffnungsloser Fall sind Schuhe. Meine Rechtfertigung: Ich bin das Kind einer Lederwarenstepperin. Ich beschränke mich auf den Kauf von einem Paar per Monat. Man gönnt sich ja sonst nichts.

heimbewohner finanziell krummlegen, um ein Zuhause abzubezahlen, in dem sie nur ungenutztes Zeug horten (das ebenfalls Geld gekostet hat). Die Wachstumskritiker zeigen uns unmissverständlich, dass unsere Wohnungen oder Häuser fast sämtlich zu groß sind. Gesetzt den Fall, dass uns die monatlichen Ausgaben nichts ausmachen und uns der Platz glücklich stimmt, hätte das Ganze eine psychologische Funktion. Wenn wir uns jedoch dafür abrackern müssen, bis wir irgendwann mit einem Burn-out in unserem Palast zusammenbrechen oder in unschöne Abhängigkeiten geraten, sollten wir darüber nachdenken, ob nicht ein kleineres Heim sinnvoller wäre. Vielleicht könnte man dann in einen weniger ertragreichen, aber auch weniger stressvollen Job wechseln, der einem mehr Zeit zum Leben lässt. Häufig verhindert der Arbeitsaufwand, den uns der Kauf und der Unterhalt unserer Säle (oder von kostspieligen Autos, Schmuck, Kleidung etc.) abverlangt, die Zeit zum »Sein«.

Tatsächlich ist unsere Vorstellung vom Glück manchmal verzerrt oder gar falsch. Die Forschung zu *emotionalen Prognosen* (»Wie würden Sie sich fühlen, wenn …«) zeigt, wie sehr Menschen das tolle Gefühl überschätzen, das sie bei einem Lottogewinn hätten. Lottogewinnern geht es schon einige Wochen nach dem Gewinn nicht besser als denen, die niemals im Lotto gewonnen haben. Ebenso wird die Freude über berufliche Erfolge häufig überschätzt. Viele Oscar-Gewinner berichten davon, wie stressig der Sieger-Abend war und dass sie den Neid der Kollegen genauso unterschätzt hatten wie den Presserummel und den weiteren Verlust der Privatsphäre. Früher hätte ich gedacht, dass ich ein Mensch bin, der viel Platz braucht (»Freiräume«), der an Erinnerungsstücken hängt (»Nestinstinkt« zum Schmücken) und dem das Prestige eines schicken Domizils Spaß macht. Falsche emotionale Prognose. In der kleineren Wohnung geht es mir *besser* als in der großen. Die 60 Quadratmeter sind abbezahlt, was sehr beruhigend ist und Raum für andere schöne Dinge und für Spenden gibt. Mein jetziges Zuhause ist außerdem in knapp zwei Stunden pro Woche schwiegermuttersauber, und Freunde schwärmen von der Geselligkeit an dem kleinen Tisch.

Genauso zeigt die Forschung, dass Menschen bestimmte Stressfaktoren unterschätzen. Sie tun dies bei der Pein des Pendelns, wenn sie einen attraktiven Job in einer entfernten Stadt annehmen. Tatsächlich ist das Hin- und Hergefahre für die meisten eine tägliche und konkrete Quelle für Stress – und das wird unter Umständen nicht dadurch aufgewogen, dass man dort ein wenig mehr Geld verdient. Für viele Gestresste kann eine selbstdienliche *Work-life-Balance* nur durch Kürzertreten bei der Arbeit erreicht werden. Es ist also wichtig, eine relativ gute Vorstellung davon zu haben, was man braucht, um »gut« leben zu können, und wenn man sich allmorgendlich in den Pendlerstrom wirft, sollte man sich im Klaren darüber sein, wie gut man schwimmen kann. Spätestens in dem Moment, in dem man sein Gehalt als Schmerzensgeld empfindet, ist es Zeit für einen Coach. Keine Entscheidung ist fatal – jede Entscheidung kann korrigiert, jedes Leben optimiert werden. Selbstregulation bedeutet nicht, dass man alles selbst lösen muss, sondern dass man für sich sorgt und dabei die Hilfe, auch externe, in Anspruch nimmt, die man nötig hat.

Selbstregulation ist freilich nicht immer so einfach. Eine befreundete Unternehmensberaterin berichtete mir vor kurzem, sie habe eine gestresste leitende Managerin, die künstlerische Ambitionen hat, nach sorgfältiger Beratung dazu ermuntert, einen Führungslevel hinunterzusteigen, um sich Zeit für ihre Kunst zu erkaufen. Die Managerin konnte es sich gut vorstellen, mit weniger Geld zu leben, das Ende vom Lied war jedoch, dass sie auf der unteren Ebene zwar weniger verdiente, aber letztendlich fast genauso viel arbeiten musste wie auf der oberen. Zudem vermisste sie die Planungsfreiheit, die sie zuvor so genossen hatte. Oftmals sind hochdotierte Jobs interessanter, erlauben mehr Flexibilität in den Arbeitszeiten und mehr Freiheit in der inhaltlichen wie organisatorischen Gestaltung. Das ist die Krux. Übrigens auch in der Wissenschaft: Mit dem Erfolg kommt auch hier die Arbeit. Ich erhalte Jahr um Jahr mehr und mehr Anfragen für Gutachten, Bücher und Vorsitze von Gremien; all das ist schmeichelhaft, ein weiteres Zeichen für Erfolg, aber jede einzelne Ehre ist fatalerweise verbunden mit einem Haufen Arbeit, Verantwortung, Entscheidungsterror und schlaflosen Nächten. Als ich an einem Jahresende bemerkte, dass ich 320 Gutachten geschrieben hatte, wurde mir gerade noch rechtzeitig klar, dass ich die Bremse ziehen musste. Ich fühle mich heute wohl. Man muss gut überlegen, was einem wirklich wichtig ist – und bei Jobentscheidungen nach unten wie nach oben möglichst so verhandeln, dass ein Törchen zurück offen bleibt.

Manchmal ist ein Verzicht oder ein Nein jedoch ein Gewinn. Dabei ist es in unseren fetten Zeiten schwierig zu entsagen, vor allem wenn sich Genuss und Vernunft gegenüberstehen. In berühmten Experimenten des Sozialpsychologen Walter Mischel konnte gezeigt werden, dass nur wenige Kinder unter vier Jahren zehn Minuten vor einem Stück Marshmallow sitzen können, ohne es zu essen – selbst wenn ihnen als Belohnung für erfolgreichen Verzicht zwei Marshmallows geboten werden. Ältere Kinder schaffen dies hingegen spielend leicht, was dafür spricht, dass Selbstkontrolle im Lauf des Lebens erlernt werden muss. Zudem beobachtete Roy Baumeister, dass müde Menschen oder solche, die sich bereits vorher selbst kontrollieren mussten, noch mehr Schwierigkeiten haben, sich zusammenzureißen. Er schließt daraus, dass Selbstkontrolle ein Muskel ist, der bei Überanspruchung erschlaffen kann.

Vor allem wenn etwas direkt vor uns steht, erschwinglich

ist und somit ungehindert das unmittelbare hedonische Ziel aktiviert, es zu erwerben, treten ethische oder Vernunftgründe häufig in den Hintergrund. Das Unmittelbare, Greifbare, Attraktive des Produktes kann so verführerisch sein, dass wir alle unsere guten Absichten über Bord werfen. Vielleicht kennen Sie das: Sie haben den ganzen Tag nicht viel gegessen und sind damit Ihrem Diätziel schon relativ nahegekommen. Dann gehen Sie in einen Supermarkt. Eigentlich wollen Sie weniger Wurst essen, weil sie sehr fettig ist. Nun haben Sie sich aber den ganzen Tag schon kontrolliert; haben sich in einer wichtigen Sitzung zusammengerissen, in der Sie der ehrgeizige dummschwätzende Kollege nervte; haben Ihre Wut unterdrückt, als Sie erfahren haben, dass Ihre Mitarbeiterin die Post vergessen hat; und Sie sind hungrig und müde. Zu allem Überfluss ist das, was in der Truhe vor Ihnen liegt, ausgerechnet die leckere Wurst mit Majoran, die Sie so gern mögen. Haben Sie schon einmal erlebt, dass Sie unter diesen Umständen (oder in einer ähnlichen Situation – nicht jeder mag Wurst) zugreifen? Wenn Ihnen das noch nie widerfahren ist, gratuliere ich Ihnen!

Verzicht und Selbstkontrolle sind normalerweise schwierig und erfordern einiges an psychischen Ressourcen, jedoch führt unsere generelle Fähigkeit zur Disziplin häufig zu wunderbaren Ergebnissen. Wer würde beispielsweise eine jahrelange langweilige Ausbildung überstehen, wenn er sich nicht kontrollieren könnte? Häufig ist Lernen und sich Unterordnen anstrengend, und es erfordert einen starken Willen, sich schwierigen Lernstoffen zu widmen. Man muss früh aufstehen, obwohl der innere Schweinehund gern liegen bleiben würde, und in die Bibliothek gehen, wenn draußen die Sonne lacht. Aus diesem Grund sind wir, wenn wir solche Hürden im Leben genommen haben, eher »stolz« als glücklich. Glücklich können wir über alles Mögliche sein, auch über Dinge, an denen wir keinerlei Anteil hatten. Stolz sind wir auf etwas, das wir *geschafft* oder *bezwungen* haben. Alles in allem ist bemerkenswert, *dass* wir uns kontrollieren können. Nur eben nicht immer und nicht überall.

Uns im Hier und Jetzt zurückzustellen, damit zukünftige Generationen es besser haben, das ist motivationspsychologisch gesehen eine so schwierige Aufgabe, dass ich arg bezweifle, ob wir sie bewältigen können. Es reicht ja nicht, Joghurt mal ab und zu im Glas zu kaufen, es bedeutet vielmehr kleinere Wohnungen, weniger Luxus, kein Auto, kaum Reisen, kaum Fleisch. Und wir bekommen keine zwei Marshmallows, wenn wir dem einen widerstanden haben. Unsere Urenkel klopfen uns auch nicht persönlich auf die Schulter, wenn wir verzichtet haben. Die Belohnung auf unseren Verzicht werden wir also gar nicht mehr erleben. Packen wir das trotzdem?

Zusammenfassung

Ethisches und vernünftiges Handeln und hedonistischer Konsum verursachen häufig einen Zielkonflikt. Zielkonflikte können gemieden werden, indem man sich für eines der Ziele bewusst entscheidet. Wird das unethische Ziel gewählt, greifen wir gern zu Entschuldigungen und Rechtfertigungen, die meist bereits in unserem Gedächtnis gespeichert sind. So müssen wir sie nur noch abrufen. Ziele sind relativ flexible Gedankengebilde, die von Situation zu Situation schlagartig gewechselt werden können, selbst dann, wenn wir bestimmte Ziele chronisch in uns verankert haben.

Ökonomen zeigen uns, dass wir den Konsum übertreiben und damit die Existenz unseres Planeten gefährden. Hyperindividualismus, Gier und Überarbeitungstendenzen könnten die negativen Folgen dieser neuen Autonomie oder »Güterfreiheit« sein. Einige Wirtschaftswissenschaftler fordern von uns daher Verzicht und mahnen uns, dass wir andernfalls Ressourcen auf Kosten der kommenden Generation verschwenden. Die Forschung wiederum zeigt, dass wir fähig zur Einsicht und zum Verzicht sind, auch wenn es uns Schwierigkeiten bereiten mag.

In dieser Einleitung habe ich Sie, hoffentlich fast beiläufig, mit modernen Konzepten der *Selbstregulation* vertraut gemacht. Diese Begriffe kommen vor allem aus der *sozialpsychologischen Motivationsforschung,* die sich damit beschäftigt, wie Menschen sich im Alltag verhalten, wie sie ihre Ziele definieren, welche Pläne sie sich ausdenken und wie sie mit Hindernissen bei der Zielerreichung umgehen. Diejenigen, die Definitionen mögen, finden eine genauere Beschreibung der wichtigsten Begriffe, wie *Ziele, Absichten, Motive, Bedürfnisse, Werte, Normen* oder *Konflikte,* im Glossar (am Ende des Buches).

II
Haben und Sein – Worum geht es?

Haben und Sein sind zwei sehr allgemeine Begriffe, die unglaublich viele, wenn nicht alle Aspekte des Lebens beinhalten. Dennoch kann man versuchen, verschiedene, jedem bekannte Versionen genauer zu beschreiben. Diesen verschiedenen Zuständen zu haben oder zu sein liegen wiederum verschiedene Bedürfnisse und Motive zugrunde, und sie werden von unterschiedlichen Zielen geleitet.

Was unterscheidet aber Sein von Haben? Starten Sie einen Selbstversuch. Überlegen Sie einmal, welche *Seinsziele* und welche *Habenziele* Sie haben. Nehmen Sie sich ein paar Minuten Zeit, sie aufzuschreiben, bevor Sie weiterlesen.

Von der Schwierigkeit zu sein

Wenn Ihnen Ihre *Habenziele* konkreter vorkommen als Ihre *Seinsziele*, erleben Sie dasselbe wie Studierende in unseren Untersuchungen. Was wir haben wollen und wie wir uns beim Beschaffen von Gütern verhalten, ist häufig ziemlich einfach zu beschreiben. Vielleicht ist das ein Zeichen dafür, dass wir in einer materialistischen Gesellschaft leben.

Mir geht es im Übrigen nicht anders – der Haben-Teil des Buches war einfacher zu schreiben als der Seins-Teil. Zahlreiche Beispiele aus dem Alltag fielen mir ein, die mit Materiellem, mit dem Haben, Raffen und Einkaufen zu tun haben.

Wir sind ja auch dauernd von Zeug umgeben, mit Zeug beschäftigt, mit Aufräumen, Saubermachen, Sortieren und Ordnen. Unsere Welt ist voller Dinge. Dadurch haben wir ständig Materielles *auf dem Schirm.* Konkretes können wir uns zudem sehr gut vorstellen, merken und beschreiben. Wir wissen genau, was es bedeutet, einen Apfel zu haben oder Äpfel zu kaufen. Viele haben eine konkrete Vorstellung von ihrem Wunschhaus oder dem nächsten Fahrrad. Wenn man dann tatsächlich etwas hat, kann man es meist konkret anfassen, es ist buchstäblich »greifbar«.

Hinzu kommt, dass Seinszustände *von anderen* gar nicht unmittelbar erkennbar sind. Wenn ich morgens manchmal in Sweathirt und Jeans gekleidet im Zug nach Bochum sitze, erkennt niemand, dass ich ein Professor bin, dass ich ehrlich und intelligent bin und mich gerade in Achtsamkeit übe. Aus den Objekten, die ich an mir trage, kann man jedoch schnell Schlussfolgerungen entwickeln. Mein Markenrucksack zeigt, dass ich nicht arm sein kann und vermutlich Fahrrad fahre, mein Computer legt nahe, dass ich viel damit arbeite (und, so will es die Marke, dass ich als kreativ wahrgenommen werde), und mein Stift trägt den Schriftzug meiner Therapieschule. Auch die Wahrnehmung von Objekten ist häufig klarer, konkreter, unmittelbarer als die von Seinszuständen.

Die eigene Vorstellung bezüglich seiner Seins- und Habenziele folgt diesem Muster. Etwas *sein* zu wollen birgt häufig mehr Unklarheit, als etwas *haben* zu wollen – jedenfalls relativ gesehen. Einverstanden, Berufswünsche können Seinsziele und zusätzlich relativ konkret sein, je mehr man sich eine Vorstellung darüber gemacht hat, was die Ausübung dieses Berufes bedeutet. Trotzdem würde ich behaupten, dass sie selten so präzise sind wie etwa die Idee, eine Matratze zu kaufen.

Ich hätte vor 20 Jahren zum Beispiel nicht sagen können, was als Professor auf mich zukommen würde. Zudem ändert sich die Definition dessen, wie so ein Professor aussehen sollte (das gilt für andere Berufe wie Bäcker, Tischler, Bankkaufmann ebenso), welche Aufgaben er hat und welche Verhaltensweisen er zeigen sollte, ständig. Auch diese Veränderbarkeit macht Seinsziele wenig greifbar. Während zu meiner Studienzeit Professoren unnahbare, fast heilige Respektspersonen in fragwürdigen Anzugkombinationen waren (inklusive Vorzimmerdame, deren vornehmliche Aufgabe das Abwimmeln von Studierenden war), fragen die heutigen Studenten bei der Universitätswahl häufig zunächst danach, welchen Beratungsservice die Professoren bieten, wie erreichbar sie sind und wie sich der persönliche Zugang zum »Universitätspersonal« gestaltet. Der Talar ist Vergangenheit; man trägt Turnschuhe, die Bürotür steht offen, und E-Mail erleichtert ohnehin die Kontaktaufnahme. Darüber hinaus ist »Professorsein« natürlich abhängig von der Persönlichkeit des Würdenträgers. Auch heutzutage darf man noch distanziert sein, eine Fliege oder Collegeschuhe tragen und die üblichen Spleens haben. Mit dieser Flexibilität kommt die für Seinsziele typische Unklarheit, weshalb wir Angelegenheiten wie Professorsein nicht so konkret definieren können wie einen Gegenstand. Nun könnte man einwenden, dass man beim Matratzenkauf im Möbelgeschäft ähnlich unsicher vor den vielen Varianten steht. Dort stehen Latex, Kaltschaum, Rosshaar, das Wasserbett etc. zur Verfügung, und wie die Berufe, so ändern sich auch diese Objekte im Lauf der Zeit und produzieren eine Unsicherheit beim Konsumenten. Jedoch wird das Gefühl der Verwirrung schnell dadurch reduziert, dass ich die Objekte vor mir sehe, sie anfassen kann, im Idealfall mit Informationen vom Verkäufer versorgt werde und irgendwann mit einer Matratze im Kofferraum nach Hause fahre.

Zu guter Letzt fanden wir in unseren Untersuchungen, dass Seinsziele häufig in der fernen Zukunft liegen, während wir Habenziele im Allgemeinen bald angehen wollen – ein weiterer Grund für die Unklarheit der Seinsziele, denn wenn zwischen Wunsch und Ausführung eine Zeitspanne liegt, in der alles Mögliche geschehen kann, ist natürlich alles im Ganzen ungewisser.

Für einen Psychologen ist die Beobachtung, dass Habenziele konkreter, klarer, sichtbarer, näher und greifbarer sind als Seinsziele, durchaus bedeutsam, denn vielleicht liegt darin ja schon einer der Gründe dafür, warum wir so materialistisch sind.* Menschen meiden naturgemäß Unsicherheit und erreichen gern ihre Ziele, und konkrete Ziele, zu denen die Mittel der Zielerreichung bekannt sind, motivieren uns grundsätzlich stärker als diffuse Zustände, die noch dazu in der Zukunft liegen und von anderen unter Umständen gar nicht erkannt werden. So einfach und banal diese Unterscheidung sein mag, so treffsicher erklärt sie doch das Vorherrschen materialistischer Wünsche. Zudem wird klar, dass sich Seinsziele und Habenziele psychologisch unterscheiden – schaute man nämlich allein auf die beinahe beliebige Verwendung von *haben* und *sein* in der deutschen Sprache, so kämen einem Zweifel daran, ob eine solche Unterscheidung überhaupt sinnvoll ist.

Linguistisch gesehen, sind haben und sein oft austauschbar. Bei Persönlichkeitseigenschaften, Posten, Titeln, Berufen und Preisen kann im Deutschen beispielsweise sowohl *haben* als auch *sein* verwendet werden. Man kann *aggressiv sein* oder *aggressive Anteile haben*; man kann *Präsident sein* oder eine *Präsidentschaft* inne*haben*; man kann einen *Nobelpreis haben* oder ein *Nobelpreisträger sein* usw. In anderen Sprachen, wie beispielsweise dem Spanischen, wird zudem die Unter-

* Andererseits kann es sein, dass wir in materialistischen Gesellschaften unsere Habenziele konkreter vor Augen haben als Seinsziele, weil wir Letztere nicht so oft verfolgen.

scheidung getroffen, ob es sich beim Sein um einen *veränderlichen* oder einen *unveränderlichen* Zustand handelt. Diese sprachliche Verwirrung ändert aber nichts daran, dass die beiden Zustände psychologisch voneinander unterschieden werden können, wie unsere Studien zeigen.*

Habenziele und Seinsziele

Ich spreche in meiner Theorie von *Zielen* und von *Mitteln der Zielerreichung* und mache, mich von der Beliebigkeit im Sprachgebrauch abwendend, eine recht einfache Unterscheidung.

Habenziele beinhalten demnach materielle Güter, *Seinsziele* hingegen Zustände, die sowohl veränderlich als auch unveränderlich sein können und die zunächst einmal nichts mit materiellen Dingen zu tun haben. Während »Ein Auto haben« zum Haben gehört, ebenso wie »reich sein«, weil es häufig bedeutet, materielle Güter anzuhäufen, ist »mehr aggressive Anteile haben wollen« ein Seinsziel, unabhängig davon, ob man es mit »haben« oder mit »sein« formuliert. »Aggressive Anteile« sind nicht materiell, man kann sie nicht anfassen, erschmecken oder mit anderen Sinnen erfahren. Erfassbar werden innere Zustände durch gezeigtes Verhalten (wie schreien, toben, Faust ballen), aber selbst dies ist zunächst einmal nicht materiell. Berufsziele wie »Meister sein« oder »IT-Experte« wären beispielsweise Seinsziele, wenn dabei vor allem ein nicht-materieller Zustand angestrebt wird (Selbstverwirklichung, Entfaltung, Unabhängigkeit etc.).

* Das wurde zum Beispiel auch darin deutlich, dass Probanden »eine Familie haben« oder »einen Master haben« in die Spalte mit den Seinszielen schrieben.

Beide Zielarten kann man anstreben, weil man sie noch nicht erreicht hat (zum Beispiel eine Arbeitsstelle, ein Auto). Wenn man sie erreicht hat, ist häufig das Erhalten und Bewahren des Zustandes ein Ziel (nicht gekündigt werden, das Auto pflegen).

Habenmittel und Seinsmittel

Nun spielen in einer jeden motivationspsychologischen Theorie nicht nur Ziele eine Rolle, sondern auch die Mittel zur Zielerreichung. Entsprechend gibt es *Habenmittel* und *Seinsmittel.*

Habenmittel sind solche, die es *über den Weg des Erwerbs, der Vermehrung, der Instandhaltung oder der Verwendung von eigenen, erworbenen materiellen Gütern* ermöglichen, etwas zu erreichen. In manchen Ländern zum Beispiel müssen materielle Güter oder Geld für ein Studium aufgebracht werden – um also letztlich etwas zu *werden* oder zu *sein.* Im Allgemeinen ist es so, dass Menschen zunächst einmal Dinge und Räume haben müssen, um etwas sein zu können, um lernen oder sich selbst verwirklichen zu können. Ein Bildhauer benötigt Material, um Bildhauer zu sein, ein Naturwissenschaftler einen Computer und Forschungsgelder für sein Labor. Auf einer noch allgemeineren Ebene müssen wir natürlich erst einmal Dinge haben, die es uns ermöglichen, überhaupt zu überleben. Neben Nahrung zählen dazu eine wärmende oder kühlende Wohnung, Kleidung und eine medizinische Versorgung – hier haben Güter eine reine *Hygienefunktion.* Bezahlen ist ein klassisches Habenmittel genauso wie arbeiten, sparen und besitzen. Durch Habenmittel können freilich nicht nur Seinsziele erreicht werden, sondern auch Habenziele. Ich kann etwa versuchen, durch Arbeit, Sparen und gutes Kalkül ein Haus zu erwerben mit dem Ziel, es irgendwann gewinnbringend wieder zu verkaufen – um dann ein größeres zu kaufen, also ein weiteres Habenziel entwickeln. In Heideggers *Sein und Zeit* und in Sartres *Das Sein und das Nichts* wird Haben generell als Mittel zum Ziel (meistens des Seins, seltener des Habens) konzeptualisiert. Haben *dient* dem Sein. Diese untergeordnete Stellung des Habens hat eine lange Tradition in der Philosophie – schon Aristoteles setzte das Sein über das Haben, wie Harald Weinrich in seinem Werk *Über das Haben* treffend beschreibt. Ich denke jedoch, diese Analyse greift zu kurz – auch Sein kann ein Mittel zum Ziel sein.

Seinsmittel sind solche, die es uns *ohne den Einsatz materieller Güter* erlauben, etwas zu erreichen. In manchen Ländern muss man etwas *sein*, um etwas zu *haben*. Um an einer Erziehungsberatungsstelle in Deutschland ein hohes Einkommen zu erzielen, wäre es hilfreich, Psychologe statt Sozialarbeiter zu werden. Hier wäre der Status ein Mittel, um mehr zu haben. Seinsmittel können jedoch auch eingesetzt werden, um Seinsziele zu erreichen. Ich kann eine Sprache lernen (Seinsmittel) und, wenn ich sie schon nahezu perfekt beherrsche, noch »eins drauflegen«, um zu einem höheren Seinsziel zu gelangen. Oder: Ein Mönch kann durch Beten (Seinsmittel) sein Ziel erreichen, näher bei seinem Gott zu sein (Seinsziel).

Sind Habenmittel konkreter als Seinsmittel? Dazu habe ich bis jetzt keine Untersuchungen, aber mir kommt es so vor: Häufig sind Seinsmittel ähnlich schwammig wie Seinsziele. Tätigkeiten wie Lernen, Lieben oder Kommunizieren sind weniger konkret als Arbeiten, Bezahlen, Einkaufen. Immer wenn ich »Wie mache ich Karriere in der akademischen Welt«-Kurse gebe, ärgere ich mich darüber, wie undeutlich die Karrieretipps sind. »Seien Sie sozial, vergessen Sie dabei aber Ihre eigenen Interessen nie, schwimmen Sie gegen den Strom.« Das sind schon die konkretesten Ratschläge, die man geben kann, und diese Mittel sind zudem abhängig von der Persönlichkeit des Doktoranden, seiner Universität, seiner persönlichen Situation und seinem persönlichen Verständnis meiner Tipps – alles Quellen für Unsicherheit. Ein Doktorand muss sich auf dem Weg zum Professor zahlreiche Fragen stellen, deren Ausgänge im Ungewissen liegen und von zahlreichen Unbekannten abhängen: Soll er ein Jahr in die USA oder nach Australien gehen, welche Wirkung hätte dies auf seine Beziehung, und könnte er die Karriere überhaupt ohne den Partner machen? Soll er lieber ein umfangreiches Buch schreiben oder eher viele kurze wissenschaftliche Artikel? Soll er ein Training in Statistik buchen oder eines zum wissenschaftlichen Schreiben? Dieser Prozess unterscheidet sich maßgebend vom Kauf einer Matratze: Da google ich in den Gelben Seiten nach »Matratze« oder folge der Empfehlung eines Freundes, nehme mein Geld, ziehe den Mantel an, fahre hin … alles höchst konkret. Zu guter Letzt können beide Mittel Subziele sein. Das Ziel, ein Auto zu haben, kann ein Mittel sein, mich selbst zu spüren, und mein Ziel, sprachlich kompetenter zu sein, ein Mittel, um meine Karriere zu beschleunigen und dadurch mehr zu verdienen. Ziele und Mittel sind hierarchisch angeordnet, ein Punkt, den ich später noch genauer diskutieren werde.

Die Unterscheidung in Mittel und Ziele beim Haben und beim Sein erlaubt eine differenzierte Sichtweise auf viele Situationen des alltäglichen Lebens. Zudem bietet die strenge Definition eine relativ nüchterne, objektiv erscheinende Betrachtung: Sind Güter im Spiel, geht es um *Haben*, sind keine ersichtlich, handelt es sich um eine Situation des *Seins*. Aber wie so vieles liegt es letztendlich am Betrachter, wie er die Ziele konstruiert. Wird jemand Lehrer, weil es ihm um ein materiell sorgenfreies Leben geht, sprechen wir von einem

Habenziel. Ergreift er den Beruf vor allem, um Kindern etwas Vernünftiges beizubringen, dann hat er ein Seinsziel im Auge. Ein Student, der das Seinsziel »Elektroingenieur« hat und dieses Ziel nur durch Arbeit an einer Supermarktkasse erreichen kann, kann Letzteres entweder als Habenmittel konstruieren (»Ich will das Geld, um etwas werden zu können«) oder es dazu nutzen, um wichtige Erfahrungen zu machen (»Ich lerne dabei den Umgang mit komischen Menschen«).

Dieser Punkt ist nicht unerheblich, da ich aufgrund dieser Subjektivität eine Situation nicht allein durch Beobachtung von außen beurteilen kann. Aus purer Beobachtung eines mir fremden Bankers, der im Jahr eine Million verdient, weiß ich nicht, ob er Habenziele oder Seinsziele hat. Zugegeben, Habenziele liegen hier nahe, aber vielleicht will er ja das Geld nur haben, um sich irgendwann an einem schönen Fleck der Welt selbst zu verwirklichen. Ich brauchte einen Zugang zu seinen Gedanken, seinen Kognitionen, müsste ihn dazu befragen oder durch moderne psychologische Methoden an seine unbewussten Motive herankommen, um dies genau zu wissen. Es erscheint ebenso unwahrscheinlich, dass er das Anhäufen von Geld als Seinsmittel sieht, aber auch das wissen wir nicht mit Gewissheit – es kann sein, dass es ihm gar nicht um das Geld geht, sondern um den Erfahrungsgewinn als Banker.

Lassen Sie mich noch einmal betonen, dass ich *als Psychologe* alle Mittel und Ziele zunächst einmal wertfrei betrachte. Es ist psychologisch gesehen nichts Schlechtes oder Gutes daran, wenn man Professor sein oder ein Haus haben will, auch wenn mir mein Selbstexperiment des Verzichts momentan *persönlich* gefällt. Es ist auch grundsätzlich weder verwerflich noch vortrefflich, sich im Supermarkt etwas dazuzuverdienen oder dabei Erfahrungen zu sammeln. Damit unterscheidet sich mein Beitrag von Fromms Konzepten des Habens und des Seins. Seinem Werk möchte ich mich jetzt kurz widmen.

Erich Fromm

Erich Fromm bezeichnet Haben und Sein als zwei Wege der Erfahrung. Er nennt sie den *Existenzmodus des Habens* und den *Existenzmodus des Seins*, die sich beide »unversöhnlich« gegenüberstünden, also ganz und gar ausschlössen. *Sein* ist nach Fromm das *Gegenteil* von Haben und das *Gegenteil* von *Schein*. Der Seinsmodus beinhalte »Lernen, Erinnern, Reden, Lesen, Wissen, Glauben und Lieben« und berühre keinerlei materielle oder erzwungene Aspekte. Sein Existenzmodus des Habens umfasst nicht nur den Erwerb oder Besitz materieller Güter, sondern auch so etwas wie »Freunde haben wollen«, »Wissen haben wollen« und »Erinnerungen haben wollen« und schlichtweg alles, was mit Raffen, Horten oder Besitznahme zu tun hat und aus dem man Profit schlagen will. Vor dem Hintergrund der heutzutage an Einfluss verlierenden Freudschen Psychoanalyse beschreibt er den Prozess der Objektnahme sehr plastisch als Introjektion oder Einverleibung. In gleicher Weise, wie man Nahrung zu sich nehme, könne man auch symbolisch Dinge schlucken, in dem Irrglauben, dass man sie für ewig in seinen Eingeweiden behält. Wie der Säugling, der alles in den Mund stecke, so schlucke auch der auf einer niedrigen Entwicklungsstufe stehengebliebene Materialist alles, was er sich einverleiben will – und bleibt der »ewige Säugling«. Auch wenn es manchem sicher Spaß macht, sich »Heuschrecken-Banker« in Windeln und am Geld nuckelnd vorzustellen, die von der Psychoanalyse propagierten Entwicklungsschritte, die der Argumentation zugrunde liegen, sind heutzutage obsolet – Ödipuskomplex und Penisneid etwa gehören selbst für Psychoanalytiker in den Mottenschrank der Psychologie. Dennoch kann man natürlich dem Gesellschaftskritiker oder dem Menschen Fromm in einem Punkt folgen: Der Existenzmodus des Habens erscheint vielen von uns als verheerender Irrweg. Viele würden ihm auch zustimmen, wenn er eine materialistische Art zu denken für Krankheiten, Egoismus, Vereinsamung, Kriege und Lieblosigkeit verantwortlich macht. Fromm glaubte ferner, dieser Habenmodus basiere auf *Heidentum* und sei im *Privateigentum* begründet.

Seine Sichtweise erlaubt es, das Haben auf Nicht-Materielles auszuweiten, und das leuchtet ein. Es scheint mir, dass nahezu alles – selbst unsere Ideologien, unsere Privatheit, unsere Fantasie und unser Erleben – mehr und mehr kommerzialisiert werden. Man benutzt Seinszustände, um etwas zu erreichen, oder, in die moderne Motivationspsychologie eingebettet, man tut etwas nicht aus intrinsischer Motivation heraus, sondern weil es extrinsische Verstärker dafür gibt. Schließlich, so beobachtete Jean Baudrillard schon 1968 in seinem einflussreichen Buch *Das System der Dinge,* kann man auch aus Erlebnissen und sogar moralisch hochstehenden Handlungen clevere Marktideen entwickeln.

Im Moment geschieht das etwa mit »Achtsamkeit«, »Wellness«, »Bio« und »Fair Trade«, die von einer Güter- und Erlebnisindustrie vereinnahmt werden. Entsprechend gab es diese Woche bei einem deutschen Discounter, der nicht gerade mit besonders guter Behandlung seiner Waren und Angestellten glänzt, wie jedes Jahr eine ganze Palette von »Fair-Trade-Produkten zum Schnäppchenpreis«; und seit langem hat er ein festes Produktangebot mit weithin erkennbarem »Bio«-Label. Um ein anderes Beispiel zu nennen: Im Coaching-»Business« weiß jeder, dass Achtsamkeit und Yoga derzeit die Renner sind – demnach ist es also sinnvoll für die Kundenakquise, das ein oder andere Zertifikat in diesen Meditationstechniken zu erwerben. Wie materielle Güter unterliegen immer mehr Erlebnisse Marktgesetzen. Unser Bedürfnis nach ihnen wird durch Werbung geweckt, und sie werden zu Seinsmitteln, um Habenziele zu erreichen (»Ich will mehr über Achtsamkeit wissen, weil ich damit mehr verdiene«). Wenn man dafür bezahlt, werden sie gar zu Habenmitteln. Das aber – die Einstellung, aus guten, moralischen Ideen in einer Marktwirtschaft nichts als Profit zu schlagen – wäre für Fromm ein weiteres Beispiel für die triebhafte Gier der westlichen Welt gewesen. In meiner Theorie würden in diesen Fällen Seinszustände genutzt, um letztendlich Habenziele zu erreichen.

Dem diesem Thema zugeneigten Leser mögen die letzten Horrorbilder von Bio-Hühnerfarmen einfallen, in der sich Hühner die Federn vom Leib hackten. Sie haben uns gezeigt, wie schnell die Vermarktung von »Bio« und der Wettbewerb um den niedrigsten Preis in »ökologischen« Betrieben zu ähnlichen Zuständen führen wie die konventionelle Massentierhaltung, von der der Verbraucher ja bewusst Abschied nehmen wollte. Da für Fromm eine unüberbrückbare Kluft zwischen Haben und Sein besteht und Sein das Gegenteil des Strebens nach materiellen Gütern ist, scheint der vollkommene Verzicht auf die Lebensweise des Habens für ihn unabdingbar.

Hier trennen sich unsere Sichtweisen. Wie oben beschrieben, glaube ich, dass jeder Mensch sich widersprechende Haben- wie auch Seinsziele im Kopf hat. Zudem folgt aus meiner motivationspsychologischen Sicht, dass man Ziele auch aus mehreren Gründen verfolgen kann. Ich kann meinen Beruf ausüben, weil ich reich sein will und mich selbst verwirklichen. Haben und Sein schließen sich daher nicht immer aus.

Außerdem sind Habenziele und -mittel nicht per se gut oder schlecht – es kommt auf den Kontext an. Wir müssen etwas haben, wenn wir arm sind und ohne Güter sterben würden oder ungeschützt und unfrei wären. Selbst wenn unsere Grundbedürfnisse abgedeckt sind, brauchen wir schlichtweg Dinge, wie der Maler den Pinsel und der Student seinen

Laptop. Es ist auch keine gute Idee, sich völlig mittellos zu machen und somit vollkommen abhängig von anderen zu sein.

Erich Fromm, der seine Thesen in den 60er und 70er Jahren formulierte, glaubte an die Vorhersagekraft der Einstellungen. Haben- und Seinsmodi seien Sichtweisen und Einstellungen, die den Blick auf die Dinge veränderten und einem bestimmten Verhalten vorausgingen. Damals herrschte in der Psychologie die Idee vor, dass man allein die Einstellung eines Menschen kennen müsste, um sein Verhalten vorhersagen zu können. Dank der sozialen Kognitionsforschung wissen wir mittlerweile, dass Menschen alle möglichen hehren Einstellungen haben – fast niemand findet Rauchen wünschenswert, fast niemand mag einen aggressiven Tonfall in Gesprächen, und fast niemand würde von sich sagen, dass er Vorurteile hat. Betrachten wir dann das tatsächliche Verhalten dieser Gutmenschen, ergibt sich ein anderes Bild: Raucher haben Schwierigkeiten aufzuhören; Konflikte in Betrieben beruhen nicht selten auf unterschwelligen Aggressionen; und sobald ein Heim für Behinderte (oder gar Asylanten) in unserer Nachbarschaft gebaut werden soll, erfährt unsere vormals tolerante »Überzeugung« schnell eine gewisse »Differenzierung« (»Ich habe nichts gegen die Leute, aber die Sicherheit meiner Kinder ist mir nicht egal ...«). Insgesamt ist es also sinnvoll, sich nicht nur auf die Einstellungen von Menschen zu verlassen, sondern den Blick auf ihr Verhalten zu lenken und zudem zu untersuchen, welche Ziele sie *in einer bestimmten Situation* aktiviert haben. Eine in der Ziellogik eingebettete Theorie kann treffsicherer Verhalten vorhersagen, denn flexible, sich ständig verändernde Ziele sind eher verhaltensleitend als Einstellungen.

Darüber hinaus folgt, dass man nicht nur Zielzustände von Verhaltensweisen oder Einstellungen betrachtet, sondern ebenso die Mittel, die einer Person zur Verfügung stehen. Auf diesem Weg kann es passieren, dass ein Seinsziel mit einem Habenmittel erreicht wird. Ergo: Wenn jemand ein Modedesigner werden will (Seinsziel), muss er nicht selten in einem auf reinen Verdienst angelegten Job Geld für seine Stoffe verdienen. Das Habenmittel »Geld verdienen« hat in diesem Beispiel nichts mit Selbstverwirklichung zu tun, der Erwerb von Materialien hat einen klaren materialistischen Fokus. Trotzdem ist er aber Mittel zum Zweck des Designerwerdens. Ich werde im Lauf dieses Buches behaupten, dass es einen Unterschied bedeutet, ob ich Güter erwerbe (Habenmittel), um zu haben (Habenziel), oder ob ich damit etwas sein will (Seinsziel). Eine solche Analyse geht über die Frommschen Gegensatzpaare Haben und Sein hinaus. Im Gegenteil, in meiner Analyse schließen sich Haben und Sein nicht aus, denn Haben ist in vielen Fällen ein adäquates Mittel, um etwas zu sein oder zu werden.

Ohne Frage hat Fromm aber im wissenschaftlichen Stand seiner Zeit einen hervorragenden Beitrag geleistet. Er hat auf ein wichtiges gesellschaftliches, politisches und wirtschaftsrelevantes Thema aufmerksam gemacht und es in die Psychologie getragen. Als Grundlage diente ihm der Bericht des Club of Rome, der damals schon unmissverständlich zu verstehen gab, dass wir uns radikal verändern müssen, wollen wir die Erde erhalten.

Auch meine Theorie profitiert ungemein von seinem wunderbaren Buch. Wir müssen verstehen lernen, warum Menschen haben wollen, was sie haben müssen, und welche Formen des Seins sie für attraktiv halten. Eine rein wirtschaftswissenschaftliche Betrachtung würde das Individuum und seine Konstruktion der Welt, seine Ziele, Motive und Bedürfnisse vernachlässigen. Diese Gründe für unser Verhalten, die ich unten weiter behandeln werde, sind wahrscheinlich andere, als Fromm sie vermutete. Jedoch ist Forschung immer nur Anregung und nie Stillstand – man *hat* niemals etwas verstanden, man *ist* immer im Prozess des Verstehens begriffen. Dementsprechend schreitet die Forschung voran, und wir werden sehen, wie lange meine Ideen anregend oder gar treffsicher sind und durch wen sie schlussendlich abgelöst werden.

Im Folgenden möchte ich nun einige Versionen des Habens und des Seins beleuchten, die mir in der Literatur, aber auch durch Beobachtungen des Alltags bedeutsam erschienen.

III
Versionen des Habens

Man kann etwas im legalen Sinn haben, indem man es geschenkt bekommen, erworben, selbst produziert oder geerbt hat. Eine Psychologie des *Habens* sollte jedoch solche Fälle nicht ausschließen, in denen Menschen *glauben,* etwas zu haben. So bezeichnen wir eine Mietwohnung als »unsere Wohnung«, und manche nennen ihre Arbeitsstätte »meine Firma«. Psychologisch gesprochen *haben* sie es – obwohl es ihnen legal nicht gehört.

Haben kommt in vielen verschiedenen Spielarten vor, und diese entspringen wiederum unterschiedlichen psychischen Quellen. Habenwollen, Raffen und Prassen, Horten, Materialismus, Sparen und Kaufsucht – all das sind weitbekannte Phänomene. Ich will versuchen, sie möglichst wertfrei zu beleuchten, obwohl die negative Ladung unmittelbar spürbar ist, sobald man auch nur kurz darüber nachdenkt. Das ist kurios, wenn man bedenkt, dass die meisten von uns in einer materialistischen Gesellschaft groß geworden sind.

Habenwollen

Unter *Habenwollen* verstehe ich den simplen Wunsch, ein materielles Gut zu erwerben. Habenwollen ist das allgemeinste Habenziel, und es gibt dafür mannigfache Gründe, auf die ich in den nächsten Kapiteln näher eingehen werde. Darunter fallen Bedürfnisse wie Hunger genauso wie Gefühle von Neid oder Gier oder die Beeinflussung durch Werbestrategen. Weil man Habenmittel einsetzen kann, um ein Seinsziel zu erreichen, können ebenso Selbstverwirklichung, Neugierde oder Kreativität seine Triebfedern sein. Wolfgang Ullrich setzt Habenwollen von *Habenmüssen* ab, wobei Letzteres alles beinhaltet, was lebensnotwendig ist (Haben als *Hygienefaktor*), während Ersteres darüber hinausgehende Objekte umfasst. Ebenso spricht Fromm von *funktionalem Haben* (Deckung der Grundbedürfnisse) und *charakterbedingtem Haben*, was meist in Gier umschlägt – er widmete sich jedoch vorrangig Letzterem und zeigte vor allem negative Konsequenzen auf.

Raffen und Prassen

Unter *Raffen* verstehe ich die Tendenz, etwas zu erwerben mit dem Ziel, Massen an Zeug anzuhäufen, wobei man es in den meisten Fällen vor allem für sich selbst erwirbt und nicht unbedingt benutzt. Es gab einmal die Aktion »2 für 1« meines Brezenbäckers. Ich esse täglich eine Breze, nahm während des Aktionszeitraums aber immer eine zweite mit, obwohl ich spätestens nach ein paar Tagen hätte realisiert haben müssen, dass ich nach wie vor immer nur eine Breze aß.

Man könnte Raffen als eine Tätigkeit definieren, bei der man sich etwas anschafft, obwohl man es nicht *braucht*. Aber das ist schwierig. Natürlich *braucht* man, objektiv gesehen, eine neue Hello-Kitty-Zahnbürste weniger als ein Mittagessen, aber das Raffen erstreckt sich auch auf Nahrungsmittel, wie das Brezenbeispiel zeigt. Generell schmeißen wir Unmengen an Zeug weg, bevor wir es konsumieren oder genießen können. Die Zahlen (die wir gewohnheitsmäßig schnell wieder vergessen werden) hauen einen schlichtweg um: In

Deutschland landen elf Millionen Tonnen Nahrungsmittel pro Jahr auf dem Müll – zwei Drittel davon wären noch genießbar gewesen. Der Wert für 2013 belief sich, so trägt es Martin Tschechne in seiner Glosse »Volle Taschen, Watte im Hirn« zusammen, auf 21,6 Milliarden Euro. Der überwiegende Teil fällt aus Privathaushalten an: 82 Kilo Abfall pro Kopf der Bevölkerung. Auch bei der Kleidung halten wir uns nicht zurück und steigern uns von Jahr zu Jahr. So kaufen wir in Deutschland doppelt so viel Kleidung wie vor zehn Jahren. 750 000 Tonnen kommen auf den Müll, die Hälfte davon wird verbrannt, wobei das meiste noch tragbar gewesen wäre. Man kauft etwas, ohne es tatsächlich zu gebrauchen oder zu verbrauchen – dieses Konsumverhalten bezeichne ich als Raffen. Die negative Konnotation des Begriffs nehme ich in Kauf, denn Raffen ist im klassischen Sinne dysfunktional – es führt nicht zum eigentlichen Ziel (die Breze essen, das Kleidungsstück anziehen etc.).

Prassen ist, ähnlich dem Raffen, ein Zuviel an Konsum, wobei es hier sein kann, dass man es verbraucht, obwohl es einem nicht guttut, oder dass man es vergeudet. Wenn man zu viel isst oder zu viel ausgibt, redet man genauso von prassen. Das Schnelle, Hektische, Unüberlegte ist beiden Begriffen gemein. Wenig rationales Kaufverhalten nennt man auch *impulsives Kaufen.*

Impulsives Kaufen

Impulsives Kaufen beinhaltet nicht unbedingt (aber oft), dass man zu viel kauft (wie beim Raffen). »Impulsiv« kennzeichnet ein Verhalten, das nicht geplant war, das schwierig zu kontrollieren ist und das von einer emotionalen Erregung begleitet wird (Rook, 1987). Dabei werden weitreichende Konsequenzen (Was bedeutet dieser Kauf für mein Bankkonto? Brauche ich das wirklich? Passt das eigentlich zu meinen anderen Sachen? Habe ich davon nicht schon drei Exemplare?) außer Acht gelassen. Es handelt sich um ein spontanes Verhalten, das viele meiner Kollegen als unvernünftig bezeichnen würden.

Ein Freund beschrieb, wie er sich am Bahnhof quasi im Vorübergehen ein Paar neongrüne Schuhe gekauft hat, weil er sie so lustig fand und sie ihn an seine Kindheit erinnert hatten, in der Neonfarben en vogue waren. Zu Hause angekommen, wurde ihm bewusst, dass er überhaupt keine passende Kleidung zu den Schuhen hatte, und legte sie infolgedessen sofort in die (immer größer werdende) Karnevalsecke.* Ein derartiger Fehlkauf ist eine typische Folge des gedankenlosen, impulsiven Kaufens. Solche Käufe sind nicht zwangsläufig schlecht. Ein anderer Käufer hätte die Schuhe vielleicht ab und zu zur Erinnerung an seine Kindheit getragen. Womöglich hätte er sogar so viel Spaß daran gehabt, dass er sich passende Kleidung dazu gekauft hätte. Generell gilt bei spontanen Verhaltensweisen im Gegensatz zu gut geplanten, dass sie eher unvorhersehbare Konsequenzen haben. Habe ich mich zu Hause nach reiflicher Überlegung dazu entschlossen, mir zu meinem Anzug ein Paar braune Budapester zuzulegen, weil ich damit nichts falsch machen kann, steigt die Wahrscheinlichkeit, dass ich sie tatsächlich anziehen werde. Wenn ich mich aus dem Bauch heraus für etwas entscheide, sinkt diese Wahrscheinlichkeit.

Die Sache ist allerdings komplizierter. Einige Kollegen stimmen in letzter Zeit ein Loblied auf die Intuition an und

* In Köln ist »für den Fall, dass ich das Karneval mal brauchen kann« eine häufig gebrauchte Entschuldigung für solche Verirrungen. Das sorgt für überquellende Keller und Speicher.

behaupten, dass sie nicht so schlecht sei wie ihr Ruf innerhalb der Psychologie. Eine mögliche Lehre aus der Forschung ist, dass spontane Entscheidungen den Vorteil haben, sehr nah bei einem selbst und den eigenen Gefühlen zu liegen. Mein Freund hat die Neon-Schuhe gekauft, weil sie ihn an seine schöne bunte Kindheit erinnerten. Ebenso verleiten uns schöne Verpackungen, attraktive Farben und Formen eher zum Kauf, wenn wir spontan, ohne weitere Überlegungen oder unter Stress kaufen. Allerdings lassen wir uns dann auch eher durch Vorurteile leiten, wie sozialpsychologische Untersuchungen zeigen, die ich in meiner *Kleinen Einführung in das Schubladendenken* ausführlich beschrieben habe. Setze ich meine Vernunft ein, kann ich dem unmittelbaren, hedonischen Reiz widerstehen – nur dann fällt mir ein, dass ich die Schuhe nicht gebrauchen kann oder dass eine Ware mehr Schein als Sein ist. Und nur dann kann ich meine spontane negative Reaktion auf einen Menschen, ein Objekt oder eine Situation überdenken. Sozialpsychologen wie Fritz Strack ziehen solche reflektierten Prozesse den impulsiven vor – gerade wenn es um Kaufentscheidungen geht, denn auf der anderen Seite stehen Marketingexperten, die in ihren Instituten vielleicht gerade herausgefunden haben, dass sehr viele Konsumenten auf Erinnerungen an ihre Kindheit (die ja eine ganze Generation erlebt hat) abfahren. Bezieht man diese Manipulationen durch andere mit ein, ist die Frage, ob irgendein spontaner Kauf tatsächlich näher am »Selbst« liegt als ein überlegter, mühselig zu beantworten. Mein Freund fühlte sich durch die Schuhe persönlich angesprochen oder berührt, wobei Marktforschung kein Interesse an seinen individuellen Vorlieben oder seiner Persönlichkeit hat, sondern daran, worauf *die meisten* Kunden hereinfallen.

Beim impulsiven Kaufen wird das Kaufen an sich häufig zum Selbstzweck. Es macht den Leuten Spaß, aber es ist unklar, ob sie sich hinterher am Produkt erfreuen.

Pathologisches Kaufverhalten

Damit geht impulsives Kaufen nahtlos in das *pathologische Kaufverhalten* über, bei dem Menschen einen »Kick« beim Kaufen bekommen, aber sich hinterher selten an den gekauften Gegenständen erfreuen. Wenn Sie also sehr viele Dinge kaufen, dabei Ihr Konto nicht mehr im Blick haben, Ihnen gar nichts daran liegt, die Dinge zu besitzen, und Sie sehr vieles davon nicht verwenden, womöglich gar nicht erst auspacken, gehören Sie vielleicht zu den ca. sieben Prozent der Menschen, die pathologische Käufer – oder, anders ausgedrückt, kaufsüchtig – sind (diese Zahl ermittelte Astrid Müller in ihren Untersuchungen in Deutschland). Man kann das als Störung bezeichnen, weil das Verhalten zu nichts führt und letztlich ruinieren kann und weil es von manchen Betroffenen selbst als sehr störend empfunden wird. Kaufsüchtige fühlen sich *während* des Kaufens häufig glücklicher und positiv erregt, danach schleppen sie sich aber mit Schuldgefühlen und Selbsthass durch den Tag und mögen das Gekaufte oft nicht. Dazu kommt das schlechte Gewissen, sich wieder einmal vergessen zu haben, und die Erkenntnis, dass der Einkauf die eigentlichen Probleme nicht behebt, wie eine allgemeine Lustlosigkeit oder Depression, die man vielleicht selbst gar nicht richtig ausdrücken kann. Auf die Funktionen und Motive, die diesem Verhalten zugrunde liegen, komme ich noch zurück. Ähnlich freudlos wie das Raffen und das pathologische Kaufverhalten ist das Horten.

Horten, Sammeln, Festhalten, Sparen

An manchen Dingen scheinen wir zu kleben. Nehmen Sie folgenden skurrilen Befund von Jeanne Arnold und Ursula Lang aus dem Jahr 2007. Demnach verwendeten 18 von 24 befragten kalifornischen Mittelklassefamilien im Durchschnitt den Raum von zwei bis drei Autogaragen, um ungenutztes Zeug zu horten. Zugegeben, das war eine kleine Stichprobe, aber andere Berechnungen von Jon Mooallem aus dem Jahre 2009 zeigen, dass die Einwohner der USA für ihr altes Zeug 213 Millionen Quadratmeter Lagerraum brauchten.

Wir *horten* unseren Besitz, wir geben Geld für Stauraum aus, damit wir unsere alten Klamotten aufheben können, die allesamt irgendwann in der Altkleidersammlung landen werden, wenn wir schon nackt im Grab vor uns hin faulen. Weder konsumieren wir diese Dinge, noch erfreuen wir uns daran. Häufig beginnt es mit Raffen und endet mit Horten; wir kaufen, benutzen es nicht, schmeißen es aber auch nicht weg. Manche von uns müssen sehr hart arbeiten, um sich die viel zu große Hütte leisten zu können, in der sie ihr Zeug anhäufen. Auch für das Bewahren, Konservieren und Instandhalten werden finanzielle Mittel eingesetzt.

Sammeln ist übrigens grundverschieden vom Horten. Ein Sammler hat Spaß an seinem Tun, und er »konsumiert«, das heißt genießt seine Sammlung, wenn er sie anschaut, abstaubt, ordnet oder dergleichen.

Wie das Raffen kann sich das Horten in ein hoch problematisches Verhalten auswachsen, das im Deutschen als *Messie-Syndrom** bekannt ist, obwohl es sich dabei eher um ein Phänomen als um eine klar umschriebene Krankheit handelt:

* Im Englischen gibt es die Bezeichnung so wenig wie das »Handy«, da spricht man von »compulsive hoarding«.

Einige Menschen können sich von gar nichts trennen, ihre Wohnungen sind vollgestopft mit Zeug, das andere wegwerfen. Zeitungen stapeln sich bis an die Decke, alle Plastiktüten werden verwahrt, eingegangene Blumen werden nicht entsorgt, leere Katzenfutterdosen bedecken die Küchentische. Viele »Messies« treibt eine Depression zu diesem Verhalten, weshalb sie Hilfe brauchen.* Ich würde schließlich noch *Festhalten* hier einordnen. Menschen geben ungern etwas ab, was sie in Besitz genommen haben. Der Sozialpsychologe Daniel Kahneman zeigt mit Kollegen in Experimenten, dass Versuchspersonen ein Objekt, das sie bekommen haben (eine Tasse), nicht gegen einen gleichwertigen Artikel (einen Kugelschreiber) einwechseln möchten. Schon nach wenigen Sekunden baut sich eine Beziehung zu dem auf, was man erhalten hat und was einem vertrauter vorkommt als die »neue« Alternative.

Zu guter Letzt *sparen* Menschen Geld. Auch dieses Verhalten kann angemessen sein oder übertrieben werden.

Der gute Grund der »Störungen«

An diesem Punkt möchte ich für einen Moment innehalten und noch einmal auf die Frage nach der Funktionalität menschlichen Verhaltens eingehen. Psychologische Forschung hat die Tendenz, Defiziten, Störungen und problematischen Verhaltensweisen besondere Beachtung zu schenken. Das ist vergleichbar mit medizinischer Forschung: Uns inter-

* Aus diesem Grund ist es widerlich, sie in effektheischenden Realitysoaps vorzuführen. Das erinnert an die Jahrmärkte in grauer Vorzeit, als man behinderte Menschen oder solche, die anders aussahen, zur Schau gestellt hat.

essieren die negativen Verhaltensweisen und die »Krankheiten«, die wir »heilen« möchten. Damit wir es alle besser haben. Aus diesem Blickwinkel übersehen wir, wie viele Verhaltensweisen funktional und wie viele Menschen »gesund« sind. Erst seit den letzten Jahren mehren sich die Fragen nach dem »Guten«, dem »Funktionalen«: Warum funktionieren Menschen so beachtlich, wie kommt es, dass viele gesund sind, warum leben wir in Frieden, wie entwickeln wir Resilienz, also ein psychisches »Immunsystem« gegen Schicksalsschläge und Misserfolge?

Da die Forschungsergebnisse überraschend sind und zudem die Erkundungen des Gesunden Aufschlüsse über den Ursprung von Störungen geben, entwickelt sich mehr und mehr ein neues Forschungsgebiet, die *Selbstregulationsforschung**, die sich fragt: *Was* ist daran eigentlich gut? Und *wozu* haben Menschen dieses Verhalten? Nehmen wir das Beispiel Horten. Horten erscheint mir wie eine Extremform von Sparen, Speichern, Hüten oder Ansammeln. Es ist demnach vermutlich ein aus den Fugen geratenes, zwanghaftes Verhalten, welches in moderater Form jedoch durchaus von Nutzen ist. Das ist ähnlich wie beim Kratzen: Gut, dass wir uns kratzen können, wenn es uns juckt; nur, wenn wir uns permanent kratzen und das Ganze exzessiv wird, schaden wir damit unserer Gesundheit. Jeder Selbstregulationsexperte würde die Fähigkeit des Menschen, zu speichern, zu sparen und seine Güter zu schützen, als etwas Herausragendes ansehen.** Als etwas, das die Vorherrschaft des Menschen über alle anderen Arten ausgemacht hat. Gehen wir in die Zeit zurück, als wir noch Jäger und Sammler waren, oder in die Zeit, als

* Für Näheres siehe mein Buch *Unser Autopilot*.

** Ja, es gibt auch hortende Tiere wie Eichhörnchen oder andere Nager. Aber bei ihnen ist das ein höchst unflexibles genetisch determiniertes Verhalten, das nicht dem freien Willen unterworfen ist, und erfüllt andere Funktionen.

wir mühsam den ersten Boden bestellten. Eine Ernte planvoll zu speichern und zu verwenden bietet einen Vorteil, wie ihn kaum ein anderes Tier nutzt. Mehr noch, aus dem Bewusstsein, dass man im Voraus planen muss, entwickelte der Mensch mannigfaltige intelligente Konservierungstechniken. Die meisten anderen Tiere sind darauf angewiesen, das zu essen, was gerade wächst oder was sie gerade gefangen haben. Da sie keine Vorräte anlegen, sterben sie in besonders harten Wintern oder Dürreperioden. Menschen dagegen können sich zurückhalten, selbst wenn sie Lust hätten, sich den Magen vollzuschlagen.

Ich habe weiter oben Walter Mischels Experiment geschildert, in dem Vierjährige selbst dann einem Marshmallow nicht entsagen konnten, wenn ihnen dafür ein zweiter versprochen wurde. Ab einem Alter von fünf Jahren jedoch können Kinder sich sehr wohl zurückhalten und optimieren so ihre Selbstregulation: Sie haben gelernt, vor diesem Marshmallow auszuharren, sie fangen an zu singen, um sich abzulenken, sie verstecken ihn unter dem Tisch – und gehen stolz wie Oskar mit zwei Stück nach Hause.

Diese Versuchsanordnung symbolisiert die Situation, die unsere Vorfahren nach einer schlechten Ernte erlebten. Natürlich hatten sie Lust, schon im Herbst den Keller leer zu essen, aber da sie wussten, dass dies langfristig ihren Tod bedeuten würde, nahmen sie sich zurück. Sie bezwangen ihren Hunger, verwahrten das Saatgut und lebten bescheiden, um später, wenn der Frühling kam, die Tiere wieder fett wurden und Essbares wuchs, zuschlagen zu können. Horten kann, vor diesem Hintergrund, als ein normales Verhalten angesehen werden, das eine Funktion hat oder hatte. Selbst raffen, also mehr speichern, als man vielleicht braucht, ist nicht so verrückt, wenn man bedenkt, dass keiner wusste, wann so ein Winter vorbei war.

Vorratshaltung ist an sich also keine schlechte Idee – wenn

sie jedoch exzessiv wird und die Freiheit gar langfristig einschränkt, wenn ihre ureigensten Ziele kompromittiert werden (wenn man zum Beispiel keine Zeit mehr für etwas anderes hat) oder sie zu hohe Kosten verursacht, dann kippt das an sich normale Horten ins Extreme und wird letztendlich dysfunktional.* Vom Horten abgesehen, zeigen wir, und ich werde das noch näher beschreiben, so manche von früheren Generationen ererbte Verhaltensmuster, die damals funktional waren, jedoch nicht mehr in unsere Zeit passen und heute dysfunktional sind.

In diesem Buch soll es aber nicht vorrangig um solche »Störungen« gehen, sondern um den gewöhnlichen Materialismus. Was ist das eigentlich?

Materialismus

Materialismus wird in der philosophischen Tradition, grob gesagt, als ein Zustand beschrieben, in dem nichts als Gegenstände und ihre Bewegung existieren. Im alltäglichen Sprachgebrauch, in den Wirtschaftswissenschaften und in der Psychologie sieht man darin eher eine Art Hingabe für oder ein Interesse am Erwerben und am Ausgeben. Ich folge dem Konsumentenpsychologen Russell Belk, der Materialismus definiert als »Wichtigkeit, die man weltlichem Besitz zuschreibt«. Russel Belk hat neben seinen Kollegen Martha Richins und Scott Dawson Fragebogen konstruiert, mit denen man den

* Das wäre freilich allein die psychologische Perspektive, denn langfristig scheint das gesellschaftliche Horten, wie die Wachstumskritiker zeigen, ja ohnehin dysfunktional zu sein, wenn wir mit einem viel zu großen ökologischen Fußabdruck unsere Lebensgrundlage, den Planeten, unbewohnbar machen.

Materialismus eines Menschen ermitteln kann. Dazu werden Studienteilnehmer gebeten, zu bewerten, inwieweit bestimmte Stellungnahmen zum Konsum auf sie zutreffen, wie »Ich mag Luxus in meinem Leben«, »Ich wäre glücklicher, wenn ich mir mehr Dinge leisten könnte« oder »Die Dinge, die ich besitze, sagen sehr viel darüber aus, wie erfolgreich ich im Leben bin«. Diese drei Aussagen sind gleichzeitig ein Beispiel für die drei Aspekte des Materialismus, nämlich wie wichtig allgemein Besitz und Konsum für jemanden ist, wie sehr Besitz mit Glück zusammenhängt und wie stark man davon überzeugt ist, dass Besitz Erfolg anzeigt. Je stärker Probanden meinen, dass dies auf sie zutreffe, umso materialistischer sind sie. Hier wird also eine Einstellung oder Geisteshaltung ermittelt, die, so die Forscher, ein relativ stabiles Persönlichkeitsmerkmal ist. Misst man damit den Materialismus eines Menschen heute und in einem Jahr, so sollte, ähnlich wie bei anderen Persönlichkeitsmerkmalen, ungefähr das gleiche Ergebnis herauskommen. Leider weicht jedoch die zweite Messung nicht selten von der ersten ab, was, wie ich bereits erwähnte, vermutlich daran liegt, dass wir »mehrere Seelen in einer Brust haben« und dass in bestimmten Situationen das materialistische Ich eher aktiviert ist als das nicht-materialistische. Nichtsdestotrotz werden diese Einstellungen chronisch auftreten, das heißt, es wird Menschen geben, die generell und ihr Leben lang vor allem damit beschäftigt sind, ihren Besitz zu mehren, und die glauben, dass das Erwerben von Gütern sie glücklich und erfolgreich macht.

Um es vorwegzunehmen: Eine solche Einstellung muss nicht gleich negativ sein oder zu Problemen führen. Mag der typische Deutsche auch wenig von materialistisch denkenden Menschen halten, neuere Studien zeigen, dass materialistische Einstellungen nicht in allen Ländern verpönt sind und dass mancherorts dem fröhlichen Kaufen nichts im Weg steht. Unsere niederländischen Nachbarn, so Studien von

Scott Dawson und Gary Bamossy, erleben viel weniger Zielkonflikte beim Konsumieren als andere und sind recht glückliche Materialisten.

In meiner Definition von Materialismus folge ich den Kollegen, weise jedoch besonders darauf hin, dass es sich dabei nicht nur um eine Einstellung handelt, die sich in der Wichtigkeit ausdrückt, die man materiellem Besitz zuspricht, sondern vor allem ein *Verhalten* beschreibt, das auf einen hohen Konsum materieller Güter hinweist. Das tue ich wegen der schon mehrfach monierten *Einstellungs-Verhaltens-Diskrepanz,* die vor allem beim Konsum eine Rolle spielt. Genau darin liegt ja unser Problem: Wir *wissen,* dass wir zu viel konsumieren, wir kennen alle die religiösen, ethischen und vernünftigen Gründe für ein bewussteres Kaufverhalten – und dennoch haben wir einen viel zu großen ökologischen Fußabdruck und werfen zu viel weg. Wenn wir einen solchen Fragebogen in einer Situation ausfüllen, in der gerade keine Kaufgelüste aktiviert sind und wir sozusagen alles haben (uns ist nicht kalt, wir haben keinen Hunger und sind auch keinem Kollegen ausgesetzt, der tolle neue Schuhe trägt), dann haben wir sicherlich den Eindruck, dass uns Konsum nicht vom Sofa locken kann. Füllten wir den Fragebogen im Supermarkt aus, würden wir uns vermutlich eher zu einem gewissen Materialismus bekennen. Kürzlich konnten Lisbeth Ku und Kollegen zeigen, dass schon beim Anblick von Luxusgütern materialistische Einstellungen präsenter werden. Dies bedeutet, dass begehrenswerte Objekte in (fast) jedem Menschen gesellschaftlich akzeptierte Wünsche zu Haben aktivieren und dass Materialismus situationsabhängig ist.

Bei den üblicherweise verwendeten Fragebogen sollte man auch die *soziale Erwünschtheit* nicht unterschätzen: Wer würde schon gern zugeben, dass er ein konsumbesessener Materialist ist? Es steht zu vermuten, dass die Probanden nicht bei jeder Frage vollends ehrlich sind und eher ein

Wunschbild von sich abgeben, statt ihre tatsächliche Einstellung zuzugeben.

Viele Psychologen, unter anderem Erich Fromm, argumentieren, dass Materialismus mit einer gewissenlosen Haltung gegenüber Mensch und Natur einhergeht, und können sich kaum vorstellen, dass einem Materialisten irgendetwas heilig ist. Ich habe in den vorigen Kapiteln Materialismus manchmal ebenfalls mit unethischem und unvernünftigem Kaufverhalten gleichgesetzt, dies ist jedoch etwas unsauber. Theoretisch könnte ich auch wenig unvernünftiges Zeug kaufen, etwa weil ich schlichtweg geizig bin, mich aber beim Einkaufen vor allem von Vorurteilen leiten lasse. Ebenso könnte ich generell wenig Interesse an materiellem Besitz haben, doch das wenige, das ich verzehre, bei fragwürdigen Discountern kaufen. Generell gibt es allerdings eine große Überschneidung zwischen einer nicht-materialistischen Einstellung und einem ethischen Kaufverhalten, wie James Muncy, Jacqueline Eastman und viele andere zeigen: Menschen, denen Besitz nicht so wichtig ist, kaufen meistens vernünftiger und nachhaltiger ein, denken ökologischer und versuchen zum Beispiel, Energie zu sparen und auf das Auto zu verzichten. Demgegenüber neigen Menschen mit stark materialistischen Einstellungen zu eher ichbezogenen und wenig sozialen Verhaltensweisen.

»Ichbezogen« ist in diesem Fall jedoch ein Paradoxon, denn Untersuchungen zeigen, dass Materialisten nicht intrinsisch, also nicht »von innen« heraus motiviert sind. Ihr Selbst wird vielmehr extrinsisch bestimmt, und um dieses von außen bestimmte Selbst dreht sich alles. Der Begriff »ichbezogen« bedeutet hier deshalb nicht notwendigerweise »bei sich sein« und verweist auch nicht auf einen hohen Selbstwert. Im Gegenteil: Schon frühe Forschung von Richins und Dawson zeigte, dass Materialisten häufig einen geringen Selbstwert haben. Die Idee, dass soziale Anerkennung durch die Anzahl der angehäuften Güter bestimmt wird, entpuppt sich also als Irrglaube. Einige modernere Fragebogen messen, inwieweit materialistische Interessen anderen Erlebnissen im Weg stehen. Die Psychologen Tim Kasser und Richard Ryan etwa fragten gleichzeitig nach Seinszielen, die sich um persönliche Beziehungen, Gemeindeaktivitäten oder Spiritualität drehen. Materialismus drückt sich bei ihnen relativ aus: Wenn jemand Habenzielen eine hohe Bedeutung beimisst und dabei gleichzeitig Seinsziele abwertet, ist er ein Materialist; in diesem Fall sollte Materialismus tatsächlich zu einer größeren Unzufriedenheit mit dem Leben führen, als wenn jemand Haben- und Seinsziele gleichermaßen wichtig findet. Unter anderem sollte das deshalb so sein, weil extrinsische Motivierung, so die Forschung, insgesamt als weniger befriedigend erlebt wird als intrinsische.

Kurz gesagt, umfasst das Konstrukt Materialismus Gedanken, Wertvorstellungen, Verhaltensweisen und Einstellungen gegenüber Konsum, Geld und Besitz. Häufig beinhaltet es den Glauben, dass Güter eine erbrachte Leistung anzeigen, wodurch man soziale Anerkennung und Status gewinnt.

Nichts-Haben, Armut, Knappheit

In der Psychologie wird Armut nicht nur als objektives Fehlen lebensnotwendiger Ressourcen verstanden, sondern auch als subjektives Erleben von Knappheit. Eine junge Mutter kann sich arm fühlen, wenn sie sich statt eines angesagten Bugaboo-Kinderwagens nur einen vom Discounter leisten kann. Sozialer Vergleich kann also ein Gefühl der Armut produzieren. Menschen können Knappheit auch bezüglich nicht-materialistischer Ressourcen empfinden. Ihnen kann

Zeit fehlen, genauso wie Kontakt, Kinder oder Gottvertrauen. Jedwede Knappheit, sofern nicht selbst gewählt, ist mit Stress und negativen Gefühlen verbunden.

Überlappungen

Alle diese Verhaltensweisen – Raffen, Horten, Habenwollen und Materialismus – stehen in Beziehung zueinander. Habenwollen ist ein übergeordneter Begriff, und wir wollen nicht nur dann etwas haben, wenn wir Materialisten sind. Jeder muss zum Beispiel Nahrung beschaffen, um nicht zu verhungern. Man könnte dies wie Ullrich Haben*müssen* nennen. Genauso wenig muss ein Materialist notwendigerweise raffen, zwingend ein impulsiver Käufer oder gar kaufsüchtig sein. Vielleicht sind ja manchem Materialisten die schönen Dinge des Lebens wichtig, und wenn er sie verbraucht und genießt, ist er nicht verschwenderisch oder handelt gar unvernünftig. Theoretisch kann man sich sogar moralische Materialisten vorstellen, die ausschließlich faire Bio-Produkte kaufen, weil sie denken, dass sie das glücklich macht (selbst wenn die Forschung andeutet, dass Materialismus häufig mit unethischem Kaufverhalten einhergeht). Raffen, Horten und Kaufsucht basieren allerdings auf einer materialistischen Einstellung wie »Kaufen oder Besitz macht mich glücklich«. Untersuchungen legen nahe, dass ein fließender Übergang zwischen »normalem« Kaufen und Pathologie vorliegt – beides wird durch materialistische Geisteshaltungen mehr oder weniger verstärkt. Zu guter Letzt und wenig verwunderlich zeigen manche Studien einen stärkeren Materialismus bei Armen.

Bewertungen des Habens

Auch wenn dem Haben der Geruch des Ichbezogenen und Unmoralischen anhaftet, man kommt mit einer eindeutig negativen Bewertung nicht weiter – vor allem weil wir bei einer ehrlichen Selbstbeobachtung feststellen, wie viel Spaß uns das Haben macht und wie Geld und Besitz uns eine gewisse Sicherheit und Unabhängigkeit geben. Zudem scheint ein Rundumschlag nicht ohne Widersprüche auszukommen. Wenn ich zu viel ausgebe, klingt das wie Prassen und Raffen; spare ich zu viel, kommt das dem Horten nahe. Bei all dem deutschen Gestöhne auf hohem Niveau: Die Mehrheit von uns hat mehr, als sie zum Leben braucht. Warum sollten wir es da nicht mal krachen lassen?

Und was wären denn die Alternativen? Verzicht, wie Erich Fromm und Ökonomen wie Paech und Latouche es einfordern? Kein Wunder, dass das nicht besonders attraktiv ist, dass wir die unangenehmen Gedanken an Sack und Asche verdrängen und einfach fröhlich weiterkaufen. Wir haben ja das Geld. Also Schluss mit dem moralinsauren Gestänker! – Seltsamerweise fällt es uns schwer, bei solchen Gedanken ein reines Gewissen zu haben. Wenn da nicht die zunehmend merklichen Folgen wie der Klimawandel, die Schere zwischen Arm und Reich und die Flüchtlingsströme wären … Als Kompromiss böte sich freilich ein bewussteres Konsumieren an. Oder macht es etwa keinen Unterschied, *was* man haben will? Erich Fromm hat die Entwicklung im Bewusstsein von Konsumenten und Produzenten hinsichtlich »fair« produzierter Produkte nicht mehr erlebt, weshalb er auch keine Unterscheidung zwischen »gutem« und »schlechtem« Konsum treffen konnte, die nicht selten den heutigen Konsumenten umtreibt. Löst ein »besseres« Konsumieren das Problem?

Gute und schlechte Produkte

Schauen wir uns einmal genauer an, worin sich Produkte hinsichtlich Vernunft, Moral und Notwendigkeit unterscheiden. Eine grundlegende Unterscheidung ist die zwischen *lebensnotwendigen Gütern* und *Luxusgütern*. Auf den ersten Blick erscheint das trivial: Natürlich braucht jemand nach zwei Tagen Darben in der Wüste Wasser, während niemand Badeschaum in einem Plastik-Igel benötigt. Das wäre aber der Blick eines Mediziners und kein psychologischer. Vielleicht ist der lachende Igel für eine depressive Person ein wunderbarer Stimmungsaufheller – und kann subjektiv als wichtig oder gar »lebensnotwendig« empfunden werden. Auf der anderen Seite begründen wir mit vermeintlicher Notwendigkeit viele Sünden: »Ohne dieses Stück Kuchen hätte ich den Tag nicht überlebt«, »Die Ledersessel im Porsche sind wirklich wichtig für meinen Rücken« und »Wenn ich nicht dieses Shampoo von Biosthétique verwende, fallen mir die Haare aus«. Alberne Dramatisierungen, könnte man sagen, obwohl wir uns ähnliche Rechtfertigungsmonologe mit einiger Wahrscheinlichkeit selbst schon zugesprochen haben. Zudem ist eine Aufteilung in die Kategorien »lebensnotwendig« und »Luxus« bei genauem Hinsehen selbst bei alltäglichen und als notwendig empfundenen Objekten strittig. Wäre ein Teller oder ein Handtuch nicht eher Luxus als etwas Lebensnotwendiges? Man könnte ja auch mit der Hand essen und sich an der Luft trocknen. Lebensnotwendigkeit und Luxus sind bei solchen Gegenständen fragliche Konstrukte. Trotzdem gibt es eindeutigere Fälle: So erscheint uns eine Dose Kaviar für 800 Euro mit einigem Recht als Luxus.

In vielen Zusammenhängen meinen wir mit »Luxus« »zu viel des Guten« oder »zu teuer«. Die beiden Designer-Toiletten des Erzbischofs aus Limburg, die nebeneinander wie von

Geisterhand aus der Badezimmerwand schwebten, spiegeln eindeutig ein solches *Zuviel* und *Zuteuer* wider, weil sie mit gängigen Standards in einer Single-Behausung nicht übereinkommen. Genauso wie das 24-teilige hochwertige Porzellanservice meiner Mutter, die niemals für 24 oder mehr Leute gekocht hat. Es ist jedoch schwierig zu bestimmen, *ab wann* man von Luxus sprechen sollte: Sind bei einer fünfköpfigen Familie zwölf Teller Luxus? Oder fängt er erst bei sechzehn an? Sollte man es ansonsten lieber vom Preis abhängig machen und jeden Teller, der über, sagen wir, zwanzig Euro kostet, »Luxus« nennen und alles darunter »lebensnotwendig«? Aber auch das *Zuteuer* ist ein strittiges Kriterium. So gibt es für die meisten Produkte Billigversionen und Luxusvarianten, womit man davon ausgehen könnte, dass eine Billigversion genügen sollte. Das wird manchmal zutreffen, und wir haben ja oben gesehen, dass manche Billigversion nicht schlechter ist als die Luxusvariante. Dennoch ist es für den Käufer zumindest subjektiv die Frage, ob er sich bei bestimmten Produkten wie beispielsweise Kondomen, Medikamenten oder Babynahrung nicht doch lieber am Preis orientiert und zum Luxusprodukt greift, »auf das er sich verlassen kann«, und es damit eher als clevere, notwendige Sicherheitsmaßnahme wahrnimmt. Bio-Produkte können einem als zu teuer vorkommen – aber werden sie damit schon zum Luxus? Opfer sind bei dieser Art Waren nun einmal zu erbringen. Wer eine Unterscheidung in lebensnotwendige und Luxusgüter trifft, kauft sich eine subjektive Verwendung der Kategorien mit ein.

Ich halte es mit einigen weiteren Kollegen weiterhin für sinnvoll, solche *Güter als Luxusgüter zu bezeichnen, die neben der Lebensnotwendigkeit etwas Zusätzliches anzubieten haben, die überdurchschnittlich teuer oder im Unmaß zur Verfügung stehen,* denn subjektiv gesehen wird Konsumentenverhalten häufig durch die Entscheidung gelenkt, ob man etwas tatsächlich braucht oder nicht. Zudem beobachten wir unterschiedliche Persönlichkeiten hinsichtlich des Erwerbs von Luxusartikeln. Manche, wie etwa Mönche, haben davon deutlich weniger als die typischen westlichen Durchschnittsbürger, denen elektrische Zitruspressen, Duftlampen, Olivenboote, Solar-Taschenrechner, USB-Sticks, Stiftsammlungen und Alu-Coffee-Mugs aus den überfüllten Schränken entgegenkommen, sobald sie die Türen öffnen.

Die Unterscheidung in *ethische* versus *ichbezogene* Güter habe ich schon erwähnt. Es ist keine Frage, dass manche Güter humaner oder umweltfreundlicher produziert werden, was unserer Vorstellung von Moral entspricht. Aber natürlich gibt es Konflikte. Sollte ich eine Einladung zu einem Vortrag über Vorurteile vor der UN absagen, weil ich mit dem Flug nach New York die Umwelt gefährde?* Soll ich mein Geld in einer Bio-Marktkette ausgeben und dafür den Tante-Emma-Laden mit der lieben Oma, die vor allem konventionelle Produkte verkauft, im Regen stehen lassen? Manchmal liegen die Vor- und Nachteile im Auge des Betrachters, und auch die Frage der Moral kann nicht immer eindeutig beantwortet werden. Dennoch bleibt die Unterscheidung zwischen ethisch und ichbezogen psychologisch eine wichtige Dimension, weil wir uns häufig im Konflikt befinden, ob wir eine subjektiv unmoralische Alternative etwa des Preises wegen einer moralischeren vorziehen und damit davon ausgehen, dass es eine gute und eine schlechte Weise von Kaufen gibt.

Eine Spezialkategorie für Güter ist *Geld*. Eigentlich ist Geld Mittel zum Zweck, man kauft damit das eigentliche Gut. Aus diesem Grund ist Geld, so etwa die Sozialpsychologin Kathleen Vohs, eine wichtige Ressource, im Ernstfall könne es so-

* Bei einem Flug werden 3 570 570 kg CO_2 verschleudert. Das klimaverträgliche Jahresbudget eines Menschen beträgt 2 300 300 kg. Hier kann man den Verbrauch schnell ausrechnen: www.atmosfair.de

gar einen Mangel an sozialen Kontakten kompensieren. Wenn ich isoliert bin und mir niemand bei der Bewältigung meines Alltags hilft, erleichtert Geld mein einsames Leben. Aber sehr oft scheint es zum Selbstzweck zu werden. Es ist keine Frage, dass Sparen für schlechtere Zeiten zweckvoll sein kann, aber es schlägt auch schnell ins Dysfunktionale um. Ein Nachbar berichtete mir letztens, dass er völlig aus dem Häuschen sei, weil sein Vater ihm 30 000 Euro vererbt hat. Der Vater hatte sich niemals etwas gegönnt, gar seine zersprungene Brille mit Tesa geklebt und eine eingeschränkte Sicht in Kauf genommen. Manchmal werden sinnvolle Verhaltensweisen so übertrieben, dass sie ihren Sinn verlieren. Andere Menschen wiederum scheinen die Gefahr einer völligen Verarmung für sich oder andere falsch einzuschätzen. Sie betrachten Geld als Bestandteil eines gesellschaftlichen Spieles und verlieren den verantwortlichen Umgang damit. Die Erfindung von Aktien und Fonds, mit deren Hilfe ein relativ kleiner Einsatz mit relativ wenig Anstrengung großen Gewinn erbringen kann, bedient das Spielen mit Geld. Das ist deshalb interessant, weil Spielen süchtig machen kann – und manche Psychologen wittern bei Geld, wie wir noch sehen werden, tatsächlich Suchtgefahr.

Der Sozialpsychologe Leaf Van Boven unterteilt Güter in *materielle* und *experientielle*. Materielle Güter sind greifbare Dinge, die wir kaufen, um etwas zu besitzen. Normalerweise behalten wir sie für eine längere Zeit. Dazu gehören Geschirr, Autos, Elektrogeräte, Schmuck, Möbel und dergleichen. Experientielle Güter sind solche, in die wir Geld investieren, um eine Erfahrung zu machen. Nennen wir sie hier *Erlebnisgüter*. Erwerben wir sie, dann erleben wir eine Situation, durchleben sie und »verbrauchen« sie, das heißt, normalerweise *bleiben* von diesen Erlebnissen nichts außer Erinnerungen, Fotos oder Souvenirs. Typische Erlebnisgüter sind Restaurantbesuche, Urlaube, Fortbildungen oder Stadtführungen.

Van Boven fand in seinen Untersuchungen heraus, dass Erlebnisgüter glücklicher machen als materielle. Folglich haben Sie psychologisch gesprochen mehr davon, mit jemandem essen zu gehen, als wenn Sie sich für dasselbe Geld ein geiles T-Shirt kaufen.

Auch diese Unterscheidung liegt im Auge des Betrachters. Manche kaufen sich ein Auto, um damit mehr zu erleben. Das Haben ist hier also ein Mittel, um etwas zu erleben oder zu *sein*. Für den Sozialpsychologen ist es die *subjektive Einschätzung*, ob ich ein Objekt zum Erleben nutze oder es als Besitz ansehe, die letztendlich den Unterschied macht. Van Boven zeigt, dass Erinnerungen an Erlebnisse positiver sind als solche an scheinbar unvergängliche Objekte.

Der Begriff »bleibende Werte« muss somit uminterpretiert werden. Es scheint gerade nicht die Zinnvase zu sein, die uns glücklich macht, sobald wir sie erblicken, sondern etwas, das wir erlebt haben und das in der Erinnerung weiterlebt. Und damit bleibt.

Es bleibt also der Eindruck, dass der Erwerb bestimmter Güter (lebensnotwendige Güter, Bio-, Fair-Trade-, Erlebnisgüter) *besser* ist als der anderer (Luxusgüter, konventionelle Produkte, materielle Dinge).

Dabei haben Menschen nicht immer die Wahrnehmung, sie hätten eine Wahl. Für viele stellt sich zum Beispiel die Frage nach ökologischen Konsumgütern gar nicht, weil sie sie als zu teuer empfinden. Gern wird dann das Problem weitergereicht: Soll uns doch die Regierung helfen, moralisch zu kaufen! Soll die Politik doch dafür sorgen, dass wir nur noch Bio-Eier kaufen können, sollen die doch Fair Trade zum Standard erheben und in den Kantinen standardmäßig vegetarische Alternativen einführen. Der Konsumentenpsychologe Russell Belk zeigt in seiner kulturvergleichenden Forschung, dass vor allem wir Deutschen der Regierung die Verantwortung für ethisches Konsumverhalten übertragen. Der Amerikaner findet es äußerst seltsam, dass wir trotz unseres Wissens Kleidung kaufen, die unter ausbeuterischen Arbeitsbedingungen hergestellt wurde, und bei Nachfrage nach dem Grund die Regierung dafür verantwortlich machen, die es uns nicht ausdrücklich verbietet. Und er hat ja recht: Was kann Frau Merkel dafür, wenn wir uns privat unmoralisch verhalten? Warum sollte die Regierung uns etwas verbieten, das wir selbst bereits als schlecht erkannt haben? Und brauchen wir Deutschen denn tatsächlich Verbote?*

Die Wachstumskritiker lassen uns zudem wissen, dass der ökologischen Katastrophe nicht damit zu begegnen ist, dass man ab und zu genauer schaut, *was* man kauft und *welche* Güter man sich anschafft. Auch wenn Niko Paech den Kauf regionaler Produkte propagiert, weil damit der Transport und seine Folgen gespart werden, bleibt die Hauptmaßnahme zur Rettung des Planeten: Verzicht. Beginnt man damit in Maßen, ist ein erster Schritt getan, jedoch erscheint bei der schon immensen Überschreitung unseres Kontingents, was diesen Planeten betrifft, ein radikaler Verzicht dringend nötig.

Wie wäre es denn mit Sein statt Haben?

* Für viele Niederländer und Amerikaner ist das prototypische »deutsche« Verhalten, an einer roten Ampel zu warten, selbst wenn es vier Uhr nachts ist und weit und breit niemand zu sehen. Es symbolisiert für sie eine Regelversessenheit der Deutschen, einschließlich der Angst, Verbotenes zu tun, selbst wenn ein Verbot in ihren Augen unvernünftig ist.

IV
Versionen des Seins

Seinsziele sind in der Psychologie über verschiedene Subdisziplinen hinweg verstreut. Man kann kreativ, aufgeschlossen oder intelligent sein wollen; man kann sozialer, radikaler, aggressiver sein wollen; man kann ein besserer Sohn, eine super Führungskraft, ein Top-Läufer sein wollen; oder davon träumen, etwas Unmögliches zu sein (ein fliegendes Pferd, eine Amöbe). Seinsziele – also solche, die keine materiellen Ziele beinhalten – können religiöse oder spirituelle Zustände oder schlichtweg die Suche nach dem Sinn des Lebens sein. Lernen, lieben, erleben, erinnern – auch die typisch Frommschen Ausformungen des Seinsmodus gehören dazu. Darüber hinaus kann Sein das Gegenteil von Haben beinhalten, so wie es Fromm und viele Wachstumskritiker sehen: Ohne die Aufgabe einer materialistischen Orientierung, ohne ein Nein zum Habenwollen, ohne Teilen, Spenden und Zuwendung hin zum sozialen Leben sei kein Sein möglich. Im Gegensatz zur Haben- ist die Seinsliste recht bunt und berücksichtigt völlig unterschiedliche Zustände und Verhaltensebenen auf unterschiedlichen Abstraktionsniveaus. Notwendigerweise wird sie lückenhaft bleiben müssen – ich habe mich vor allem auf Aspekte beschränkt, die in der Psychologie erforscht wurden.

Verzicht und freiwillige Einfachheit

Es wird behauptet, dass Mahatma Gandhi fünf Dinge besaß: Uhr, Brille, Sandalen, Teller, Schüssel. Dave Bruno, ein amerikanischer Blogger, ist dafür bekannt, dass er mit nur 100 Gegenständen im Leben auskommt – und er hat eine wachsende Gemeinde von Leuten, die ihm nacheifern. Meine Tante, die fernab jeder Popularität oder Internetpräsenz als Nonne in Afrika gelebt hat und nun in Trier alte Schwestern pflegt, besitzt ebenfalls kaum etwas. Diesen Menschen zollen wir unseren Respekt – auch weil die meisten von uns meinen, so nicht leben zu können.

Jedoch bedeutet Verzicht nicht gleich, ins Kloster zu gehen oder nackt durch den Wald zu wandern und nach Wurzeln zu graben. Es gibt Graustufen. Zum Beispiel ist die *freiwillige Einfachheit* (voluntary simplicity) ein gut untersuchter Trend in vielen wohlhabenden Gesellschaften. Dabei handelt es sich um einen Lebensstil, bei dem man versucht, weniger zu arbeiten, um damit mehr Zeit für ein soziales Leben zu haben, inklusive der Bereitschaft, seinen Job oder die Wohnung zu wechseln, um stressfreier und ökologisch bewusster zu leben. Insgesamt geben Anhänger dieses Trends, die sich vor allem im Netz organisieren, weniger Geld für materielle Güter aus, besitzen weniger, versuchen, Gemüse und Obst selbst anzubauen, und fahren nach Möglichkeit mit öffentlichen Verkehrsmitteln oder dem Rad. Jedenfalls sind das die Verhaltensweisen, die Samuel Alexander und Simon Ussher 2012 bei über 2000 bekennenden Entsagern aus allen Erdteilen beobachten konnten. Interessanterweise verfolgten diese Menschen damit nicht nur ethische und ökologische Ziele – viele wollten schlichtweg ein glücklicheres Leben leben, mehr Zeit für sich und die Familie haben und ihr viel zu volles Leben (einschließlich ihrer Wohnungen) »entrümpeln«. Für diesen

Lebensstil scheinen sich vor allem Menschen aus höheren Bildungsschichten zu entscheiden, und er ist ironischerweise nur für Wohlhabendere möglich und attraktiv – denn nur wer von etwas zu viel hat, kann freiwillig einen Teil abgeben, und *un*freiwillige Einfachheit – sprich Armut – ist freilich weniger attraktiv. Ich werde später Forschung anführen, die darlegt, welche Vor- und Nachteile dieser freiwillige Verzicht hat.

Während es sich hier um eine Gruppierung oder gesellschaftliche Bewegung handelt, die ihr Leben nach einer kapitalismuskritischen Lebenseinstellung einschließlich ökologischer Werte und Normen ausrichtet, zeigen sich natürlich bei fast jedem Menschen Handlungen, bei denen er verzichtet oder versucht, bescheidener oder gar nachhaltig zu leben.

Teilen, Tauschen, Leihen, Spenden

Spenden bedeutet, einen Teil seines Besitzes ohne Gegenleistung an Bedürftige oder an gemeinnützige oder wohltätige Organisationen abzugeben. *Teilen* kann sowohl die Idee einer Gegenleistung als auch die Idee, bestimmte Güter mit einer Gruppe gemeinsam zu besitzen, beinhalten. Beim *Verleihen* teilt man auf Zeit, und beim *Tauschen* wechseln subjektiv gleichwertige Güter dauerhaft den Besitzer.

Diese Zustände des Seins ergeben sich aus dem Gegenteil des Habens, weil man hier etwas weggibt. Während diese Handlungen im Religiösen eine positive Konnotation haben, klingen sie im Wirtschaftskontext nach 68er-Propaganda und wecken Widerstand und Misstrauen. Fromms Buch wurde jedenfalls nicht nur wohlwollend aufgenommen, sondern auch als Provokation empfunden, da es neben psychischen Gründen für die Habenkultur hauptsächlich gesellschaftliche Prädispositionen betonte, die Fromm klar und deutlich als Fehlentwicklungen bewertete. Vor allem das Privateigentum habe einen großen Anteil an unserem Unglück. Nun will sicherlich, nach unseren Erfahrungen mit dem real existierenden Sozialismus in der DDR, kaum jemand ernsthaft eine vollständige Aufgabe von Privatbesitz auf gesellschaftlicher Ebene. Jedoch ist die Tatsache, dass heute beinahe jeder fast alles besitzt, durchaus vorurteilsfrei zu hinterfragen. In der dörflichen Nachbarschaft meiner Schwiegereltern hat man sich früher einen handbetriebenen Rasenmäher geteilt. Die Vorgärten sahen damals genauso geleckt aus wie heutzutage, wo jeder Einzelne einen hochtechnisierten überdimensionierten Mähtraktor fährt, für den sich manche sogar einen zusätzlichen Carport bauen lassen müssen. Obwohl sich mittlerweile offenbar jeder so etwas leisten kann, würde man dies nach kurzem Nachdenken sicherlich als eine Fehlentwicklung ansehen.

Man mag es zynisch nennen, aber die Wirtschaft hat da vermutlich die pragmatischste Lösung des Problems gefunden: Sie bietet uns im Zielkonflikt verharrenden Kunden immer mehr Möglichkeiten, etwas zu teilen oder zu leihen. *Sharing* von Produkten erfreut sich immer größerer Beliebtheit und ist zugleich ein wachsender Wirtschaftszweig. Ich kann Autos leihen, Musikinstrumente, Lagerraum, alle möglichen Haushaltsgeräte wie Teppichreinigungsmaschinen, Leitern und Spielzeug, vielerorts sogar Kunst. Es gibt Kleidertauschbörsen und -partys und ja, in Berlin sah ich vor kurzem einen Kleidermietservice, bei dem man modische Kleidung wochenweise ausleihen kann. Das Netz stellt vieles kostenlos zur Verfügung.* Wenn auch anfangs durch diese Piraterie großer wirtschaftlicher Schaden entstanden war, so erholt sich doch der Markt, weil die Künstler sich andere Nischen gesucht haben, in denen sie Geld verdienen können.

* So konnte ich ironischerweise Fromms *Haben oder Sein* als PDF online finden.

Den Kunden kann es recht sein, und man hört allerorten, dass Teilen statt Besitzen die neue Freiheit sein könnte. Ich selbst, der ich täglich von Köln nach Bochum pendle, fahre mit einem Leihrad, das mich im Monat gerade einmal drei Euro kostet, vom Bochumer Hauptbahnhof zur Uni. Wunderbar. Ich muss das Ding weder putzen noch warten; es steht immer in technischer Höchstform zur Verfügung und kann jederzeit von mir fast überall abgestellt werden. Natürlich ist das ökologisch vernünftiger, als mir ein Zweitrad für Bochum zu kaufen, und durch ein ausgeklügeltes Vertriebssystem ist es außerdem bequemer. Allen ist gedient.

Häufig tun die neuen Sharing-Varianten überhaupt nicht weh, das heißt, sie erfordern keinerlei Verzicht und stehen somit nicht in Konflikt mit ichbezogenen Wünschen. Bei Kleidertauschbörsen überlässt man anderen vor allem die Dinge, die man selbst nicht mehr anzieht, und erhofft sich im Gegenzug ein neues Klamöttchen. Beim »Foodsharing« gibt man Nahrungsmittel ab (man kann sie auch im Internet anbieten und umsonst weggeben), die sonst verkommen würden, und nimmt sich dafür das, was man braucht. Allerdings profitiert dieser Markt durchaus von Habenzielen des Verbrauchers. Das Kleiderleihen ist besonders bei jungen Leuten sehr beliebt, die sich auf diese Weise wöchentlich eine neue Markenklamotte für kurze Zeit erwerben können. Die erhoffte Außenwirkung könnte der Status eines Reichen sein, der sich jede Woche ein anderes Outfit leisten kann: mehr Schein als Sein also. Wobei der Schein das krasse Gegenteil von Sein ist und das Vortäuschen von Besitz materieller Güter natürlich ein Habenziel reflektiert. Letztendlich aber wohnt dem Kleiderleihen eine fast anarchistische Idee inne – denn wenn sich augenscheinlich jeder jede Woche ein teures Outfit leisten könnte und damit rumliefe, würde Kleidung irgendwann gar nicht mehr als Statussymbol taugen.

Um ein letztes Beispiel zu nennen: Das Teilen oder Tauschen von Wohnungen zur Ferienzeit wird eine immer beliebtere Option. Mir fehlt diesbezüglich die Erfahrung, aber Freunde berichten viel Gutes darüber. Ein befreundeter Journalist erzählte mir, dass nach drei solcher Tausche eine Freundschaft mit einer New Yorker Familie entstanden ist – und so kommt es, dass die New Yorker nun dann und wann auch mal gern in New York bleiben, wenn die Berliner kommen. Wem das noch nicht wild genug ist, der kann es in manchen Städten mit »Couchsurfing« versuchen; dabei wird stundenweise ein Schlafplatz in einer Wohnung ge- beziehungsweise vermietet.

Keine Frage, Sharing-Konzepte boomen und ihr Aufkommen kann man durchaus als eine wirtschaftliche Ausnutzung eines gestiegenen (ökologischen?) Kundenbewusstseins verstehen. Da sich dessen Fokus andauernd ändert, mag Sharing manchen wie eine vorübergehende Mode erscheinen. Allerdings war Teilen, von einer sehr kurzen Zeit der Menschheitsgeschichte abgesehen, der Hauptkonsummodus, so Russell Belk. Wer außer ein paar Sonnenkönigen und Prinzessinnen konnte in den vergangenen Epochen schon in Eselsmilch baden und in Essig aufgelöste Perlen trinken? 99 Prozent der Bevölkerung besaßen nur einen Bruchteil der Dinge des täglichen Lebens. Man borgte sich bei Bedarf die Schubkarre oder den Marmeladentopf vom Nachbarn aus und brachte den Kuchenteig zum Bäcker, der ihn in seinem Ofen buk. Erst mit Aufkommen der Hyperkonsumgesellschaft in den 80er Jahren wurde fast jeder Gegenstand zum Privatbesitz.

Allerdings hat das Teilen auch seine Grenzen. Wenn ein Künstler die teuren Rottöne für seine Bilder braucht, dann beansprucht er sie nun einmal für sich selbst. Hinzu kommt die Tatsache, dass Farben heutzutage für eine große Masse der Bevölkerung erschwinglich werden und auf diese Weise eine Freiheit der Selbstverwirklichung ermöglichen, die vorige Generationen nicht hatten. Man kann es als wohltuende Demokratisierung empfinden, dass sich heutzutage nicht nur Adelige oder professionelle Künstler an der Leinwand verwirklichen können.

Auch kann dort, wo Besitz eine höhere Qualität ermöglicht, nicht immer mit Teilen nachgeholfen werden. Als ich ein kleiner Junge war, lieh mir meine Geigenlehrerin zu einem wichtigen Konzert einmal ihren Geigenbogen. Da bemerkte ich unmittelbar, wie leicht die Kadenzen zu bewältigen waren, wenn der Bogen quasi von selbst sprang. Mein »eigener« Leihbogen konnte nicht im Entferntesten ähnliche Töne hervorzaubern, da mochte ich mich noch so sehr bemühen.

Trotz all der Grenzen des Teilens erlebt die Idee jedoch ein Revival, und wir dürfen beobachten, wie sich das weiterentwickelt und welche Konsequenzen es für unsere Wirtschaft, unseren Planeten und unser Wohlbefinden hat.

Spenden im eigentlichen Sinn zeigt im Gegensatz zu Teilen, Tauschen oder Leihen ein erstaunlich prosoziales Verhalten. Diese Sichtweise wird jedoch nur jemand vertreten, der Menschen für fähig hält, vollkommen altruistisch zu handeln, das heißt, etwas für andere zu tun, ohne in irgendeiner Weise davon zu profitieren. Wenn jemand hilft, um besonders gemocht zu werden oder weil er denkt, er verpflichte den anderen dadurch, dass dieser für ihn in einer etwaigen Notsituation dasselbe tue, wäre das nicht altruistisch. Eine solche Interpretation des Spendens liegt gar nicht so fern, wenn man bedenkt, dass immerhin eine Norm besteht, Bedürftigen zu helfen, und dass normkonformes Verhalten von einer Gesellschaft üblicherweise belohnt wird. Zudem wird aus dem Akt des Spendens ein Akt des Leihens, wenn man ihn als vorausschauendes Investment für zukünftige Notzeiten betrachtet – im Vertrauen auf die Idee der Reziprozität: »Gebe ich dir etwas, kriege ich es sicherlich irgendwann zurück.« Die Frage, ob Spenden tatsächlich ohne eigennützige Hintergedanken existiert, ist demnach für Psychologen äußerst schwierig zu beantworten, vor allem da uns unsere unliebsamen Antriebsfedern nicht immer bewusst sind.

Außerdem hat Spenden in unseren satten Zeiten selten etwas mit Verzicht zu tun. Die zehn Euro für den Klingelbeutel schränken viele von uns nicht ein und führen selten dazu, dass man sich den Kaffee nach dem Kirchgang verkneifen müsste. Fast absurd erscheint es uns, unseren Lebensstil zu verändern oder gar aufzugeben, um anderen zu helfen. Stellen Sie sich einmal vor, Ihr Nachbar würde in eine kleinere Wohnung ziehen, um das dadurch gesparte Geld für hungernde Kinder in der Sahelzone spenden zu können – würden Sie ihn nicht für sonderbar halten?* Diese kleine Absurdität verdeutlicht, dass wir nicht im eigentlichen Sinne *spenden*, sondern lediglich das Geld, das wir übrig haben, an andere *verteilen*. Dabei streuen wir von unserem Überschuss bei weitem nicht so viel unter die Bedürftigen, wie wir könnten.

Im Jahr des Tsunamis 2004 spendeten die Deutschen pro Kopf 670 Euro (dw, 16.11.2013). Das ist weniger beeindruckend, wenn man bedenkt, dass in anderen, teils ärmeren Ländern die Spenden um ein Dreifaches höher waren und dass die Spareinlagen der privaten Haushalte im selben Jahr bei ca. vier Billionen Euro lagen. Tatsächlich erleben wir beim Spenden Zielkonflikte. Ich bin da keine Ausnahme, auch mich plagt hie und da ein schlechtes Gewissen. Am stärksten ist es um die Weihnachtszeit, wenn überall die Spendenaufrufe ausgehängt werden und ich wegen der schweren Taschen voller Delikatessen und Geschenke ein Taxi herbeiwinke.** Klar

* Man würde ihm vermutlich eher finanzielle Probleme unterstellen.

** Allerdings habe ich in den letzten zwei Jahren, infolge des Experiments, Konsum zu reduzieren, auf das Geschenkemachen verzichtet. Mit unerwarteten Konsequenzen: Meine Freunde fanden es wunderbar, dass auch sie nun keinen Stress mit mir bzw. einem Geschenk für mich hatten, und einige haben den Geschenkeboykott sogar kopiert. Stattdessen trafen wir uns zum Brunchen oder Abendessen, und das war ein sehr schönes »Erlebnisgut«.

spende ich, mal 200 Euro an Ärzte ohne Grenzen, mal an Katastrophenopfer, wenn mir die Bilder aus der Tagesschau von Flutopfern und ertrunkenen Flüchtlingen buchstäblich nicht aus dem Kopf gehen, und ich habe eine SOS-Kinderdorf-Patenschaft. Jedoch könnte ich wie die meisten ohne große Einschränkungen mehr spenden. Mittlerweile habe ich Ihnen ja schon das psychologische Rüstzeug an die Hand gegeben, mit dessen Hilfe wir unser schlechtes Gewissen üblicherweise bekämpfen: den sozialen Vergleich! Denn verglichen mit unserem geizigen Nachbarn, der noch nicht einmal den Sternsingern etwas gibt, sind wir doch wahre Heilige, oder?

Auch wenn es fraglich ist, ob es Spenden im Sinne eines altruistischen Tuns gibt, macht es uns letztendlich stolz. Diese Emotion verweist jedoch deutlich auf einen Leistungscharakter: Wir sind ja besonders stolz auf Erfolge in gesellschaftlich anerkannten Bereichen, die uns Mühe gekostet haben.

Erleben im Hier und Jetzt

Eine Version von Sein ist das *Leben im Hier und Jetzt*. Fluch und Segen des Menschen ist es jedoch, in die Zukunft hinein planen zu können und die Vergangenheit in seine Erwägungen mit einzubeziehen. Fragt man Menschen, was sie sind, verstehen sie die Frage oft so, als wollte man wissen, was sie denn *werden* wollen. Das Sein liegt für sie also in der Zukunft. Dabei ist es nicht selten so, dass wir uns Sorgen um das Morgen machen. Und auch die Vergangenheit erscheint uns häufig nicht wie eitel Sonnenschein, denn wir denken an einige Dinge mit Unbehagen zurück. Probieren Sie es aus: Hat Ihnen in der letzten Zeit vor allem der Gedanke an Zukünftiges den Schlaf geraubt (eine Familienfeier, eine Prüfung, eine

Präsentation, eine Vorstellung etc.?). Haben Sie in der letzten Zeit viel über vergangenes Verhalten gegrübelt? Etwas bereut, sich für etwas geschämt oder sich über etwas geärgert, was jemand gesagt hat? Gedanken an die Zukunft oder an die Vergangenheit können unsere Stimmung im Hier und Jetzt trüben. Konzentrieren Sie sich nun bitte einmal auf den Moment jetzt. Legen Sie das Buch kurz weg und fühlen Sie in sich hinein. Haben Sie es gut? Wie geht es Ihnen? Wie fühlt sich Ihr Körper an? Was empfinden Sie?

Ich stelle Sie mir gerade recht entspannt vor, wie Sie so auf dem Sofa liegen. Vielleicht haben Sie eine Tasse Tee in der Hand oder einen Hund auf den Füßen liegen. Die Therapieerfahrung lehrt, dass viele den Moment im Hier und Jetzt als angenehm empfinden, wenn sie ihn sich nur bewusst machen. Man ist satt, man hat Licht, es ist warm. Das, was uns die Stimmung verhagelt, ist nicht die Gegenwart, sondern der gedankliche Aufenthalt in der Vergangenheit oder der Zukunft. Eine Gestaltpsychologin sagte mir einmal: »Die meisten Menschen stehen mit einem Bein in der Zukunft und mit dem anderen in der Vergangenheit. Dabei pissen sie auf die Gegenwart.« Die Besinnung auf das Hier und Jetzt ist in der Gestaltungspsychologie ein wichtiger Schritt in der Persönlichkeitsentwicklung.

Achtsamkeit ist eine Meditationstechnik, die inzwischen therapieschulenübergreifend genutzt wird, um uns in die angenehme Gegenwart zurückzubringen. Genauer ist Achtsamkeit die Fähigkeit, sich auf sich selbst oder eine Sache im Hier und Jetzt zu konzentrieren und dabei nichts zu bewerten, sondern Empfindungen, Dinge um uns herum und Erlebnisse vor allem erst einmal bewusst wahrzunehmen. Achtsame Menschen begreifen, dass Erfahrungen, Gedanken und Emotionen nur vorübergehende Erscheinungen sind und nicht in Stein gemeißelt. Achtsamkeitstrainings verlangen von den Teilnehmern zum Beispiel, eine Woche lang beim Essen nichts nebenher zu tun (telefonieren, fernsehen, sich unterhalten etc.) oder etwas bewusst zu tun, beispielsweise alle gewohnten Tätigkeiten mit der nicht dominanten Hand auszuführen. Ziel ist es, im Hier und Jetzt anzukommen und diesen Zustand bewusst wahrzunehmen. Materielle Wünsche spielen dabei insofern keine Rolle, als sie naturgemäß in der Zukunft, in der Ferne liegen, an die wir in diesem Zustand gerade nicht denken müssen. Stattdessen erkennen wir plötzlich die Dinge um uns herum, sehen die Schönheit einer Blume, erleben die vielen Facetten des Geschmacks einer Banane und entdecken die Vielfalt der Vögel in den Bäumen, die uns vorher alle gleich vorkamen. Wir bemerken plötzlich, dass die Sonne scheint, und der Regen fühlt sich nicht so kalt an, wie wenn man ihn fürchtet (weil man ja eine Erkältung davontragen könnte …).

Achtsamkeit ist nicht ohne Grund der Renner in der Therapie, denn die Forschung zeigt allerlei positive Folgen für unsere Gesundheit (mehr davon später). Allerdings sind die meisten von uns irgendwann wieder dem Stress des Alltags überlassen und hetzen durch die Supermärkte und vom Kindergarten zur Ballettschule, und ich befürchte, dass Achtsamkeit als eine isolierte Technik wie viele andere Handlungen genauso schnell vergessen wird, wie sie aus dem Gedächtnis abgerufen werden kann. Das wäre so ähnlich wie die Aktivierung und Deaktivierung ethischer Ziele, die ich oben beschrieben habe und die ebenfalls nur punktuell unser Leben beeinflusst. Mit anderen Worten: Im Supermarkt, wo wir 30 verschiedene Dinge in einer Viertelstunde einkaufen möchten, könnten wir nach dem teuer bezahlten Achtsamkeitstraining durchaus wieder der Verführung von Barbecue-Saucen-Sets und elektrischen Duftzerstäubern erliegen.*

* Außerdem gibt es als Bonus für unseren 100. Einkauf eine Yoga-Matte – das haben wir nicht vergessen und halten uns ran, obwohl wir schon eine haben …

Einen Vorteil hat das Achtsamkeitstraining im Gegensatz zu anderen, alternativen Meditationstechniken: Während Yoga beispielsweise eine Auszeit von der Geschäftigkeit des Alltags verlangt, kann man Achtsamkeit größtenteils in normale Abläufe des täglichen Lebens integrieren, und die gelernten Prozesse, wie von Bewertungen absehen, das Hier und Jetzt sehen, können sich mit der Zeit in der Persönlichkeit verankern. Auch aus dem Grund der Zeitersparnis schulen manche begeisterte Firmenchefs ihre Mitarbeiter darin, bestimmte typische Tätigkeiten achtsam anzugehen. Sie erhoffen sich dadurch nicht nur eine gesteigerte Produktivität, sondern auch positive Folgen für die Gesundheit der Menschen und die Qualität der erzeugten Produkte und Ideen.

Das impliziert natürlich nicht, dass nicht ebenso eine ganze Reihe anderer Meditationstechniken in die Schublade *Sein* gehörten – ich belasse es jedoch bei diesem einen Beispiel und fahre fort mit einer Seinsform, die nicht nur eifrig Meditierende antreibt: die Suche nach dem Sinn des Lebens. Zuvor sei noch gesagt, dass es auch Zustände in der Vergangenheit und in der Zukunft gibt, die schön sind, aber leider wenig untersucht wurden und deshalb von mir nicht weiter behandelt werden. Dazu gehören Nostalgie und Sehnsucht.

Persönlichkeitsentwicklung, Identitätssuche, Sinnsuche

Wenn Menschen »sich selbst suchen« und in diesem Zustand der *Identitätssuche* an ihrer Persönlichkeit »arbeiten«, dann drehen sich viele Seinsziele um das Beibehalten, Aufgeben, Gewinnen, Verstärken oder Reduzieren von Eigenschaften. So will man ehrlich bleiben, empathischer, wissender werden, ein besserer Vater sein oder lernen, besser auf sich achtzugeben. Was man sein möchte, ist vom sozialen Kontext bestimmt, in dem man lebt – sei es, dass man sich ihm anpassen oder sich von ihm absetzen möchte. Ziele solch individueller Bestrebungen sind Selbstoptimierung und Glück. Neben geistigen Identitätszielen gibt es auch körperliche Zustände oder Veränderungen (wie fitter oder schlanker sein), die nicht unbedingt Teil unserer Persönlichkeit sind, aber oftmals unsere Identität, unsere Stimmung und unsere Wirkung auf andere mitbestimmen und so in Seinszielen resultieren.

Freilich lassen sich aus geistiger und körperlicher Identitätssuche ebenfalls Märkte entwickeln, und so werden Habenmittel nötig, um die Seinsziele zu erreichen. Kostenpflichtige Universitäten, die Prestige versprechen, taugen genauso als Beispiele wie Fitnessstudios, die Kosmetikindustrie und die Schönheitschirurgie. Man strebt nach einem Abschluss von einem bestimmten College, man will eine schönere Nase und einen strafferen, sexy Körper. Auf sein Äußeres zu achten ist übrigens kein Phänomen, das allein die Ehrgeizigen oder Eitlen berührt, sie bilden vielmehr nur die Speerspitze einer Art der Körperbehandlung, die jeden von uns mehr oder weniger beschäftigt. Die meisten von uns würden das Geld aufbringen, um einen vorderen Zahn ersetzen zu lassen – zahnlos sähe in unserer Gesellschaft fast unanständig aus; diese Wahrnehmung ist freilich nicht angeboren, sondern entspricht einer in unserer Gesellschaft entstandenen Norm, wie man seinen Körper zu behandeln hat. Wir gehen regelmäßig zum Friseur, kaufen uns Seife, Rasierschaum und Cremes, sei es auch nur mit dem Minimalziel, »redlich gut auszusehen«, im Kopf. Nicht alle körperlichen Seinsziele erfordern jedoch Habenmittel. Gute Empfindungen lassen sich auch durch Berührungen, Sex, Schwimmen oder Sich-Sonnen erreichen und kommen ohne materielle Güter aus. Hier wird besonders deutlich, wie stark Bewertungen der Seinsziele vom sozialen Kontext abhängen. Ist es jetzt gut, wenn sich ein Nachbar den Zahn machen lässt, wodurch er für mich nicht mehr so abstoßend aussieht, und ist es schlecht, wenn sich eine Freundin die Brüste straffen lässt, weil sie sich als abstoßend empfindet? Ist Sex gut oder unmoralisch? Alles relativ.

Neben der Suche nach dem Ich, nach persönlichen Zielen und guten Empfindungen stellen sich manche von uns zudem Fragen nach dem größeren Zusammenhang. Was ist der Mensch, was ist der Sinn des Lebens, was ist das Wesen der Welt? Und so mancher von uns hat eine (manchmal vage) Idee davon, welche Bedeutung und welche (Un-)Wichtigkeit die eigene Existenz hat. Wofür man gut ist, warum man auf der Welt ist und was das alles hier soll. Der *Sinn des Lebens* und die damit verbundene *Sinnsuche* hat wenig damit zu tun, sich selbst zu verändern oder zu verbessern, denn mancher könnte ja einen Sinn darin finden, sich für andere aufzuopfern oder alles auf sich zukommen zu lassen. Überdies geht es dabei nicht (nur) um moralische Standards, denn jemand könnte durchaus einen Sinn darin sehen, eine neue Kunstform zu entwickeln – fernab jeder ethischen Frage, ob das »richtig« oder »falsch« ist. So ähnlich sieht es jedenfalls auch die *Stanford Encyclopedia of Life*.

Die Psychologen Michael Steger und Kollegen haben auf der Grundlage ähnlicher Konzepte einen Fragebogen zum Sinn des Lebens entwickelt und Probanden danach gefragt, ob sie den Sinn des Lebens suchen (»Ich suche den Sinn meines Lebens«) und ob sie ihn schon gefunden haben (»Ich verstehe den Sinn meines Lebens«). Die Antwortmöglichkeiten reichten auf einer Skala von *1 = stimmt überhaupt nicht* bis *7 = stimmt genau*. Die Forscher stellten fest, dass es sich bei Sinnerleben und -suche um ein relativ stabiles Persönlichkeitsmerkmal handelt, das heißt, Menschen suchen chronisch nach einem Sinn, oder sie glauben, ihn gefunden zu haben.

Interessant bei der Beschäftigung mit dem Sinn des Lebens, zu der wohl nur wir Menschen in der Lage sind, ist die Tatsache, dass nicht nur die Frage nach dem Lebenssinn sehr abstrakt und eigentlich nicht zu beantworten ist, sondern auch die Antwort notwendigerweise in nebulöser Unsicherheit schwimmt. Das, was man eventuell für sich selbst gefunden hat, wird längst nicht von jedem geteilt – was ebenfalls nicht hilft, Sicherheit zu gewinnen. Generell erleben Menschen einen Sinn, wenn sie denken, dass ihr Leben nützlich ist, vor allem auch für andere Menschen, wenn sie wertvolle und moralisch gerechtfertigte Tätigkeiten ausüben, wenn sie glauben, die Umwelt verändern zu können, und wenn sie daran glauben, dass sie ein guter Mensch sind. In einer amerikanischen Studie zeigte sich bemerkenswerterweise ein stärkeres Sinnerleben bei denjenigen Pubertierenden, die Berufe anvisieren, die ihnen Spaß machen (und nicht etwa, weil sie ein hohes Einkommen versprechen) und in denen sie einen positiven Beitrag zu einer besseren Welt leisten können (statt allein Gewinne für sich selbst einzufahren). Sinnerleben scheint demnach weniger mit Habenzielen zu tun zu haben als mit der Möglichkeit, für andere von Nutzen zu sein.

In deutschen Studien erkennen Probanden den Sinn im Leben in ganz unterschiedlichen Lebensbereichen, und zwar vor allem in Beziehungen und Freundschaften, im Arbeiten, im Glauben, in altruistischen Tätigkeiten, in der Gesundheit und in Naturerfahrungen oder Erfahrungen mit Tieren, aber auch im Erreichen finanzieller Sicherheit. Bei dieser Themenvielfalt hat allein schon die Tatsache, die Frage für sich beantwortet zu haben, positive Auswirkungen.

Religion und Spiritualität

Offen gestanden hätte ich getippt, dass der Sinn des Lebens für die meisten im Glauben liegt. Letztendlich sollte sich für den Gläubigen diese Frage sogar kaum stellen, weil sie in den heiligen Schriften bereits konkret beantwortet wird. Allerdings ist der Glauben eher für die ältere Bevölkerung noch ein Anker, während die Jüngeren ihren Sinn vor allem im sozialen Leben und in der Arbeit sehen. Dementsprechend gibt es nur einen schwachen Zusammenhang zwischen dem Sinn des Lebens und Religiosität.

Bei *Religiosität* handelt es sich, so die Psychologen Michael McCullough und Brian Willoughby, um die Wahrnehmung, das Gefühl und das Verhalten, das aus dem Bewusstsein um die oder aus der wahrgenommenen Interaktion mit übernatürlichen Wesen resultiert. Religiöse Menschen gehen davon aus, dass übersinnliche Kräfte eine wichtige Rolle in menschlichen Angelegenheiten spielen, dass sie eingreifen, strafen und helfen können. Sie sind – im Unterschied zu spirituellen Menschen – Mitglied einer Glaubensgemeinschaft und in verschiedene religiöse Rituale involviert (Gottesdienst, Gebete oder bestimmte Zeremonien wie Abendmahl).

In der *Spiritualität* suchen Menschen *Transzendenz* abseits von einem irdischen Selbstfokus, und ihr individuelles Streben nach etwas Heiligem kann außerhalb eines religiösen Kontextes stattfinden. Manche meiner Studierenden berichten, dass sie sehr wohl an Gott glauben, jedoch »mit der Kirche an sich nichts am Hut haben«. Diese Menschen würde man als spirituell bezeichnen. Man sollte jedoch daran erinnern – meines Erachtens wissen das sehr wenige –, dass ein solcher Glauben ohne den Schutz einer Kirche für viele Religionsgemeinschaften »nicht gilt«. Im Christentum kann ein Mensch streng genommen noch so viel beten, glauben und spenden – er wird sich dadurch keinen Zugang zum Paradies verschaffen, wenn er sich dem kirchlichen Leben entzieht. Dies geht unter anderem auf die Paulinische Idee zurück, dass die Gemeinde ein Körper ist und dass ein fehlendes Körperteil den ganzen Körper schwächt. Alleingänger schaden also nicht nur sich selbst, sondern auch den anderen Gläubigen gleichsam durch Amputation.

Religiosität und Spiritualität wurden innerhalb der Sozialpsychologie eingehend untersucht, wobei *freiwillige* Religiosität, wie erwartet, ein positiver Faktor für die Lebenszufriedenheit ist. Religiosität als Muss oder gesellschaftliche Verordnung dagegen bewirkt weniger positive Effekte.

Wie so häufig ist ein Zuviel in einem Lebensbereich nicht mehr funktional oder hat gar deutliche Nachteile. Beim Haben konnten wir bereits sehen, dass Sparen sinnvoll sein kann, während Horten irgendwann zu Beschränkungen führt. Gleichermaßen ist Kaufen eine alltägliche Tätigkeit, aber wenn es dem Selbstzweck dient, kann es pathologisch werden. Eine Entsprechung beim Seinsziel Religiosität findet man im religiösen Wahn, der Menschen unter anderem davon abhält, einem Alltagsleben nachzugehen, und im Fundamentalismus, der naturgemäß Vorurteile schürt. Vorurteile – abwertende Einstellungen gegenüber Andersdenkenden – sind eine mächtige Quelle von Diskriminierung, die von Nichtbeachtung über Ausgrenzung bis hin zu Völkermord reicht.

Religiosität, die per Definition in einer Gemeinschaft stattfindet, bietet neben der Nähe zu einem Gott oder einer Göttin Anschluss an eine Bezugsgruppe, wie schon einer der Urväter der Sozialpsychologie, Gordon Allport, feststellte. Der Wunsch nach Anschluss und Geselligkeit kann freilich ein eigenes Seinsziel sein.

Soziales Leben und Arbeit

Zugehörigkeit zu Gemeinschaften ist ein erwünschter Seinszustand – ich nenne ihn hier *soziales Leben* –, der zunächst einmal durch Mitgliedschaft in einer Familie, aber auch in Freundesgruppen, Liebesbeziehungen, Arbeits- und Interessengruppen aller Art ausgelebt werden kann. Menschen brauchen andere Menschen um sich herum. In Gruppen definieren sie ihre Werte, entwickeln spezifische Verhaltensweisen und Präferenzen. Sie nutzen Gruppen als Ressourcen, um Größeres zu erreichen und sich vor schlechten Zeiten und Gefühlen zu schützen. In unserer Zeit ist das soziale Leben mit vielen bereits angesprochenen Seinszielen verbunden und steht häufig in Konflikt mit der Arbeit und materialistischen Einstellungen.

Wenn Menschen sich nämlich freiwillig für einen weniger beanspruchenden Job und weniger Konsum entscheiden, dann tun sie dies häufig, um mehr Zeit für ihre sozialen Interessen zu haben. Sie erhoffen sich dadurch ein schöneres Leben. Es mag jemanden aus einer anderen Kultur verwundern, dass wir zwischen Arbeit und sozialem Leben einen Konflikt sehen, den sogenannten *Work-Family-Conflict*. Möglich ist, dass uns die protestantische Auffassung von Arbeit als Pflicht dabei beeinflusst oder dass wir es geschafft haben, die Arbeitswelt so belastend zu gestalten, dass die einzige Rettung die Freizeit zu sein scheint.

Natürlich kann man sich prinzipiell auch im Beruf sozial

verwirklichen, jedoch finden heutzutage die meisten einen menschlich stützenden Austausch eher in der Freizeit. Im Sprachgebrauch hört man häufig »Das ist ein Sozialer«, womit man einen Menschen beschreibt, dem Freunde, Familie und Bekannte wichtiger sind als die Arbeit; und womit man gleichzeitig assoziiert, dass er beruflich weniger ehrgeizig ist. Soziales Leben ist nach Fromm ein Bestandteil der Existenzweise des Seins. Es beinhaltet viele der von ihm beschriebenen Seinsaktivitäten, wie reden, teilen, lieben, (zusammen) lernen. Sie alle sind im Wesen nicht-materialistisch.* Die Kategorisierung von Arbeit allein als Habenmodus würde ihn wie viele andere beunruhigen – das wäre »entfremdete Arbeit« und ein Grund, die Arbeitsbedingungen schnellstens zu verändern.

Im Prinzip sind aber auch viele Berufswünsche Seinsziele, und sie beinhalten oft ähnliche Seinsaktivitäten. Viele studieren hart, lernen fleißig und nehmen einige Anstrengungen in Kauf, um ein angenehmeres Leben zu haben, um sich selbst zu verwirklichen, um etwas zu tun, was sie intrinsisch interessiert, was sinnvoll ist und sie ausfüllt. Außerdem können finanzielle Interessen bei einigen Studiengängen keine große Rolle spielen, da die späteren Verdienstmöglichkeiten begrenzt sind. Es ist wenig wahrscheinlich, dass Sozialarbeiter oder Germanisten ausgeprägte Habenziele haben. Lernen, lesen, sich qualifizieren oder sich mit anderen austauschen wären Seinsmittel zum Seinsziel der Selbstverwirklichung. Wenn Berufe jedoch allein deshalb angestrebt werden, um mit dem erwarteten Verdienst Besitz zu mehren, wird daraus ein Seinsmittel (Beruf), um ein Habenziel (Geld, Haus, Yacht) zu erreichen. Während bei der Berufswahl Haben- und Seinsziele teils aus den möglichen Verdiensten abzulesen sind, ist

* Natürlich kann man für alles bezahlen. Ich kannte vereinsamte Leute in Köln-Marienburg, die Schauspieler dafür bezahlten, sich mit ihnen zu unterhalten.

es leider so, dass Arbeit unabhängig vom Verdienst als Belastung empfunden werden kann. Man mag Burn-out mit durch die Gänge hetzenden Managern assoziieren, aber es haben auch Menschen in den oft unterbezahlten, helfenden Berufen eine hohe Burn-out-Prädisposition. Ein klassisches Beispiel sind Burn-outs bei Priestern, die unter anderem deshalb auftauchen, weil in diesem Beruf viel gearbeitet wird und dabei häufig sowohl eine Partnerschaft als auch »der gute Freund« fehlt. Soziale Kontakte sind folglich eine wichtige Ressource, auch wenn natürlich in diesem Kontext belastende Konflikte entstehen können. Der Mensch ist dem Menschen ja nicht nur Medizin, sondern kann auch zum krank machenden Gift werden.

Selbst bei Musikern, Künstlern und Sportlern – den klassischen Berufen zur Selbstverwirklichung – finden wir Depressionen und erhöhten Stress. Hier resultiert er vor allem aus dem Leistungs- und Produktionsdruck, der häufig auf den finanziellen Interessen der verantwortlichen Arbeit- oder Auftraggeber basiert. In diesem Fall wird also das Seinsziel Arbeit / Beruf durch Habenziele anderer kompromittiert. Beklagenswert, denn wir wissen aus der Psychologie, dass eine intrinsische Motivation ohne Druck zu hervorragenden Leistungen führt.

Arbeit und soziales Leben als Gegensatzpaare zu verstehen, so wie es in unserer Gesellschaft der Normalfall ist, erscheint mir überdeutlich als Fehlentwicklung, und es ist beruhigend zu sehen, dass Selbstverwirklichung bei der heranwachsenden Generation bezüglich der Berufswahl stärker als früher im Vordergrund steht. Vielleicht schafft sie es, aus dem Problem des *Work-Life-Conflicts* einen *Work-Life-Link* zu machen.

Freizeit, Party, Hobbys, Sex

Auch Fromm hat religiöse oder soziale Seinsziele zum Seinsmodus gerechnet, jedoch wäre er sicherlich nicht damit einverstanden gewesen, wenn ich nun auch Partys, psychische Zustände unter Drogen und überhaupt jedwede Freizeitaktivität, die nicht auf materialistische Aspekte schielt (wie es shoppen gehen oder Antiquitäten sammeln täten), dem Sein zurechne. Für Fromm ist der Seinsmodus allein für erwünschte, gesunde und auf keinen Fall für selbstverletzende Zustände reserviert; Drogenkonsum führt für ihn notwendigerweise zu einem unerfüllten Leben im Habenmodus. Ich denke ebenfalls, dass es sich hierbei häufig um dysfunktionales Verhalten handelt, jedoch stehen für die meisten Menschen, die Drogen nehmen, materielle Interessen eindeutig nicht im Vordergrund. Auch Seinszustände können Menschen schädigen. Partying und Clubbing hat, der Forschung nach zu urteilen, ebenfalls viele negative Begleiterscheinungen, allerdings sind die Motive dafür häufig nicht notwendigerweise habenorientiert oder gar schlecht, denn gegen Freunde treffen, Partner suchen, abschalten, tanzen oder Spaß haben ist von Psychologenseite zunächst einmal nichts einzuwenden.

Manche freizeitbezogenen Seinszustände sind erst durch Habenmittel zu erreichen. Man kann Partymachen, Drogennehmen, sportliche und andere Freizeitaktivitäten auch als Erlebnisgüter betrachten, weil sie häufig Geld kosten; Beispiele im Bereich Sex wären Prostitution und Pornographie.

Tatsächlich sind gute Clubs und Diskotheken wirtschaftliche Anziehungspunkte, von denen auch die Gastronomie und das Transportgewerbe ungemein profitieren. Mit teilweise fatalen Folgen, wie Wachstumskritiker Niko Paech in seinem Buch *Befreiung vom Überfluss* zu berichten weiß. Er zitiert den *taz*-Journalisten Tobias Rapp, der berichtet, Berlin würde jedes Wochenende von etwa 10000 Partytouristen heimgesucht, »weil hier ein vermeintlich besserer DJ auflegt als in Madrid, Tel Aviv, Stockholm oder von wo aus sich die hedonistische Internationale gerade auf den Weg begibt«. Die Kosten für die Umwelt wären durch solch ein Massenphänomen ohne Frage überdimensioniert, und das wirft die moralische Frage auf, ob so etwas »richtig« ist. Andererseits sehen wir an solchen Zahlen die wirtschaftliche Bedeutung der Clubszene für Berlin – und die Stadt profitiert allenthalten ungemein von dem Ruf, die »coolste Stadt der Welt« zu sein. Ähnliche negative Konsequenzen von Seinszielen dieser Art wären etwa die Schädigung der Alpen durch den Wintersport oder die Verwestlichung von Urlaubsländern durch den Einfall deutscher oder amerikanischer Touristen.

Trotz der Tatsache, dass freizeitbezogene Ziele sowohl für das Individuum als auch für die Gesellschaft schädlich sein können, würde ich sie den Seinszielen zurechnen. Da Haben oder Sein fundamentale Ziele und Mittel zur Zielerreichung darstellen, beinhalten beide funktionale und dysfunktionale Aspekte. Manchmal suchen wir Exzesse, um etwas Besonderes zu erleben, etwas, was wir im Alltag nicht finden. Dabei gehen wir sicherlich das ein oder andere Mal Risiken ein. An dieser Stelle mag aber die Frage gestellt werden, wie schädlich diese Aktivitäten psychologisch gesehen tatsächlich sind. Der Fall der Dysfunktionalität ist gegeben, wenn Drogenkonsum zur Abhängigkeit führt oder wenn aus einem sexuellen Abenteuer eine lebensgefährliche Krankheit resultiert. Häufig sind Phasen des Sich-Loslassens und des sinnlosen Spaßes jedoch nicht vollkommen kopflos, etwa wenn bei sexuellen Erlebnissen noch an das Kondom gedacht wird, und viele kriegen es durchaus hin, beim Saufen vor dem Koma zu stoppen. Zudem sind gewisse Auszeiten zeitlich begrenzt und unterliegen somit einer gesellschaftlichen Kontrolle. Die meisten leben ihren Mr. Hyde an wenigen, dafür reservierten Tagen aus, typischerweise am Wochenende und an Feiertagen, und auf die Lebenszeit bezogen sehen wir eine starke Abnahme von Party- und riskanten Sport- sowie Drogenaktivitäten mit wachsendem Alter. Damit wird es schwierig, diese Verhaltensweisen aufgrund unmittelbarer negativer Risiken (wie Rausch, Kater, betrunkenes Fahren, ungeschützter Sex), die immer wieder in der Partypsychologie auftauchen, grundsätzlich abzuwerten. Bestimmte Spätfolgen, etwa ungewollte Kinder, können sich letztendlich sogar als Segen herausstellen, und die Gefahr eines späteren Suchtverhaltens oder einer Krankheit ist sicherlich gegeben, sollte aber auch wiederum nicht überschätzt werden. Und egal wie dysfunktional das ist, mit Haben hat das nicht immer etwas zu tun.

Zu Habenzielen werden alle diese Zustände erst, wenn man damit etwas verdient oder materielle Interessen im Vordergrund stehen. Ein typisches Beispiel wären der Sport oder die Musik, wenn sie zu einem allein auf Leistung und finanziellen Erfolg ausgerichteten Geschäft werden. Zudem kann jedes Hobby in Stress und Schuldenfallen enden, wenn es dabei nur ums liebe Geld oder um Leistung geht. Man sollte auch nicht vergessen, dass Erlebnisgüter (Seinszustände, die nur über Habenmittel zu erreichen sind) Marktgesetzen unterliegen. Daher finden in diesen Bereichen auch Manipulationsversuche statt, dergestalt, dass man danach trachtet, Menschen von diesen Gütern abhängig zu machen, sie dazu verführt, überteuerte Produkte zu kaufen, oder gar ein Bedürfnis zu schaffen (Wer ist denn heutzutage in Deutschland noch ernst zu nehmen, wenn er nie Urlaub macht?). Dies trifft jedoch ebenso auf Seinsziele wie Religion (man denke an Sekten und den Reichtum der Kirchen) oder Meditation zu (auch Achtsamkeitstrainings kosten Geld). Selbst die Natur und die Kunst sind nicht gegen Marktinteressen gefeit.

Natur und Kunst

»Natur – das ist das, was an einem vorbeirauscht, wenn man Auto fährt.« Die sarkastische Bemerkung eines kunstbeflissenen New Yorker Kollegen, nachdem ich ihm von einer Wanderung in den Hamptons berichtet hatte, brachte mich unweigerlich zum Lachen. Irgendwie ist es politisch inkorrekt, Natur in dieser Weise abzuwerten. Im Gegenteil hat sie einen hohen, fast heiligen Stellenwert, jedenfalls in Deutschland. Wir halten uns gern in der Natur auf, spazieren, wandern, picknicken, spielen draußen, schwimmen, klettern – oder versuchen, eine Wohnung mit »Blick ins Grüne« zu bekommen. Viele werden die Natur als etwas beschreiben, was sie entspannt, beruhigt oder ihnen Energie zurückgibt. Interessanterweise ist unsere Liebe zur Natur ein gesellschaftliches und recht modernes Phänomen.

Der Mittelalter-Historiker Frank G. Hirschmann betonte in einem persönlichen Gespräch mit mir, wie angstbesetzt der Wald in früheren Zeiten für die Menschen war. Nicht umsonst drehen sich viele Volksmärchen um Menschen, die nicht aus dem Wald zurückkamen – sei es, weil sie sich verirrten, von Bäumen erschlagen, Räubern ermordet oder wilden Tieren gefressen wurden. Die *schöne Natur* ist damit ein gesellschaftliches Konstrukt. Als *Natur* wird üblicherweise das bezeichnet, was nicht von Menschen gemacht ist. Woraufhin Joseph Beuys einmal sinngemäß sagte, dass allein die Möglichkeit des Eingriffs Natur zur Kultur mache und es demnach gar keine Natur mehr gebe, weil wir ja prinzipiell vollkommene Kontrolle darüber hätten und alles Natürliche abschaffen, verändern oder auch so belassen könnten. Theoretisch könnten wir über jeden Baum und jeden Vogel der Erde bestimmen, ob er leben soll oder nicht – dann sprächen wir eher von einem Zugriff, wie ihn ein Parkwächter oder ein

Zoodirektor auf eine Landschaft hat, statt etwa von einer Kraft oder gar *Gottheit Natur,* die uns beherrscht. Beuys übersah offenbar die schlecht unter Kontrolle zu bekommenden kleinsten Lebewesen, die Viren und Bakterien – aber im Grunde hat er recht damit, dass die Natur mittlerweile bezwungen ist und wir uns in einer schön zurechtgemachten Kulturlandschaft bewegen.

Das Eingangsbeispiel des naturhassenden Kollegen reflektiert ein typisches Gegensatzpaar – oder wollte er mit seiner Bemerkung etwa nicht sagen, dass er kulturelle Vergnügungen der Natur vorzog. Viele sehen *Kultur* (das von Menschen Erschaffene) und Natur als Gegenpole einer Dimension an. Ich halte auch das für eine Konstruktion und beziehe mich dabei nicht nur auf Beuys. Manche meinen, der Genuss von Kultur und Kunst setze ein Wissen voraus, während man die Natur unmittelbar und unwissend genießen könne, jedoch spiegelt diese Meinung nur die Abwertung bestimmter Wissenschaften wie Biologie, Zoologie und Geologie gegenüber den Kunst-, Musik- und Literaturwissenschaften wider. Schließlich setzt auch die Freude am Entdecken einer seltenen Ameisenart am Wegesrand ein gewisses Wissen voraus, und ich war auch schon mit absoluten Laien in der Oper, für die der Abend ohne jedes Fachwissen ein Genuss wurde.*

Bezogen auf Haben und Sein, ist es interessant zu beobachten, dass wir in unserer Gesellschaft eine Norm entwickelt haben, beides möglichst umsonst oder preiswert zur Verfügung zu stellen, als hätten wir allesamt einen Anspruch auf den Genuss kultureller Güter und der Natur. So sind dank gehöriger Subventionen Parks, botanische Gärten, aber auch Museen üblicherweise erschwinglich oder gar gratis und fi-

* Mal abgesehen davon, dass einige Künstler die Natur auf höchst kreative Weise in ihre Kunst integrieren. Man denke an Beuys' Kunstaktion, 7000 Eichen zu pflanzen.

nanzieren sich meist nicht durch die Eintrittsgelder. Es ist, als rechneten wir Naturerleben und kulturelles Vergnügen zu den Grundbedürfnissen, so wie vielleicht Trinkwasser und Klopapier (die wir seltsamerweise nicht so ganz umsonst bekommen). Das ist bei der Natur noch einzusehen, wenn man bedenkt, dass Parks ja nicht nur schön aussehen, sondern außerdem die Luft verbessern, jedoch spiegelt die herausragende Rolle der Kultur eher eine gesellschaftliche Wertigkeit wider. Dabei werden vor allem bestimmte kulturelle Veranstaltungen bezuschusst, die sogenannte Hochkultur, was viele weniger »Kulturbesessene« durchaus als Ungerechtigkeit wahrnehmen können. Von einem objektiven Standpunkt aus ist es denn auch durchaus fragwürdig, warum eine Theaterveranstaltung von Schillers »Die Räuber« durch Steuergelder subventioniert wird, während ein Rockfestival oder ein Karnevalsumzug, der Zehntausende Besucher anzieht, sich selbst tragen muss.

Der Einfluss der Natur auf das Wohlbefinden ist teilweise experimentell untersucht worden, indem man etwa Emotionen oder die Bewältigung bestimmter Aufgaben von Probanden draußen und drinnen gemessen hat. Gleichermaßen wurde der Einfluss von Pflanzen, Haustieren und Naturpostern oder schlichtweg der Einfluss der Farbe Grün untersucht. Die Kunst- und die Musikpsychologie entwickelten sich als eigene Subdisziplinen, allerdings sind dort experimentelle Studien rar, und die Untersuchung komplexer Werke mit wissenschaftlichen Methoden geschieht seltener, als man denken mag, wenn man die eben angesprochene Bedeutung mit in Betracht zieht.

Nichts-Sein, Leere, Langeweile, geistige und emotionale Armut

Armut und *Knappheit* können auch bei nicht-materialistischen Zuständen empfunden werden. Mangelzustände des Seins sind *Einsamkeit, Langeweile, geistige Leere, Unterforderung, fehlende Liebe*. Man kann allein sein, ohne einsam zu sein; nur Letzteres wird als Knappheit empfunden. Und keine Frage, einsam kann man auch unter vielen sein, denn Menschen suchen nicht irgendeine menschliche Umgebung, sondern Identität, Zugehörigkeit und Austausch. Langeweile ist ein geistiger Mangelzustand, der häufig bei extrinsisch erlebten Tätigkeiten entsteht und den man üblicherweise zu beseitigen versucht. Carol Sansone fand als ein Beispiel für diesen Prozess, dass Fabrikarbeiter in Chipsfabriken sich Arbeiten »zu eigen« machten und das Anspruchsniveau erhöhten, indem sie Preise für Chips auslobten, die dem Gesicht von Elvis Presley am meisten ähnelten, oder indem sie zusätzliche, erschwerende Aufgaben bei ihrer Tätigkeit ausführten (singen o.Ä.). Aus extrinsischer wird so eine intrinsische Motivation.

Bewertungen des Seins – und Übergänge zum Haben

Ich habe bereits mehrere Male betont, welche funktionalen oder dysfunktionalen Ausprägungen Haben und Sein annehmen können, je nachdem, aus welcher Perspektive man es betrachtet. Auch die Frage nach längerfristigen und kurzfristigen Funktionen stellte sich häufiger. Das Genießen eines deftigen Schweinebratens kann kurzfristig eine wichtige

Funktion erfüllen (Stimmungsverbesserung, Belohnung, Genuss), aber langfristig einem wichtigen Ziel im Wege stehen (Figur, Gesundheit, Fitness, Fairness Tieren gegenüber). Weiterhin kann eine Freiheit, die man sich nimmt und die eine Funktion hat, für das weitere Umfeld schädlich sein: Wenn alle mit protzigen Autos oder Privatfliegern ihren Selbstwert aufrüschen wollten, stürbe irgendwann unser Planet, und wenn ich laut Musik höre, weil es mich bereichert, ist der Nervenzusammenbruch meines Nachbarn vorprogrammiert.

Interessant sind auch Übergänge von Haben- zu Seinszielen. Sport kann ein Seinsziel sein, aber es wird häufig nicht nur durch Seinsmittel (wie trainieren, Wissen austauschen, lernen) erreicht, sondern erfordert auch den Einsatz von Habenmitteln (Mitgliedschaft bezahlen, Geräte und Sportausrüstung kaufen). Seinsziele werden so zu kostenpflichtigen Erlebnis*gütern,* und fast alles lässt sich vermarkten. Das gilt für Religionen und Meditationen genauso wie für körperliche Fitness, Geselligkeit, Kunst, Natur und sogar für das Teilen, wenn es zum Beispiel durch entgeltliche Sharing-Portale vereinfacht wird. Selbst aus dem Verzicht kann man ein Geschäft schlagen, indem man etwa eine Organisation schafft, die sich mit Verzicht professionell beschäftigt – dies bringt jedenfalls meist eine Finanzierung mit sich. Mitgliedschaften, die man erwerben muss, können ebenfalls Habenziele sein. In meiner Jugend wollten Kinder eine für viele unerschwingliche Mitgliedschaft im Tennisclub haben, einschließlich der T-Shirts, die die Zugehörigkeit nach außen anzeigten. Selbst Spendengalas sind nicht selten denen vorbehalten, die den Eintritt bezahlen können. In diesen Situationen würde ich streng genommen von Seinszielen sprechen, die durch (recht aufwendige) Habenmittel zu erreichen wären, aber es stellt sich die Frage, inwieweit Personen, die solche Veranstaltungen und Clubs aufsuchen, nicht doch eher subjektiv ein Habenziel damit verbinden. Gerüchten nach setzen sich manche Menschen Situationen wie Golfplätzen und Medizinerbällen aus, die sie schrecklich langweilig finden, weil es Prestige verspricht oder weil sie sich einen finanziellen Zugewinn durch »networking« erhoffen. In meiner Konzeption läge hier der Fall vor, dass jemand ein Seinsziel (Golfspielen) durch Habenmittel (Eintrittsgelder) anvisiert, das Ziel jedoch schließlich als weiteres Mittel nutzt, um letztendlich ein Habenziel (Reichtum) zu erreichen. Psychologen würden das Golfspielen dann als *Subziel* bezeichnen. Zielhierarchien sind häufig so angeordnet, dass erreichte Subziele wiederum Mittel werden, um Hauptziele zu erreichen. Man kennt es vom Backen: Mein Ziel, einen Mürbteigboden zu backen, ist ein Subziel für das Hauptziel Torte. Gleicherweise im Fußball: Ein Tor zu schießen ist das Subziel vom Hauptziel, das ganze Spiel zu gewinnen. Akzeptiert man diese Konzeptualisierung, nimmt man in Kauf, dass bestimmte Seinszustände äußerst unangenehm sein können, wenn man sie als Subziel betrachtet, so wie das langweilige Golfspielen im obigen Beispiel.

Wenn Seinsziele Subziele zu Habenzielen sind, ist das von der Funktion her dasselbe, wie ein Habenziel durch ein Seinsmittel zu erreichen. Noch ein paar Beispiele: Die Mitgliedschaft in einer religiösen Gemeinschaft kann ein Ticket zum finanziellen Erfolg sein, das Ziel, selbstsicherer aufzutreten, kann geleitet sein von der Idee, damit beruflich erfolgreicher zu sein, was wiederum ein höheres Gehalt verspricht. Selbst Freunde und Beziehungspartner können eingesetzt werden, um finanziellen Gewinn zu maximieren. Letzteres, Menschen als Mittel zum Zweck einzusetzen, bezeichnet man als *Objektifizierung* oder *Instrumentalisierung*. Dementsprechend haben bestimmte Menschen Freunde, um mit ihnen anzugeben oder andere Ziele zu erreichen; sie haben sie nicht, weil sie sie per se wertschätzen oder um ihrer selbst willen mögen oder lieben. Manche vermuten, dass dies ein Grund dafür ist, warum Prominente so viele Freunde haben oder warum alte Männer junge schöne Frauen heiraten. Und der »beste Freund des Menschen« ist in zwei Drittel der Fälle ein Rassehund – ebenfalls ein potenzieller Fall für ein Seinsziel, das nutzbar für Habenziele wäre. Aus diesen recht technisch anmutenden Spitzfindigkeiten kann man exakte Vorhersagen formulieren, wie sich Menschen in unterschiedlichen Situationen fühlen. So würde ich vermuten, dass das Erreichen von Seinszielen, die lediglich Mittel zum Zweck von Habenzielen sind, weniger befriedigt: Nichts ist für einen Fußballhasser schlimmer, als wenig geliebte Kollegen zum Spiel zu begleiten und idiotische Gesänge mitzugrölen, nur weil er sonst befürchtet, dass der Chef ihn nicht befördert. Auch ein Seinsziel kann sich als weniger befriedigend als das eigentliche Ziel erweisen, wenn es ein Mittel zum Erreichen eines anderen Seinsziels ist. Demzufolge wird jemand, der Spaß am Lernen hat, zufriedener sein als derjenige, der lernt, weil er damit einen Beruf ergreifen kann, in dem er weniger lernen muss.

Dies bringt mich auf einen weiteren Punkt: Während nämlich Habenmittel, also solche, die es ermöglichen, *über den Weg des Erwerbs, der Vermehrung, der Instandhaltung oder der Verwendung von eigenen, erworbenen materiellen Gütern* zum Ziel zu gelangen, recht konkret eine Kategorie bilden, betreffen Seinsmittel eine vielfältige Reihe von *Tätigkeiten* nicht-materialistischer Art, die man dem Sein zurechnen kann.

Sein und Haben als Mittel und Ziel

Vermutlich betrifft die Liste der Seinsmittel alle Tätigkeiten, außer denen, die den Erwerb materieller Güter beinhalten. Klassiker wären lernen, trainieren, üben, aber auch lieben, zuhören, erinnern, planen, denken, spielen und viele mehr. Man lernt, um entweder etwas zu sein oder etwas zu haben, man liebt, um etwas zu sein oder es zu haben, man denkt, um etwas zu sein oder um etwas zu haben, etc. Diese Tätigkeiten sind Mittel, sobald ein Zweck mit ihnen einhergeht und ich somit ein »um zu« hinzufügen kann. Sie können aber auch selbst zu Zielen werden. Manche denken so gern, dass sie Denksportaufgaben ohne jedes darüber hinausgehende Interesse lösen. In diesem Fall wird die Tätigkeit ein Seinsziel. Solche intrinsisch motivierten Beschäftigungen werden ausgeführt, weil man an ihnen selbst Spaß hat; eine äußere Belohnung ist zweitrangig oder könnte sogar stören. Typisch für diese Klasse von Tätigkeiten ist das Erleben von *Flow*, das Mihály Csíkszentmihályi als ein Gefühl des völligen Aufgehens in einer Tätigkeit beschreibt, wo alles gelingt, die Zeit wie im Flug vergeht, wir Spaß haben und intrinsisch motiviert sind. So banal, wie das klingt, hat es doch eine erstaunliche Pointe: Während bei fast allen Tätigkeiten »tun, um zu tun« Flow verspricht, also ein gutes Gefühl, entsteht der Eindruck, dass allein »haben, um zu haben« zum Gegenteil führt – zu einem schlechten Gefühl, schlechten Gewissen, zu pathologischem Verhalten gar, zu Gier und Rastlosigkeit. Das klingt wie Heuschrecke, wie Schacherer, einfach unheilsam.

Die Frage wäre, ob ein moralisch falsches Verhalten hin zu schlechten Zielen ein Flow-Gefühl verhindert. Wenn jemand, um ein krasses Beispiel zu wählen, tötet, um zu töten – erlebt er dann Flow? Ich befürchte, ja. Zunächst einmal. Das, was ihm den Spaß vermiesen kann, ist typischerweise ein Zielkonflikt, nicht hingegen die Tatsache, dass er Spaß daran hatte. Hätte er keine konfligierenden moralischen Ziele, würde ich vermuten, dass er beim Töten Flow erlebt. Folgt man dieser Argumentation, so kann Haben Spaß machen, wenn man ein überzeugter Materialist ohne moralische Standards ist.

Wie verhält es sich aber mit Arbeit? Meine Unterscheidung hilft, das Gefühl entfremdeter Arbeit näher zu beleuchten. Natürlich ist Arbeiten das klassische Habenmittel – man arbeitet, um damit entweder Habenziele oder Seinsziele zu erreichen. Arbeit, die an sich Spaß macht, bei der die Tätigkeit Selbstzweck ist und damit kein Habenmittel, kann aber ein Seinsziel werden und ist dann nicht entfremdet. Wenn Arbeit als Mittel eingesetzt wird, steigt die Wahrscheinlichkeit, dass sie als entfremdet wahrgenommen wird. Dies könnte besonders dann der Fall sein, wenn man andere Seinszustände dadurch anstrebt. Arbeiten stellt dann häufig nur eine Durststrecke dar. Dreht sich das Leben eines Menschen allerdings vorrangig ums Haben, kann es auch sein, dass arbeiten, selbst wenn es an sich vielleicht keinen Spaß macht, als »zu mir gehörig« und damit als positiver empfunden wird, als wenn jemand eine unliebsame Arbeit hat und damit einen anderen Seinszustand erreichen will.* Umgekehrt könnte für jemanden mit chronischen Habenzielen Seinsmittel wie Lernen, Lesen, Üben und Trainieren extrem ätzend werden. Meine Hypothese wäre, dass eine Passung (Seinsmittel zu Seinszielen; Habenmittel zu Habenzielen) als angenehmer und stimmiger empfunden wird als ein Non-Match (Seinsmittel zu Habenzielen; Habenmittel zu Seinszielen).

In der psychologischen Literatur gibt es Evidenz für solche

* Dies freilich nur, wenn es sich dabei nicht um einen Broterwerb handelt, der unter menschenunwürdigen Bedingungen stattfindet. Ausbeuterische Arbeit war der Fokus von Karl Marx' Analyse in den ökonomisch-philosophischen Manuskripten. In der heutigen Zeit aber erleben Menschen auch Gefühle der Entfremdung an schön geputzten Schreibtischen und bei gutem Lohn.

Passungen. Menschen etwa, die Sicherheitsziele erreichen wollen und dabei vorsichtig vorgehen dürfen statt riskant, kommen eher in einen Flow. Auch beim spezifischen Habenmittel Arbeit könnte man sich also vorstellen, dass arbeiten, um zu haben, glücklicher macht als arbeiten, um zu sein. Glücklicher noch könnten allerdings jene sein, für die ihre Arbeit *selbst* ein Seinsziel ist, also überhaupt kein Mittel. Wir werden später sehen, was die Literatur zu diesem Thema zu sagen hat.

Widmen wir uns zunächst einmal den Gründen für das Erstreben von Haben- oder Seinszielen. Was sind die Motive für Habenziele? Und was treibt Seinsziele an?*

* Hinzufügen möchte ich lediglich noch, dass ich bestimmte Seinsziele nicht näher besprochen habe, weil sie kaum untersucht wurden. Dazu gehören neben der *Weisheit* die *Dankbarkeit* und auch der *Ausdruck*, den man bei Künstlern als Ziel erkennt. Der Wunsch, einzigartig zu sein, findet sich jedoch weiter unten in den Quellen für Seinsziele.

V
Warum wollen wir haben?

Warum haben wir überhaupt Dinge? Welche Funktion hat das? Zu welchem übergeordneten Ziel führt uns das? Letztendlich werden mit Zielen wiederum Ziele erreicht, Motive ausgelebt, Bedürfnisse befriedigt, und dies alles ist in Zielhierarchien im Gedächtnis repräsentiert. So wird jemand vielleicht mit einem Schlüssel (Mittel) die Haustür abschließen (konkretes Ziel), um das Haus zu sichern (abstraktes Ziel), um letztendlich das allem zugrundeliegende Bedürfnis nach Sicherheit zu befriedigen.

Wofür ist Haben gut? Auf der Suche nach den Motiven für Habenwollen und nach der Funktion des Materialismus wird man schnell fündig. Fangen wir mit den naheliegenden Motiven an: Gier, Neid und Prestige.

Gier

Während ich gerade dieses Buch schreibe, werde ich mir mehr und mehr bewusst, dass ich zu viel habe, zu verschwenderisch und gewissenlos konsumiere, und suche nach Strategien, mich einzuschränken, ohne dass es zu sehr weh tut. Trotzdem kommt es zu solchen Episoden wie beim Bäcker, wo ich eine zweite Breze mitnahm, obwohl ich wusste, dass ich nur eine essen würde. Glücklicherweise fand ich eine Verwendung für die zweite Breze und erleichterte damit mein Gewissen: Brezenknödel. Das klingt wie die elegante Lösung eines Konfliktes (oder die schöne Geschichte eines fabulierenden Autors), aber mein Motiv, jeden Tag das »2 für 1«-Angebot anzunehmen, bleibt primitive Raffgier.

Es ist allerdings möglich, dass hinter diesem Verhalten der weiter oben beschriebene evolutionäre Grund steckt, Nahrung für schlechte Zeiten zu horten, der sich auch dann bemerkbar macht, wenn wir unser Steinzeit-Ich mit gebleichten Zähnen und in Armani gekleidet zu verstecken versuchen. Es ist der Neandertaler in uns, der dem Brezenverkäufer entgegenlächelt.

Oftmals liegen hinter einem Verhalten noch andere, unbewusste Beweggründe, die erlernt sind. Wo aber sollte man in der Biographie eines Menschen nach Gründen für Raffgier suchen? Hier ein Versuch zur Illustration: Ich bin das Kind von Heimatvertriebenen, und in meiner Kindheit wimmelte es von Geschichten, wie dass Verwandte wegen Stehlens zweier Rhabarberstangen oder eines Eies »vom Russen« fast erschossen wurden, wie meine Mutter monatelang ungewürzte und nur mit Wasser gekochte Graupensuppe essen musste und wie mein Vater für ein Stück Speck beim Bauern betteln musste, weil er das schönste Kind der Försters gewesen war. Ich musste als Kind nie hungern und auch niemals zur Strafe ohne Abendessen ins Bett, aber diese gruseligen Geschichten transportierten Verhaltensmuster ins Hier und Jetzt, die eigentlich in die vorige Generation gehören. In der systemischen Therapie wird in der Herkunftsfamilie nach solchen Mustern geschaut, die Verhalten erklären können, das irgendwann in der Vergangenheit der Familie mal einen Sinn hatte, jetzt jedoch ohne Funktion weiterlebt. Einige Gründe für meine Raffgier konnte ich selbst bei sogenannten Familienaufstellungen entdecken, bei denen die Herkunftsfamilie durch Stellvertreter (also andere Teilnehmer der Gruppe) dargestellt wird. Wie ich haben viele Kinder und sogar

Enkel der Kriegsgeneration starke existenzielle Ängste oder erleben gar an Verarmungswahn grenzende Zustände, obwohl diese im Hier und Jetzt jeder Grundlage entbehren. Sabine Bode zeigt in ihrem Buch *Die vergessene Generation* eindrucksvoll, wie wir nach dem Krieg Geborenen die Unsicherheiten unserer Eltern selbst in unseren sicheren Zeiten noch mit uns herumschleppen. Das könnte für mich erklären, warum ich die zweite Breze mitnahm, zumal dies morgendlich in einem Bahnhof passierte, einer Umgebung, die in meiner in Viehwaggons vertriebenen Familie mit Hungersnöten und existenzieller Angst besetzt ist.*

Manchmal ist dieses Verhalten, das wohlgemerkt völlig »normale« Leute zeigen, recht bizarr. Eine erfolgreiche Designerin kam eines Tages weinend zu mir in die Beratung, um mir von ihrer »Tragödie« zu berichten.** Das »schreckliche Ereignis« bestand darin, dass sie fünf Euro zahlen musste, weil sie mit dem Fahrrad nicht am Zebrastreifen gestoppt hatte: »Können Sie sich das vorstellen! Fünf Euro! Das ist ein ganzes Brot! Was bin ich doch für ein Idiot! Und was sind diese Bullen für Schweine!« Die Gute konnte sich offenbar hochwertiges und teures Brot leisten und war trotzdem wegen der fünf Euro Verlust völlig außer sich. Dieses »Ärgernis« nahm die Hälfte unserer Gesprächszeit ein, obwohl sie eigentlich wegen ihres prügelnden Ehemanns gekommen war. Bei ihr hatte eine Suche nach Motiven in der Herkunfts-

* Es ist im Übrigen unerheblich in der systemischen Therapie, ob das der »wirkliche« Grund ist. Es ist für den Klienten lediglich eine Möglichkeit zum Verständnis dysfunktionalen Verhaltens, die genauso konstruiert worden sein kann wie eine »genetische Disposition zum Raffen« oder ein »frühkindlicher Konflikt«. Der Zugang zu dahinterliegenden Motiven ermöglicht allerdings einen neuen Zugang zu einem derzeitigen »Problem« – und die Möglichkeit, es symbolisch an die Elterngeneration zurückzugeben, da, wo es hingehört.

** Diese und weitere Fallbeispiele sind freilich bis zur Unkenntlichkeit verändert worden, um Anonymität zu gewährleisten. Sie dienen der Illustration. Viele weitere Beispiele finden Sie in Sabine Bodes Büchern zum Thema.

familie (auch Flüchtlinge) schon einmal geholfen. Da hatte ich ihr ihre Angst nehmen können, dass sie als »Pennerin auf der Straße« landen würde, wenn sie ihren Angestelltenjob aufgibt und sich selbständig macht. Zudem verstand ich es, wenn sie Gewissensbisse plagten, sobald sie an ihren Urlaub dachte – »… schließlich muss ich ja auch an meine Rente denken!« Sie hatte zu der Zeit um die 220 000 Euro für ihre Rente auf einem Sparkonto liegen, war gerade mal 40 und hatte schon einige der wichtigsten Designerpreise gewonnen. Was sie antrieb, war ein *Familienauftrag,* ihren Besitz beisammenzuhalten, waren die Geschichten in ihrem Kopf von Not, Obdachlosigkeit und Unsicherheit, von hungernden Verwandten, für die Arbeiten, Sparen und das Ansammeln von Gütern wichtige Überlebensstrategien gewesen waren. Erfolgreiche Überlebensstrategien, denn ohne Verzicht und Aufopferung hätte das Schicksal der Familie vermutlich kein gutes Ende genommen. Aber diese junge, sehr talentierte Frau lebte heute, in diesen satten Zeiten, in denen man selbst dann, wenn man Hartz IV beantragen muss, nicht verhungert. Sie wusste im Grunde auch, dass sie niemals lange ohne Aufträge sein würde und dass sie eine solche Zeit, sollte sie denn überhaupt anstehen, gut für sich und ihre kreative Arbeit nutzen könnte – doch aus dem Unbewussten kroch immer wieder die Angst hoch und zeigte ihr die Rettungsmuster einer vergangenen Generation, die am Leben im Heute komplett vorbeigingen und die alles andere als zielführend waren. Die jetzt dysfunktional waren. Mit Hilfe der Mehrgenerationen-Familienanalyse kann man solche Motive offenlegen und zur Veränderung des Verhaltens einladen.

Zurück zur Breze: Es ist möglich, dass selbst bei einem Menschen wie mir, der diese Dinge prinzipiell versteht, der Flüchtlingstreck unbewusst noch eine Rolle spielt. Aber egal woher die Raffgier kommt und ob ich sie in diesem Fall zu Brezenknödeln veredele: Raffgier ist Raffgier und scheint mich anzutreiben. Allerdings sind ja nicht nur Nahrungsmittel oder Lebenswichtiges davon betroffen.

Haben Sie nicht auch wie ich Kleidung im Schrank, die Sie noch niemals angezogen haben? Ich lasse die Hosen runter: Ich habe einige Hosen im Schrank, die ich noch nie runtergelassen habe. Darüber hinaus habe ich zahlreiche Haushaltsgeräte, »die es gut haben«. Zähneknirschend erinnere ich mich an die Fritteuse, die ich ein einziges Mal benutzt habe, bis mir einfiel, dass sie überhaupt nicht in mein gesundheitsorientiertes Ernährungskonzept passte. Außerdem habe ich einen Knoblauchhacker, eine Klebepistole, zwei Ingwerreiben, vier Sägen, ein Fußmassagegerät und viele Dinge mehr, die es alle richtig gut haben. Die Forschung zeigt, dass wir solche Dinge vor allem dann kaufen, wenn wir mit der Kreditkarte zahlen, wenn wir im Internet shoppen oder im Fernsehen die »Shopping Channels« konsumieren. Offensichtlich ist alles Distanz zu unserem Geld Schaffende (zeitliche Distanz, symbolische Distanz durch die Kreditkarte) enthemmend: Wir haben dann nicht mehr das Gefühl, reales, konkretes Geld auszugeben. Dazu kommen haufenweise Tricks der Marketingexperten, die mittelbar einer der Gründe für spontane Raffgier sein können. Paco Underhill beschreibt in *Warum kaufen wir?* zahlreiche Schlüsselreize und günstige Situationen, die unsere Kauflust ankurbeln.

Auch beim weiter oben beschriebenen pathologischen Kaufverhalten scheint Gier im Spiel zu sein, obwohl man hier eher *gierig nach dem Kick* ist, den man *beim Kaufen* bekommt. In Verbindung damit stellt sich natürlich die Frage, welches Bedürfnis das Kaufen befriedigt, wenn man sich am Ergebnis nicht einmal erfreut. Sie werden es sich vielleicht bereits denken: Manche Forscher gehen davon aus, dass es eine Art Liebesersatz ist, andere argumentieren, dass es in falschen Vorstellungen darüber gründet, wie man erfolgreich oder geliebt wird. Dafür spricht, dass Kaufsüchtige häufig denken, dass sie durch das Gekaufte beliebter und attraktiver würden und dass sie das letztendlich glücklicher mache – schlussendlich stellen sie aber immer wieder frustriert fest, dass dies fehlschlägt und dass es sie rundum unglücklich macht. Wenn man nicht einmal angesprochen wird, wenn man in einem teuren Fummel zur Abteilungsparty kommt – wie soll es einem da schon gehen! Die Psychologin Astrid Mueller und ihre Kollegen fanden in einer Studie einen Zusammenhang mit Depression: Je depressiver die Menschen, umso kaufsüchtiger waren sie. In der Therapie, so fassen es John Kuzma und Donald Black zusammen, werden Kaufsüchtigen häufig andere Möglichkeiten beigebracht, einen langweiligen Nachmittag zu füllen, und es werden mit ihnen neue Strategien eingeübt, geliebt und interessant zu werden. Letztendlich lernen sie, dass ein lächelnder, zufriedener Mensch in einem Pulli mit Soßenfleck sympathischer sein kann als ein schlechtgelaunter in Prada.

Mag dies als eine bizarre Störung erscheinen, so kennen wir Ansätze für ein solches unvernünftiges und wenig befriedigendes Konsumieren sicherlich von uns selbst. Ich kaufe in Duty-free-Shops (vor allem, wenn mir langweilig ist) immer zu viele Spirituosen ein. Ich habe eine regelrechte Schnapssammlung (»für wenn mal Besuch kommt«), obwohl ich so gut wie nie Schnaps trinke. Und wenn es zu einem Set von 20 Radiergummis im Büromarkt (für zwei Euro! Die guten von Pelikan!) einen Satz Karteikarten gratis dazugibt, bin ich der Letzte, der sich nicht zum Kauf hinreißen lässt. Da ich kaum Bleistifte benutze, habe ich nun Radiergummis für die nächsten 200 Jahre. Offensichtlich ist manchmal der Akt des Kaufens *an sich* befriedigend und vertreibt Langeweile, womit die Übergänge zur Pathologie fließend werden.

Neid und Prestigesucht

Ähnlich einleuchtend als Motiv für das Habenwollen ist der Neid. Er ist nicht dasselbe wie die in Veblens *Theorie der feinen Leuten* beschriebene Prestigesucht, jedoch werden beide durch den sozialen Vergleich genährt. Wir vergleichen uns mit anderen und beginnen einen (meist unheilvollen) Wettbewerb um Anerkennung – wollen also das haben, was der andere hat, oder ihn sogar ausstechen. Die Sucht nach Prestige ist sicherlich im ein oder anderen Fall dafür verantwortlich, warum wir für ein T-Shirt mit einem bestimmten Schriftzug zehnmal mehr hinlegen als für eines ohne Markenzeichen. Prestigesucht und Neid können zudem unethisches Verhalten fördern, wie den Kauf von Nachahmerware. Das lässt einen (oftmals verlauteten, aber auch häufig angezweifelten) Vorteil von Markenprodukten – die Qualität – vollkommen irrelevant werden. Was bleibt, ist die Funktion, mit der Marke in den Wettbewerb um die »reichste« Erscheinung und um gesellschaftliche Anerkennung zu treten.

Der Schaden durch Produktpiraterie und Fälschungen beläuft sich allein in Deutschland auf 30 Milliarden Euro im Jahr. Dies scheint Käufer von Betrugsware jedoch nicht sonderlich zu stören. Auf die Frage, warum sie Fakes kaufen, antworteten Versuchsteilnehmer in Studien von Giana Eckhardt und Kollegen Dinge wie: »Was stört das schon den reichen Gucci, wenn ich mir eine gefakte Tasche kaufe?« Diebstahl bleibt allerdings Diebstahl, egal wen man bestiehlt, und Prestige dürfte nicht als schuldminderndes Motiv durchgehen. Die deutschen Teilnehmer der Studie wünschten sich übrigens – wie so viele, die sich unethisch verhalten – strengere Gesetze, die sie davon abhalten würden, die Waren zu kaufen. Tatsächlich befriedigt aber viele der Gedanke, die Nachbarin mit einer teuer aussehenden Tasche aus dem Rennen zu schlagen oder den Nachbarn mit einem neuen Räuchergrill zu beeindrucken.

An dieser Stelle sei gesagt, dass die Neigung zum Wettbewerb nicht unbedingt Charaktersache ist, sondern durch eine Struktur oder Situation verursacht werden kann. Wenn in einer Familie mit drei Kindern das jeweils beste Zeugnis prämiert wird oder in einem Unternehmen Abteilungen gegeneinander um Ansehen kämpfen, verstärken sich die Effekte von Neid und Missgunst und können egoistische Interessen auch bei denjenigen in den Vordergrund treten, die von ihrer Persönlichkeit her eher wenig wettbewerbsorientiert sind. Dann kann es schon einmal passieren, dass aus einem lieben Kind ein wahrer Teufel wird, der die Schulbücher seiner Geschwister versteckt. Ich habe selbst erlebt, wie man in einen Strudel aus Konkurrenzkampf und Neid gerät, wenn die Struktur dies fördert. An den niederländischen Universitäten treten beispielsweise die psychologischen Abteilungen alle fünf Jahre gegeneinander an und werden nach Forschungsgeldern, Publikationen und Medienpräsenz bewertet. Wer gewinnt, erhält mehr Räume, mehr Personal, mehr (auch finanzielle) Ressourcen. Das hatte natürlich nicht nur negative Folgen, sondern führte zunächst einmal dazu, dass die Niederlande auf diesem Gebiet zum führenden Land innerhalb Europas wurden. Schnell hatten die Kollegen gelernt, möglichst viel zu publizieren und möglichst geschickt auf trendige Themen zu setzen, die bei Forschungsorganisationen besonders gut ankamen.

Es war interessant zu beobachten, dass in einer solchen Struktur der Wettbewerbsgedanke schnell auf jeden überspringt. Auch ich, der eigentlich gern für sich arbeitet und zwischen Themen hin und her springt, dabei gern Gedanken reifen lässt und auch mal welche verwirft, passte mich an. Wettbewerb ist wie ein Kleinejungenspiel, in dem einer ruft: »Ich bin schneller«, und anfängt zu laufen, und man läuft eben mit. Ich begann mehr zu schreiben, obwohl ich dazu keine Lust hatte, ich schlief weniger (ein Wettbewerbsvorteil) und fuhr häufiger zu Kongressen, um dort im Smalltalk wichtige Kontakte zu knüpfen. Jedoch widerstrebte es mir völlig, meine eigenen Forschungsinteressen der Forschungsmode anzupassen. Irgendwann kam ich mir vor wie eine Maschine, die einen Artikel nach dem anderen produzierte. Und wenn man ständig rennt und hastet, hat man keine Zeit mehr für die schönen Dinge des Lebens: Zum Mittagessen brachte ich mir wie die anderen Brote von zu Hause mit und fühlte mich allein, abends verfielen die Karten für die Oper, weil ich ständig noch eine Deadline, eine Telefonkonferenz oder einen wichtigen Gast in der Stadt hatte, den ich beeindrucken sollte. Wenn man ständig rennt, geht einem irgendwann außerdem die Puste aus. Gerade in einer solchen Struktur steht dann keiner am Wegesrand und hält einem eine Wasserflasche hin – die beim Laufen ohnehin nur behindern würde, weshalb man Helfer schon lange davor abgewimmelt hat. Meine Erfahrung lehrt mich, dass man solche Strukturen als Einzelner nicht ändern kann. Man sollte sie schlichtweg so schnell wie möglich verlassen, denn der Sog, der von ihnen ausgeht, ist stärker als man selbst.

Ähnlich unheilvoll kann der Wettbewerb im Konsumverhalten sein. Vor allem Eltern klagen. Wenn in einer Schulklasse ein Wettstreit um das schickste Handy oder das coolste Fahrrad beginnt und man bemerkt, wie ein vorher liebes, bescheidenes Kind plötzlich zu einem fordernden Tyrannen wird, sollte man nicht das Kind dafür verantwortlich machen, sondern vielmehr versuchen, diese Haltung bei einem Elternabend anzusprechen, um letztendlich die *Struktur* zu verändern. Allerdings sind in unserer materialistischen Gesellschaft, in der soziale Anerkennung durch den Besitz von Gütern angestrebt wird, solchen Versuchen Grenzen gesetzt. Gesetzt den Fall, dass man den Kampf verliert und alle anderen Kinder nun doch den Laptop der Marke XY haben, sollte man sich überlegen, ob man das eigene Kind dem Spott der anderen aussetzt, indem man sich dem Konsumzwang verweigert. Gerade Pubertierende orientieren sich gern an der Gruppennorm, und den Ausschluss seines Kindes aus der Clique zu riskieren, nur weil es das falsche Gerät hat, sollte gut überlegt sein. Es passt nicht in diese materialistische Zeit, in der solche Dinge erschwinglich sind – in jedem Fall sollte man schauen, ob ein Kind das Gehänsel aushalten kann. Allerdings scheinen manche Verhaltensweisen zurückzugehen, denn generell beobachte ich bei den Studierenden einen Trend hin zu einem weniger materiellen Leben – für jene, die alles hatten, haben die Dinge wohl an Wert verloren und sind gar nicht mehr so interessant.

Hedonismus und Konsumierenwollen – zwei Basismotive?

Neben den beiden Todsünden Neid und Gier, die vermutlich jedem einleuchten und für die es vermutlich keinen Psychologen brauchte, kann man sich die Frage stellen, ob schlichtes Habenwollen nicht im Wesentlichen auf zwei Grundmotiven basiert: Menschen wollen Dinge haben, weil sie sich daran erfreuen (hedonische Funktion) oder weil sie sie konsumieren müssen (utilitaristische Funktion). Wir haben Wasser, weil wir trinken müssen, und wir haben uns einen Teddy gekauft, weil er so verdammt niedlich ist und wir bei seinem Anblick immer schmunzeln.

Die utilitaristische Funktion erscheint trivial. Es ist logisch, dass Geld zunächst einmal einen Hygienefaktor darstellt –

wir müssen Grundbedürfnisse befriedigen. Ich behaupte, dass dieser Fall die meisten Leser aber gar nicht mehr betrifft. Beim Kaufen, selbst von solchen Dingen wie Mehl und Zucker, geht es nicht mehr um das Bedürfnis, satt zu werden, sondern um die Wahl zwischen Optionen, die man sich leisten kann oder will, und man kauft dann dasjenige, »mit dem man am glücklichsten ist«. Klar kann man sich für das billigste Mehl entscheiden – aber man hat sich *entschieden*, und das ist etwas anderes, als wenn dasselbe Mehl von einem Lastwagen abgeworfen wird, auf den man seit zwei Tagen magenknurrend in der Wüste gewartet hat. Armut ist in der Psychologie schlecht untersucht, jedoch wissen wir einiges über die hedonische Funktion des Konsums.

Hedonistische Motive zielen auf Stimmungsaufhellung ab, die ein wichtiger Bestandteil der Selbstregulation ist. Einkäufe können diese Funktion übernehmen – oder haben Sie es noch nie erlebt, dass der Kauf eines Schals oder eines Coffee to go einen miesen Tag erträglicher machte? Ich habe nie ein Geheimnis daraus gemacht, dass meine Zeit an der Universität Amsterdam schwierig war. Es ging mir richtig schlecht. Aber ich sah immer gut aus, hatte immer was Neues, Schickes – niemand merkte mir an, wie mies es mir ging. Ich kaufte viel. Ich belohnte mich damit förmlich für all die schlechten Tage. Und da es deren viele waren, türmten sich auf meinem Sofa bald die edlen Kissen, und die Sideboards bogen sich unter Geschirr und Dekomaterial. Da ich sowieso nichts tat als knechten und somit keine Zeit für Besuch hatte, funktionierte ich mein Gästezimmer zum begehbaren Kleiderschrank um. Mein Paradies war der Bijenkorf (Bienenkorb) am Dam, wo auch der königliche Palast steht. Für mich repräsentierte er *meinen* Palast, in dem ich zum König wurde. Er lag äußerst günstig auf meinem Weg nach Hause. Und die Tränen über meine Einsamkeit, die ich fast täglich auf meinem Heimweg weinte, wurden im Bijenkorf zu Kronleuchterkristallen. In unverkitschter Prosa: Das Kaufen hellte meine Stimmung auf. Anfangs zumindest.

Vielen geht es besser, wenn sie sich »etwas gönnen«. Diese Art der Stimmungsregulation wird uns in einer reichen, vielfältigen Konsumgesellschaft auch leichtgemacht: Viele von uns haben genug Geld, um sich fast alle Dinge des Lebens leisten zu können. Es scheint so, dass gerade die kleinen, erschwinglichen und täglich verfügbaren, aber häufig überflüssigen Produkte einen guten Dienst tun, denn mit ihnen tut der Einkauf »gar nicht weh«. Das ist der Trick der ganzen Discounter, die »Design« und »Luxus pur« billig verkaufen und uns so ermöglichen, die Kauffrequenz und damit die Häufigkeit von Stimmungs-Peaks zu steigern. Auch die Imbissbuden arbeiten mit erschwinglichen, kleinen Belohnern. Man muss sich nicht verschulden, man muss kein schlechtes Gewissen haben, wenn man sich ein Low-Fat-Sandwich am Stand kauft, obwohl man sicherlich für weniger Geld ein besseres schmieren könnte.

Ich verdiente in Amsterdam viel, aber ich kaufte nichts wirklich Großes, Teures oder Edles. Ich liebte das tägliche Eintauchen in diese Welt des Funkelns und der freundlichen Menschen im Bijenkorf, und es reichte für gewöhnlich ein kleines schönes Teil, um mich glücklich zu machen. Allerdings wurde mir erst nach einiger Zeit bewusst, was ich eigentlich allabendlich dort suchte. Ich stand unter einer monströsen schwarzen Mohrenpuppe, die sich immer wieder an einem Seil zur glitzernden Decke hochhangelte und, oben angekommen, wieder herunterfiel. »Das ist wie eine Apotheke hier«, dachte ich, »eine Selbstmedikation.« Ich wunderte mich zunächst darüber, weil es nicht der nächstliegende Gedanke war. Der kam mir erst danach. Dass nämlich dieser »Neger« (so nennen die Niederländer unverblümt Menschen mit dunklerer Pigmentierung) ein Sinnbild meines versklavten Ichs war. Ich stand unter diesem mir immer widerwärtiger werdenden Sinnbild – und kaufte am nächsten Tag schon wieder dort ein, und zwar eine französische Pfeffermühle im Sonderangebot, die angeblich Generationen überleben würde.

Von da an kam mir mein Gehalt immer mehr als eine Art *Schmerzensgeld* vor, und mancher Pulli vom Bijenkorf erschien mir wie ein *Trostpflaster.* Trostpflaster braucht man aber nur, wenn etwas schmerzt, und so begann ich mich genauer zu beobachten und erkannte mehr und mehr all die Aspekte, die mich beim Kaufen befriedigten. Es war nicht nur, dass die kleinen lustigen Dinge mich erfreuten, sondern, und nicht zuletzt, dass das Einkaufen den einsamen Abend an meinem überfüllten Schreibtisch verkürzte. Ich erlebte es wie eine Auszeit, und tatsächlich fiel mir sonst nichts ein, was mich in kürzester Zeit und ohne zeitliche Festlegung (der Schreibtisch zu Hause wartete!) ähnlich glücklich hätte machen können. Schöne Geschäfte, die nicht umsonst »Einkaufstempel« genannt werden, bieten uns wahre »Erlebniswelten«. Gutaussehende Verkäufer und Verkäuferinnen machen uns Komplimente (»That pants? Is a KILLER. You are SO sexy.«), überall gibt es etwas zu probieren, die Musik ist Wellness pur, Schaufenster mit sich bewegenden Teddybären bringen uns zum Lachen, die Düfte der Parfümabteilungen am Eingang führen uns in andere Welten, und die Restaurants braten uns spottbillige Wokgerichte »on the spot« (so wie im Urlaub!). Das erklärt auch, warum es uns häufig nicht um Qualität geht. Kauften wir etwas Hochwertiges, wäre unser Budget schnell erschöpft und wir hätten keinen Vorwand mehr zu kommen.

Rückt das Kauf-»Vergnügen« an die erste Stelle und geht es nicht mehr um die Produkte an sich, dann besteht die Gefahr, dass diese Art Kaufen irgendwann nicht mehr glücklich macht, sondern pathologisch wird, wie Untersuchungen von Helga Dittmar zeigen. Häufig schämen sich Menschen nach sinnlosen Einkäufen und haben wenig Respekt vor sich selbst.

Langfristig gesehen also eine dysfunktionale Stimmungsregulation.

Ich vermute, dass Kaufen und Konsum schlichtweg *einfache Arten* der Zielerreichung sind – und weil es so einfach ist, Kaufziele zu erreichen, denken wir nicht so sehr darüber nach. Folglich können Vernunftserwägungen keinen Einfluss mehr haben. Wir wissen aus der Motivationspsychologie, dass wir zufrieden, erleichtert, manchmal sogar richtig glücklich sind, wenn wir unsere Ziele erreichen. Im Gegensatz zu Habenzielen bedürfen viele andere Ziele umfangreicher Planung; sie beinhalten Verzicht, unliebsame Hindernisse oder können nur durch Anstrengung oder unter Kopfschmerzen erreicht werden. Ein paar Beispiele: Unser Ziel, jeden Tag eine Stunde Fitness zu betreiben, ist kein Pappenstiel, für akademische Leistungen müssen wir einiges investieren, und unser Ziel, heute Abend ein liebevoller Partner zu sein, scheitert ab und zu an der Realität, denn nicht immer kommen wir ausgeruht von der Arbeit, und nicht immer hilft unser Partner uns dabei, dieses Ziel zu erreichen. Dagegen ist Kaufen, jedenfalls in unserer übersatten Welt, so herrlich einfach. Ein Schal für fünf Euro, ein Riegel Schokolade, ein Stofftier für die Nichte, ein Nasenhaarschneider – all das ist ja so herrlich schnell zu beschaffen: Kaufhäuser gibt es überall, die Öffnungszeiten werden immer länger, und außerdem gibt es ja Internet. Und alles wird irgendwann zum Schnäppchen. Hat man es im Einkaufswagen, ist schon wieder ein Ziel erreicht. Grund, sich gut zu fühlen. Ein mögliches schlechtes Gewissen wird uns durch alle möglichen Tricks genommen. Es wird uns erzählt, die Produkte seien fettfrei, fair gehandelt, gut für unser Kind, hätten die und die Preise gewonnen, und es sind sowieso fast alles Sonderangebote – na, das hat sich doch in jedem Fall gelohnt, da muss man nicht zögern.

Dieses Glücksgefühl ist jedoch von kurzer Dauer. Schnelles Kaufen führt zu Fehlentscheidungen, und so kommt es, dass man erst zu Hause bemerkt, dass die grasgrüne Schale nicht in die ochsenblutfarbene Küche passt. Letztendlich wirft man solche Einkäufe fast unbenutzt weg. Vor billigem Zeug hat man auch kaum Respekt. Noch eines lehrt die Forschung: Was leicht zu beschaffen ist, ist weniger wert. Bei diesem motivationspsychologischen Prinzip der *Anstrengungs-Rechtfertigung* geht es nicht allein um den Preis, sondern um jede Anstrengung, die man investiert. Demnach sind Clubs mit einer »schwierigen Tür«, vor der also bärbeißige Türsteher positioniert sind, attraktiver als Bars, in die jeder reinkann. Genauso sind Wohnzimmerkonzerte, die nur Platz für wenige bieten, ultra angesagt und ist die Bitterschokolade aus dem Fachgeschäft am anderen Ende der Stadt wertvoller als die von Lidl, die wir noch von letztem Weihnachten in der Schublade haben.

Vielleicht ist das auch einer der Gründe dafür, warum wir so viel Brot wegwerfen. Das Zeug ist spottbillig geworden, man kann es an jeder Ecke kaufen, und man sieht inzwischen Rentnerinnen, die frisches Brot von Backshops an Tauben verfüttern. Mir ist an mir selbst aufgefallen, dass ich hochwertiges Brot ganz anders behandle. Wenn ich den Bäcker kenne, weiß, wie sorgfältig er arbeitet, und zu der Überzeugung gelange, dass ich mit seinem Brot etwas Wertvolles in Händen halte, mache ich mir die Mühe, ältere Reste aufzutoasten und ganz alte zu Paniermehl zu verarbeiten.*

Hedonische Ziele erklären Kaufverhalten also durchaus. Der Wert eines Produktes und die Wahrscheinlichkeit, dass

* Vielleicht muss Brot einfach wieder teurer werden, damit es wertgeschätzt wird? Wenn man bedenkt, dass man teures Brot eher vollständig verwertet, dann ist es letztendlich gar nicht mehr so teuer. Es ist dieselbe Rechnung, die man aufmachen kann, wenn man den Rest der fantastischen Pizza eines Könners mit nach Hause nimmt und am anderen Tag mit Genuss isst – im Vergleich zu einer Tiefkühlpizza, die kalt völlig ungenießbar ist. Aber ich habe gut reden, als Professor …

wir es kaufen, hängen davon ab, ob wir es lebensnotwendig brauchen und welchen Erfolg wir uns davon hinsichtlich einer Stimmungsaufbesserung versprechen. Manche Produkte sind längerfristig wenig beglückend, und manchmal ist der Kaufakt schöner als das Produkt selbst, weshalb man bei der Ermittlung des Erfolgs (wurde das Ziel eigentlich erreicht?) den Zeitpunkt mitbedenken muss.

Bei bestimmten Verhaltensweisen des Habens, wie dem Raffen oder Horten, scheinen eher andere Gründe entscheidend zu sein. Warum haben meine Schwiegereltern fünf Stück Butter im Kühlschrank? Warum kauft meine Mutter immer so viel Brot, dass sie ständig altes Brot isst? In der älteren Generation leben Verhaltensmuster fort, die früher sinnvoll waren, jetzt aber weniger funktional sind, wo unsere Welt doch eher eine Erholung vom Produzieren und Konsumieren brauchte, genau wie unsere Körper meist weniger statt mehr Kalorien. Diese Verhaltensweisen haben weder etwas mit Freude am Kaufen noch mit einem Konsumieren aus Notwendigkeit zu tun, vielmehr brauchen wir andere Motive, um sie erklären zu können. Meine Beispiele aus der Kriegsgeneration lassen ein Grundbedürfnis hochkommen, das eine Rolle spielen könnte: Sicherheit.

Sicherheit

Jeder Mensch braucht *Sicherheit,* sonst wird er verrückt. Sicherheit ist in der berühmten Bedürfnispyramide von Abraham Maslow das Grundbedürfnis, das direkt nach der Befriedigung von physiologischen Bedürfnissen (Hunger, Durst etc.) kommt und das befriedigt werden muss, weil sonst soziale Ziele oder Selbstverwirklichungsziele nicht in Angriff genommen werden könnten. Maslow sah das Sicherheitsbedürfnis in seiner Zeit, der Mitte des letzten Jahrhunderts, als weitgehend befriedigt an – für ihn hatten nur Neurotiker und soziale oder wirtschaftliche Außenseiter ein unerfülltes Sicherheitsbedürfnis.

Diese Betrachtung mutet recht unpsychologisch an, denn Menschen können sich *subjektiv* unsicher fühlen, ohne dass man, *objektiv* betrachtet, Gründe dafür sehen könnte. Vielen macht die finanzielle Zukunft Sorgen – und selbst jene, die einen Job haben oder die ein Eigenheim besitzen und etwas auf dem Sparkonto haben, sind verunsichert oder gar ängstlich. Kommt eine weitere Wirtschaftskrise? Was wird aus dem Euro? Gibt es die globale Erwärmung, und was passiert dann? Nehmen uns »die Ausländer« die Butter vom Brot? Im Gegensatz zu Maslows Modell ist *Unsicherheit* in der heutigen Psychologie ein sehr weitgehendes Konzept. Es betrifft nicht nur Grundbedürfnisse, sondern alle möglichen subjektiven Zustände, in denen Menschen Zweifel an sich und ihren Fähigkeiten haben, in denen sie das Gefühl haben, etwas nicht zu verstehen oder zu erkennen, oder in denen sie glauben, die Kontrolle verloren zu haben. Schon das Gähnen einer Studentin im Hörsaal kann mich *subjektiv verunsichern*, genauso wie ich vor einem eigentlich schönen Event, nehmen wir eine Schiffsreise, *subjektiv nervös* sein kann.

Theoretisch gesehen, birgt jede neue Situation Unsicherheiten. Ich weiß schließlich nie, was mich hinter der nächsten Tür erwartet, und ich weiß nie mit Gewissheit, wie der nächste Tag ablaufen wird, ob ich mich in einer neuen Stadt wohl fühle oder ob mir das unbekannte Land gefällt, in das ich gerade reise. Ich erinnere mich daran, wie mir der berühmte New Yorker Psychologe Walter Mischel ein Stellenangebot machte und ich mit der Begründung ablehnte, dass ich mir eine Stelle an der Columbia University nicht zutrauen würde. Er antwortete: »Jens, das Leben ist unsicher. Immer und überall.« Ich lehnte trotzdem ab – und das, obwohl ich dort zwei Jahre als Postdoktorand gearbeitet und die Stadt lieben gelernt hatte. Um an »der Columbia« eine Lebenszeitstelle anzunehmen, dazu fehlte mir der Mumm. Das Beispiel soll auch zeigen, wie stark Sicherheitsbedenken in unser Leben eingreifen können; sie bestimmen unsere Karrieren und unsere Beziehungen. Zudem beeinflussen sie nichts Geringeres als die Weltpolitik. Wir erinnern uns daran, dass der Atomkurs der deutschen Regierung nach der Katastrophe in Fukushima geändert wurde. Für viele internationale Medien war das ein Beispiel für die irrationale *German Angst* und wurde von ihr seitdem häufig als Paradebeispiel für »falsche Entscheidungen aus Unsicherheit« angeführt.

Unsicherheit ist ein übergreifender Motivator für sehr viele unterschiedliche Verhaltensweisen, der unsere Gefühle, unser Denken und unsere Urteile bestimmt. So argumentiert Tory Higgins in seiner einflussreichen Theorie des regulatorischen Fokus, dass *Sicherheit* und *Wachstum* zwei Grundbedürfnisse sind, die jeder Mensch befriedigt sehen will. Jeder Mensch braucht Schutz, Sicherheit und eine gewisse Kontrolle über seine Umwelt. Außerdem braucht jeder die Möglichkeit, zu wachsen, sich selbst zu verwirklichen und das Umfeld und sein Leben mitzugestalten. Aus diesen Bedürfnissen erwachsen Ziele, die Menschen fokussieren. Tory Higgins spricht von einem *Prevention-Fokus*, der aus einem *Sicherheitsbedürfnis* erwächst, und einem *Promotion-Fokus*, der auf dem *Wachstumsbedürfnis* basiert. Menschen können die beiden Fokusse im Lauf ihres Lebens als Persönlichkeitsmerkmal entwickeln, das heißt einen mehr oder weniger hohen Promotion- oder Prevention-Fokus haben. Haben sie einen Promotion-Fokus, dann kreisen ihre Ziele um Ideale, Wünsche und Hoffnungen.

Eigene Forschung zeigt, dass Menschen mit einem Promotion-Fokus kreativ sind, schnell und spontan auf Ereignisse zugehen, entscheidungsfreudig und Neuem gegenüber aufgeschlossen sind und dass sie keine Scheu vor Risiken haben. Menschen mit einem starken Prevention-Fokus kümmern sich hingegen eher um die Einhaltung von Pflichten als um ihre Ideale. Solche Menschen sind analytisch, eher vorsichtig, langsam, dafür genau. Sie sind zudem eher ängstlich und gehen nicht gern Risiken ein.

Die beiden Fokusse sind aber nicht nur Persönlichkeitsmerkmale, denn Sicherheits- oder Wachstumsbedürfnisse können auch in der Situation wachgerufen werden. Wirtschaftskrisen, Kriege und Katastrophen wie Tschernobyl und Erdölkatastrophen können spontan einen Prevention-Fokus auslösen, genauso wie Unsicherheiten im Beruf, drohende Arbeitslosigkeit oder ständige Kritik oder Beschuldigungen, denen man ausgesetzt ist. Situationen, die als sicher empfunden werden, in denen vor allem positives Feedback gegeben wird, wo Erfolge eingefahren werden und in denen riskantes Verhalten belohnt wird, aktivieren dagegen einen Promotion-Fokus, mit dem Menschen ihren Idealen nachgehen können. Im Gegensatz zu Maslows Sichtweise liegen Sicherheit oder Wachstum häufig im Auge des Betrachters und sind nicht objektivierbar. Für jemanden im Prevention-Fokus kann ein schönes Ereignis wie beispielsweise ein Geburtstag Ängste auslösen. Hat man genug Kuchen eingekauft, gefällt den Gästen die Deko, ist alles sauber? Dagegen kann eine neue oder unsichere Situation für jemanden im Promotion-Fokus durchaus auch einmal als eine Herausforderung gesehen werden, in der er zeigen kann, wozu er fähig ist.

Einige Theorien sehen eine Beziehung zwischen Sicherheitsbedürfnissen und Materialismus. Für Erich Fromm etwa ist Haben ein Irrglaube, eine falsche Strategie, um Sicherheit herzustellen. Man hat etwas, um sich sicher zu fühlen, obwohl man sich damit tatsächlich von seinem Besitz abhängig mache und in ständiger Angst leben müsse, etwas davon zu verlieren: »Wenn *ich bin, der ich bin,* und nicht, was ich *habe,* dann kann mich niemand berauben und meine Sicherheit und mein Identitätsgefühl bedrohen.« Teil des Sicherheitsbedürfnisses wird durch Besitz befriedigt, weil man seinen Besitz kennt und glaubt, sich im Vertrauten sicher zu fühlen. Für Fromm ist der *Habenmodus* jedoch Stillstand, während der *Seinsmodus* Bewegung bedeutet. Im Zustand des Seins werden *Lernen, Erfahren* und *Neues-Entdecken* wichtige Motivatoren. Ein Held ist für ihn daher jemand, der, so wie etwa Buddha, Besitz, Rang und Abhängigkeiten abgibt und sich auf eine Reise ins Unbekannte begibt. Viele andere Helden wie Jesus Christus, Odysseus, Abraham oder Moses haben sich selbst verwirklicht, indem sie wenig bis nichts hatten und aufgebrochen waren, um Neuland zu entdecken. Es ist also gerade die Risikobereitschaft, unsicheres Terrain zu betreten, die ein gutes Leben erlaube, und es ist die Unsicherheit, die Menschen davon abhält. Man würde diesen Helden, die sich gern auf Neues einlassen, gemäß der Theorie des regulatorischen Fokus einen Promotion-Fokus zusprechen.

Fromm, der für den Habenmodus absolut nichts übrighat, hat sich meiner Meinung nach jedoch vor allem mit dem Horten beschäftigt. Er machte zwar einen deutlichen Unterschied zwischen *funktionalem Haben* (Haben, um überleben zu können) und *charakterbedingtem Haben* (Haben aufgrund einer falschen Sozialisation, das nicht glücklich macht), beschäftigte sich aber vor allem mit Letzterem – der Raffgier, die allein auf den Besitz um des Besitzes willen fokussiert und damit unweigerlich zum Horten oder Verschwenden führt.

Nun wäre es naheliegend, das funktionale Haben in Beziehung zu Sicherheitsmotiven zu setzen. Wenn ich Not leide, wenn ich etwas wirklich nötig habe und haben *muss* wie Nahrung, Wasser oder ein Dach über dem Kopf, dann erreiche ich durch Haben zunächst einmal eine Grundsicherheit. Sobald diese minimalen Bedürfnisse (so werden die Grundbedürfnisse häufig genannt) befriedigt sind, kommen andere, maximale

Ziele, wie Selbstverwirklichung, Moral, Ästhetik etc. ins Spiel. Frei nach Brecht könnte man sagen: Erst kommt das Fressen, dann alles Weitere. Selbstverwirklichungsziele sollten eher mit Idealen zu tun haben. Während Unsicherheit eine Normalität in Situationen der Armut ist, in denen funktionales Haben an erster Stelle steht, kann sie zu pathologischem Verhalten führen, wenn Menschen, obwohl alle Grundbedürfnisse befriedigt sind, Unsicherheit durch Kaufen reduzieren wollen. Helga Dittmar zeigt jedoch in ihren Studien zu normalem und pathologischem Kaufverhalten, dass auch Menschen, die durch das Kaufen von Gütern ihre Maximalziele wie Selbstverwirklichung, Kreativität oder ästhetischen Genuss verwirklichen möchten, mehr kaufen.

Die Frage, die sich uns stellte, aber war, *welche Produkte* Menschen aus einem Gefühl der Unsicherheit in satten Zeiten kaufen. Lioba Werth und ich vermuteten, dass Menschen im Prevention-Fokus Wert auf Produkte legen, die sie für notwendig halten und die ihnen Schutz bieten, während die Selbstverwirklichungstendenz im Promotion-Fokus zu einem Interesse an Luxusprodukten führt. Zur Erinnerung: Luxus wird in der Konsumentenpsychologie gemeinhin als etwas verstanden, was neben der Funktion, das Überleben zu sichern, weitere Aspekte bietet, wie Spaß, Komfort, Geselligkeit oder ästhetisches Vergnügen. Menschen im Prevention-Fokus, so unsere Annahme, würden beim Kaufen von Waren viel mehr deren Sicherheitsaspekte schätzen als Menschen im Promotion-Fokus. Der Hypothese entsprechend fanden wir heraus, dass Versuchsteilnehmer mit einem Prevention-Fokus bei Armbanduhren eher auf die Länge der Garantie und bei einer Sonnenbrille auf den UV-Schutz achteten, während diejenigen im Promotion-Fokus mehr daran interessiert waren, ob die Produkte angesagte und schicke Extras hatten (wie Zeitzonenverstellbarkeit oder einen schönen Ohrbügel). Versuchsteilnehmer mit einem Promotion-Fokus gaben für Luxusprodukte wie Lippenstifte mehr Geld aus als Menschen mit einem Prevention-Fokus. Letztere investierten dafür mehr Geld in Kondome.

Diese Forschung zeigt, dass Sicherheitsmotive durchaus eine Rolle beim Konsumieren spielen – allerdings eher bei Gütern, die nicht als Luxus, sondern als Notwendigkeiten empfunden werden. Zukünftige Forschung sollte untersuchen, welche Rolle die Unsicherheit beim Erwerb von vernünftigem und unvernünftigem oder bei ichbezogenem und ethischem Kaufverhalten spielt. Es ist mir keine Forschung bekannt, die eine solche Unterscheidung in Bezug zur Sicherheit setzt, ich würde jedoch vermuten, dass Menschen im Prevention-Fokus, denen das Einhalten von Verpflichtungen und Regeln wichtig ist, sich eher ethisch verhalten und daher weniger Imitate und mehr Fair-Trade-Produkte kaufen und eher biologisch essen. In einem Promotion-Fokus, in dem Selbstverwirklichung das Verhalten antreibt, könnte man beim Anblick eines tollen Pullis ethische Bedenken, warum er so billig ist oder ob er fair produziert wurde, eher in den Hintergrund drängen und sich stattdessen von dem Gedanken leiten lassen, wie sexy man darin aussieht.

Generell kann ein umweltbewusstes Verhalten natürlich zum inneren Wertekanon einer Promotion-fokussierten Person gehören. Häufig aber wird ethisches Verhalten in unserer Welt als lästige und notwendige Pflicht, als Verantwortung oder »Muss« verstanden und nicht als eigenes, frei gewähltes Ziel. Würde man es als Ideal verstehen (»Ich tue das, damit die Welt wieder wachsen kann«), würde auch jemand im Promotion-Fokus motiviert sein, sich ethisch zu verhalten.*

* Wie oben schon beschrieben, können selbst Seinsziele als Pflichten verstanden werden, wenn sie zu »Must Dos« werden, wie Yogakurse, Hochzeiten oder Fußballspielbesuche mit dem Chef. Es hängt also davon ab, wie wir Ziele kommunizieren bzw. wie sie konstruiert werden, damit sie auf einen jeweiligen Fokus passen.

Weiterhin kann man zwischen riskantem und vorsichtigem Konsumverhalten unterscheiden. Es gibt Menschen, die vorwiegend die vertrauten Produkte kaufen, während andere gern einmal etwas Neues und Unbekanntes probieren. Im Allgemeinen aber mögen Menschen vertraute Dinge lieber. Robert Zajonc zeigte in seinen Experimenten manchen Versuchspersonen bestimmte unbekannte Schriftzeichen 20 Mal, machte sie also damit vertraut, während andere Versuchsteilnehmer dieselben Zeichen nur je ein einziges Mal zu sehen bekamen. Üblicherweise ergeben solche Untersuchungen eine generelle *Neophobie*, das heißt den Effekt, dass Versuchsteilnehmer Dinge ablehnen, mit denen sie nicht vertraut sind. Dies kann einen evolutionären Hintergrund haben, denn als wir noch in Wald und Steppe lebten, war es vermutlich eine Überlebensstrategie, sich unbekannten Menschen oder Ereignissen erst einmal vorsichtig anzunähern; dem Neuen, Unbekannten trat man stets skeptisch gegenüber. In der heutigen Welt, wo wir ständig Neuem ausgesetzt sind, ist eine vermeidende Tendenz allerdings nicht besonders funktional – wenn wir uns fortwährend vor neuen Situationen, Produkten und Menschen ängstigen würden, kämen wir nicht weit. Die meisten Menschen leben schließlich nicht mehr in einem Dorf, in dem jeder jeden kennt, und die rasante Entwicklung von (zum Beispiel elektronischen) Produkten erfordert schlichtweg eine ständige Anpassung an das Neue. In eigener Forschung konnten Marleen Gillebaart, Mark Rotteveel und ich nachweisen, dass Versuchsteilnehmer im Prevention-Fokus tatsächlich Vertrautes neuen Ereignissen vorziehen, während ein Promotion-Fokus genau Letztere favorisiert. Ein Gefühl von Unsicherheit ist also entscheidend für die oft beobachtete Neophobie. Ist man dagegen weniger ängstlich und besorgt, öffnet man sich Neuem gegenüber schneller. Wiederum belegen diese Befunde, wie viel Wert man darauf legen sollte, *was* konsumiert oder gekauft wird, wenn man bestimmte Motive wie

Unsicherheit voraussetzt. So werden Menschen mit Selbstverwirklichungsmotiven eher Innovationen kaufen als solche, die in irgendeiner Weise verunsichert sind.

Der *Tod* ist für den Menschen vermutlich die *ultimative Unsicherheit*. Neuere Forschung zeigt, dass Menschen, die an den Tod denken oder gerade eine Todesbedrohung erlebt haben, gern die Kreditkarte zum Glühen bringen. Man mag es als verstörend empfinden, aber von Oktober bis Dezember 2001, also nach dem existenziell so bedrohlichen 11. September, shoppten die Amerikaner im Schnitt sechs Prozent mehr, als zu erwarten gewesen wäre. Jamie Arndt und Kollegen haben die sogenannte *Terror-Management-Theorie* von Sheldon Solomon, Jeff Greenberg und Tom Pyszczynski auf Konsumverhalten angewandt und herausgefunden, dass Konsum eine Möglichkeit ist, die menschliche Todesfurcht zu mildern.

Das Wissenschaftlerteam hatte in vielen Untersuchungen gezeigt, dass Todesbedrohungen zu einem eher *konservativen Verhalten* führen. Amerikanische Versuchsteilnehmer, die an ihren eigenen Tod gedacht hatten, waren beispielsweise eher bereit, sich höheren Strafen für das Verbrennen der amerikanischen Flagge oder für unerlaubte Prostitution auszusetzen. Sie neigten außerdem dazu, nationalistischer zu werden und Andersdenkende oder Nicht-Amerikaner zu diskriminieren. Die Forscher zeigen weiterhin, dass dies allesamt Mittel sind, um das Selbstwertgefühl zu heben, das durch Todesgedanken unweigerlich ins Wanken gerät. Warum steigt der Selbstwert, wenn wir uns Gruppennormen anpassen? Unser Selbstwert, so Beobachtungen, wird stark durch die Anerkennung anderer in unserer Gesellschaft bestimmt, und wenn wir mit ihnen »auf Linie« gehen, uns also den Normen unserer Gesellschaft konform verhalten, erhoffen wir uns Anerkennung und erhalten sie auch oft.

Nach Jamie Arndt ist Shoppen in einer materialistischen

Gesellschaft, in der der Wert eines Menschen häufig durch seinen Besitz bestimmt wird, nichts anderes als ein konservatives, an die Gruppennorm angepasstes Verhalten. Wird mein Selbstwert durch den Tod in Frage gestellt, werde ich mir klar darüber, dass ich doch nur ein Tier bin und sterben muss. In diesem Fall hilft mir vielleicht ein schöner Chromometer am Handgelenk, Besseres über mich zu denken – und schon verliert sich die Kreditkarte im Maul der Zahlmaschine. Zudem nimmt uns etwas Teures und Edles wie eine Uhr aus der Schweiz alles Tierische – und macht uns für eine Zeit unsterblich: »Eine treibende Kraft hinter menschlichem sozialen Verhalten ist das Verfolgen symbolischen Prestiges zur Leugnung der körperlichen Grenzen eines biologischen Lebens«, so Arndt. Dabei scheint nach dem 11. September in den USA vor allem der Verkauf nationaler Symbole wie Flaggen angestiegen zu sein, was wiederum den Zusammenhang zwischen Konservatismus, Anpassung an die Norm und Todesbedrohung anzeigt.

Zu guter Letzt überlebt uns unser Eigentum und gibt somit Zeugnis von uns, längst nachdem wir unsere biologisch vorgegebenen Grenzen erreicht haben. Die Briefe, die mein Vater mir einst schrieb, die Geige, die er mir schenkte, die Zwergenseife, mit der er uns die Hände abschrubbte – all diese Dinge machen ihn für mich (für eine absehbare, aber tröstliche Zeit) unsterblich. Unser Besitz verlängert somit symbolisch gesprochen unser Leben, und so schlagen wir dem Tod ein Schnippchen. Das Geschirr mit der Goldkante von Tante Elli hat dabei eine ähnliche Funktion wie der Pyramidenbau bei den Ägyptern: Die verbleibenden Dinge verleihen ewiges Leben.

Auch unsere Bestattungsrituale zeigen den Mechanismus der Aufwertung des Verstorbenen durch Dinge. Früher und in vielen Gegenden Deutschlands noch heute sieht man, wie Trauernde in einen Wettstreit mit ihren Nachbarn treten, wenn sie ihre Toten schmücken. Ich erinnere mich, wie die Frau im Beerdigungsinstitut uns zuraunte: »Natürlich wird er verbrannt, aber den Sarg sehen doch alle. Also ICH würde meinem Vater etwas Stilvolleres kaufen. Das ist doch ein Symbol dafür, wie viel er Ihnen wert war.« Und ein Friedhofsgärtner gab zu bedenken, dass bei Urnengräbern die Grabstellen so klein seien, dass sie eventuell kaum beachtet würden. Ob wir das denn Kurt Förster, den doch jeder in Lübbecke gekannt hätte, antun wollten. Erst Jahre später, nachdem sich die Trauer gelegt hatte, erkannte ich hinter den fürsorglichen Ratschlägen die schnöden Marktstrategien. Die Verkaufstaktik des Friedhofsgärtners spiegelt sogar beinahe wörtlich die Hauptthese der Terror-Management-Forscher wider: Mit seinen Worten erweckte er den Toten wieder zum Leben, denn nur Lebenden »tut man etwas an« (= Leugnung des Todes), und die Dinge, die bleiben, zeigen seinen Wert an (großes Grab = wertvoll).

Solche Verhaltenstendenzen zeigen sich freilich nicht nur in Ostwestfalen-Lippe, sondern sind wohl kulturübergreifend. Samuel Bonsu und Russell Belk (2003) berichten etwa von den Asante in Ghana, dass sie ihre Toten mit Kostümen und Wertgegenständen ausstatten, die fast ein fünffaches Jahresgehalt verschlingen. Auch hier zeigt sich die Idee der Todesleugnung durch materielle Wertschätzung, die weder bei den Ansante noch bei uns völlig bewusst sein müssen, um wirken zu können. Insgesamt produziert meiner Meinung nach die Auseinandersetzung mit dem Tod bei vielen eine große Unsicherheit, die, wie wir gesehen haben, auf vielfältige Art und Weise Kaufverhalten motivieren kann. Im Angesicht des Todes müssen wir uns verteidigen; er versetzt uns in einen Prevention-Fokus.

Die mannigfaltigen Formen der Sicherheit scheinen sehr entscheidend für Habenziele zu sein, und die Literatur ist voll von Theorien und Befunden zu Unsicherheit, Angst und Materialismus. Ich will dieser Literatur nicht widersprechen, möchte aber hinzufügen, dass das Verfolgen mancher Seinsziele ebenfalls durch Unsicherheit motiviert ist. Der Jugendliche, der sich besäuft, um bei seinen Peers anerkannt zu sein; der Student, der nach dem Bachelor »zur Sicherheit« einen Master nachschiebt; der Vater, der das Kind »sicherheitshalber« taufen lässt (man weiß ja nie, ob es einen Gott gibt, der einem sonst grollt …) – dies alles sind Beispiele dafür, dass das Sicherheitsbedürfnis auch in diese Richtung motivieren kann. Die Terror-Management-Forscher zeigen dementsprechend immer wieder, dass durch den Tod eingeschüchterte Versuchspersonen stärkere Bande zu ihrer Peergroup knüpfen – und mit diesem recht unmaterialistischen Mittel Seinsziele erreichen (wie Sicherheit wiederherstellen). Wie bereits erwähnt, ist Sicherheit eines der wichtigsten und elementaren Grundbedürfnisse des Menschen – insofern sollte es nicht verwundern, dass dieses Bedürfnis in viele Bereiche des täglichen Lebens hineingreift.

Allerdings scheinen in der Literatur die Beispiele zu überwiegen, in denen Menschen in Unsicherheit auf materielle Güter zurückgreifen. Es steckt sozusagen in den Dingen, dass sie sicherer sind als kaum zu erkennende Zustände des Seins. Wenn man etwas hat, dann kann das jeder sehen. Man kann es greifen, tasten, riechen, schmecken. Üblicherweise weiß man, was materielle Güter bedeuten, was sie wert sind und wofür man sie einsetzen kann. Allein dies ist ein Vorteil von konkreten Objekten gegenüber Ideen. Ich wurde einmal gefragt, ob es mir Sicherheit gibt, dass ich Professor bin, und ich habe spontan geantwortet: »Wieso denn? Das sieht ja keiner.« Würde ich in einem Talar durch die Gegend schweben, mein Professorsein also durch Objekte erkennbar machen, könnte man eine höhere Selbstsicherheit durch den signalisierten Status vermuten. Solche »Verkleidungen« waren früher speziell dafür erfunden worden, nicht nur den Status, sondern auch ein bestimmtes Wertesystem und die Zugehörigkeit zu einer gesellschaftlichen Gruppe sichtbar zu machen. Dieser Funktion widmen wir uns im nächsten Kapitel.

Haben als Selbstexpansion

»Je suis ce que j'ai«, sagte Jean-Paul Sartre, »ich bin, was ich habe.«

Im Mai 2014 kündigte ich in Amsterdam. Ich fühlte mich befreit, allerdings ging es mir weniger gut, als ich mich wenig später bei der Kölner Agentur für Arbeit arbeitslos melden musste. Es war ein sonniger Tag, schon morgens um acht Uhr war es warm. Als wir zum Arbeitsamt kamen, wartete bereits eine riesige Schlange auf Einlass. Fast alle, so schien es, waren vor mir gekommen. Ich beobachtete die Leute. »Du und dein Röntgenblick. Das ist das Arbeitsamt. Da geht man nicht zum Arbeiten hin, sondern um sich arbeitssuchend zu melden …«, hörte ich meinen Mann in meinem Rücken. Er lächelte aufmunternd. »Berufskrankheit«, gab ich zurück. »Hier ist das wohl auch ein gutes Beruhigungsmittel, oder?«, sagte er, fasste mich an der Schulter und führte mich langsam in die graue Halle. Er hatte ja recht, das Beobachten erlaubte mir, die unschöne Situation besser zu ertragen. Er hatte bemerkt, wie dreckig es mir die Nacht davor gegangen war.*

Kaum jemand kam allein. Vor allem bei jungen Frauen war die Mutter dabei. Oder die Töchter begleiteten die Mütter. Kaum jemand sah so aus, wie man sich Arbeitssuchende vorstellt. Nur einer entsprach dem Stereotyp, trug viele Tattoos,

* Dem aufmerksamen Leser mag nicht entgangen sein, dass mir hier ein Seinszustand (Beobachten) geholfen hatte.

ein Loch im Ohrläppchen und eine Zimmermannshose mit Bieröffner am Gürtel, aber der fiel aus dem Schema. »Vielleicht ein Künstler?«, sagte mein Mann. Auch er nahm ihn eher als Ausnahme wahr. Alle anderen waren herausgeputzt, als ginge es zu einem Bewerbungsgespräch. Es waren auch viele ältere Herren in der Schlange; die waren meist allein. Einer, ich schätzte ihn auf Ende 50, stand vier Leute vor mir. Er fühlte sich sichtlich unwohl. In einen Anzug gekleidet, der aus viel zu schwerem Stoff bestand, kam er mächtig ins Schwitzen. Ich bemerkte einige abgewetzte Stellen an Jackett und Hose und schämte mich für meinen kalten Geist, der an der Art des Sitzes und der Nähte feststellte, dass diese Kleidung niemals hochwertig gewesen war. Die Schulterpolster stammten aus einer anderen Zeit, waren verklumpt, die Hosenbeine zogen sich hoch wie Korkenzieher; das Revers wölbte sich nach außen. Der Anzug sprach dafür, dass der Mann schon seit langem kein Geld hatte, aber so anständig wie nur möglich hier erscheinen wollte.

Der Herr sah abwechselnd auf die Uhr und auf sein Handy und korrigierte fortwährend den Griff seines Aktenkoffers. Kämmte sich noch einmal verstohlen, als die junge Frau vor ihm am Schalter die Formulare zusammenraffte, setzte sich in Bewegung und schwenkte dabei geschäftig seinen Aktenkoffer, als müsse er zum Dienst und wäre spät dran. Der Koffer war viel teurer als die Gesamtsumme dessen, was der Mann sonst an sich trug. Ich persönlich fand ihn nicht schön, aber es handelte sich um ein gängiges Modell, wie es Männer zum 50. Geburtstag geschenkt bekommen, wenn die ganze Familie zusammenlegt. Cognacfarbenes Leder, handgenähte Kanten und diese wohl unvermeidlichen messingfarbenen, glänzenden Zahlenschlösser.

Als er nach vorn trat, sah ich für einen Moment weg, weil mir schon mein Hinsehen übergriffig vorkam. Dann aber knallte etwas mit solcher Wucht auf den Boden, dass ich unweigerlich wieder hinschaute. Offenbar hatte der Mann seinen Koffer auf die Ablage am Schalter gestellt, ihn geöffnet, und dann war er ihm entglitten. Seine Formulare – Lebenslauf, Ehevertrag, Formular 1, 2, 3, allesamt in Plastikhüllen gesteckt – waren über den gebohnerten Boden verstreut, der so roch wie damals die Flure meiner Grundschule. Und dies war tatsächlich die Grundschule des Lebens, in der wir uns nun alle wie Kinder benahmen: Keiner half, die Papiere zusammenzusuchen. Neben mir stöhnte eine Frau abfällig »Mannmannmann«, was aber nicht gut ankam.

Ich rückte ein wenig näher an meinen Mann, der später mit mir seinen Eindruck teilte, dass sich alle fein angezogen hatten. Dass es neben Bohnerwachs nach Eau de Toilette und einem Schuss zu viel Weichspüler gerochen hatte. Dass die Frisuren saßen und selbst die Männer ihre Fingernägel weiß geschrubbt hatten. Ich hatte übrigens meine hirschledernen Schuhe an, die so teuer sind, dass man es nicht erzählen möchte. Und das Beste: Man sieht es. Sicher, für eine ideale Welt hätte ich den Wunsch, dass so etwas nicht zählt.* Aber in der realen Welt zählt es und wirkt es, sonst hätten wir uns nicht alle so zurechtgemacht. »Weil wir in dieser verdammten Situation zeigen wollen, dass wir Würde haben«, war mein Erklärungsversuch. Und genau aus diesem Grund war es so gemein vom Schicksal, dass der Versuch, mit Hilfe eines edlen Aktenkoffers Würde in einer würdelosen Situation herzustellen, so kläglich gescheitert war. Das hatte alle in eine Schockstarre versetzt.

Es schien mir, dass Dinge, selbst luxuriöse Güter, manchmal zu Notwendigkeiten werden können, besonders in einer Gesellschaft, in der einem Würde und Status so schnell genommen werden können. Als Psychologe bin ich geneigt, die Auf-

* Ja, in dieser würdelosen Situation war mir mein Selbstexperiment zu freiwilligem Verzicht für einen Tag lang scheißegal.

rechterhaltung des eigenen Selbstwerts und der menschlichen Würde für wesentlich zu halten. Ändert von mir aus die Gesellschaft, damit Luxusgüter zu einer lächerlichen Hülse werden; aber bei uns, im Materialismus, hilft eine Tasche, eine Uhr, eine Kette, sich nicht nackt zu fühlen. Und schafft gefälligst Arbeitsplätze. Damit keiner mehr so tun muss als ob.

Das Beispiel mag Sartres Beobachtung illustrieren, dass die Dinge ein Teil unseres Selbst sind. Wir zeigen durch die Güter, die wir besitzen, wer wir sind oder sein möchten. Nämlich zunächst einmal ein Mensch, den man gut und respektvoll behandeln soll. Die Dinge, die wir haben, geben weiterhin Hinweise auf unser Wertesystem. Ein berühmter Kollege aus New York trägt das ganze Jahr über ausgewaschene Tier-T-Shirts. Damit zeigt er, dass ihm Tiere wichtig sind, und lässt uns zudem wissen, dass sein Status ihm persönlich vollkommen unwichtig ist. Wenn man ihn so sieht, käme man nicht unbedingt auf die Idee, ein preisgekröntes Genie vor sich zu haben. Gleichermaßen zeigen viele Jungs und immer mehr Mädels samstags mit ihren Trikots und Schals, bei welchem Verein sie zu Hause sind, zeigen Mac-User mit ihren Laptops, dass sie zur Gemeinschaft der kreativen Weltbürger gehören und dafür sogar bereit sind, etwas mehr zu bezahlen, und signalisiert das Tragen einer Leinentasche, dass wir den Plastiktütenwahnsinn nicht mitmachen wollen.

Durch einen Wechsel von Objekten können Änderungen von Konventionen oder Einstellungen nach außen vermittelt werden. Das beobachtet man in der Arbeitswelt, wenn mit dem Wandel eines bestimmten Images auch Dinge ausgetauscht werden. So erzählte mir eine Kollegin, die gerade Teamleitung in einer Jugendhilfe geworden ist, dass sie die Kleiderordnung geändert habe. Sie wolle mit dem typischen Schluffi-Birkenstock-Image des Sozialarbeiters nichts mehr zu tun haben und erwarte von ihren Mitarbeitern ein gepflegtes Aussehen – Businesskleidung, Lederschuhe statt Bio-Treter. Dies drücke nicht nur Respekt gegenüber den Klienten aus, sondern verbessere auch das Bild des unterbezahlten Berufsstandes im Allgemeinen und vor den Geldgebern. Zudem verleihe es Stärke im Fall von Konflikten (die Mitarbeiter müssen manchmal Kindeswohlgefährdung feststellen, was nicht selten wuchtige elterliche Reaktionen hervorruft).

Kleidung hat nicht nur einen Effekt, wenn sie gesehen wird, sondern wirkt auch auf uns persönlich zurück. Ich kenne keine Untersuchung zu dem Thema, aber als ich mit einer Gruppe männlicher Kollegen über Sinn und Unsinn des Anzugs diskutierte, beichteten wir einander, dass wir bei schwierigen Telefonaten gern unsere Jacketts anzögen. Irgendwie, so hatten wir alle den Eindruck, gibt uns Männern diese Rüstung eine gewisse Selbstsicherheit, selbst wenn uns das Gegenüber nicht sehen kann. Kleidung ist demnach wie eine »zweite Haut«.

Natürlich gibt erst die *Gesamtheit* der Dinge, die wir an uns tragen und die wir ansonsten besitzen, Aufschluss über unsere Persönlichkeit. Dies machen sich Kollegen zunutze, die Persönlichkeitseigenschaften untersuchen. Normalerweise verwenden sie dafür Fragebogen. Um »Offenheit« (das Konzept beinhaltet unter anderem Neugier, Fantasie und Ideenreichtum in der psychologischen Diagnostik) zu testen, könnte ich Sie zum Beispiel fragen, wie sehr Sätze wie »Ich will immer neue Dinge ausprobieren« auf einer Skala von 1 bis 4 (1 = trifft gar nicht zu, 2 = trifft eher nicht zu, 3 = trifft eher zu, 4 = trifft genau zu) auf Sie zutreffen. Falls Sie 4 ankreuzen, sind Sie vermutlich neugieriger als eine Vergleichsperson, die 2 ankreuzt. Natürlich sind diese Fragebogen nicht 100-prozentig aussagekräftig, da manche Probanden, ob bewusst oder unbewusst, ankreuzen, was sie gern sein *möchten*, nicht, was sie *sind*. Wer will sich in einem solchen Fragebogen schon eingestehen, dass er ein Hasenfuß ist. Die *soziale Erwünschtheit* von bestimmten Persönlichkeitseigenschaften kann also die Ergebnisse verzerren. Daher schauen Forscher lieber auf das tatsächliche Verhalten von Personen.

Sam Gosling ist auf der Suche nach Verhaltensmaßen einen sehr kreativen Weg gegangen: Er schaut sich die Zimmer seiner Probanden an und ist dadurch in der Lage, relativ genau die Persönlichkeit des Bewohners zu beschreiben. Besonders treffsicher lassen sich *Offenheit* und *Gewissenhaftigkeit* an den Besitztümern und daran, wie sie in einem Zimmer angeordnet sind, erschließen, ebenso lassen sich *Verträglichkeit, Neurotizismus* und *Extraversion* aus den Behausungen ablesen. Gosling entdeckte, dass viele Besitztümer Identitätsaussagen transportieren, wie »Ich bin ein Hipster«, »Mir ist die Umwelt wichtig« oder »Ich bin Republikaner«. Weiterhin kommunizieren sie Grundgefühle, etwa »Ich bin ein fröhlicher Mensch« oder »Ich mache mir viele Gedanken und sehe keinen großen Sinn im Leben«.

Mir fielen zu diesen Aussagen schnell Beispiele ein: Die Studentin aus Köln, die sich gern in Pink kleidet und auch im Wesen »pink« ist: Jedenfalls hatte sie nach dem Karneval eine sehr tiefe Stimme (»Brauchtumspflege, Herr Förster«) und bringt mit ihrer guten Laune Leben in meine Seminare. Kontrastierend dazu der Student, dessen Gesicht ich kaum kenne, weil er sich, immer schwarz gekleidet, seine Kapuze über die Augen zieht. Sein Referat schloss er mit den Worten: »Vorurteile haben fast alle, aber Depressive, die den Sinn des Lebens wirklich verstanden haben, schauen sich jeden Menschen genauer an. Und entdecken in jedem die Abgründe, die unser Dasein bestimmen.« Die Pink Lady kommentierte: »Darauf jetzt 'ne rohe Fledermaus!«

Gosling entdeckte in den Zimmern auch *Gefühlsregulatoren*, also Dinge, die Menschen nutzen, um in bestimmte Stimmungen zu kommen. Musik ist dabei entscheidend, aber auch Dekorationsfarben, Düfte, Bücher natürlich, Stofftiere und vieles mehr. Zu guter Letzt liefert Goslings *Snoopology*

Aufschluss über unterschiedliche Verhaltensspuren, die kommunizieren, was jemand tut oder nicht tut. So räumen kreative Menschen offenbar seltener auf, womit sich die Idee des »kreativen Chaoten« auch durch wissenschaftliche Beobachtungen bestätigen lässt – und neuere Studien zeigen, dass Versuchspersonen in chaotischen Umgebungen tatsächlich kreativer werden.

Insgesamt, so scheint es, sind unsere Zimmer, Wohnungen und Häuser so etwas wie ein *symbolischer Körper.* Russell Belk nennt das *Selbstexpansion* und bezieht das Konzept auf alle Objekte, die wir haben oder uns vertraut gemacht haben. Sie gehörten zu unserer Identität wie unsere Beine, Augen und unser Tonfall. Dabei, ich habe es weiter oben schon gesagt, müssen wir bestimmte Dinge gar nicht im legalen Sinne besitzen, damit sie »zu uns« gehören. Sartre sieht in dieser Einverleibung von Dingen in unser Selbst einen Versuch, *Kontrolle* zu gewinnen. In gleicher Weise, wie wir einen Arm unter Kontrolle haben, haben wir unsere Besitztümer voll im Griff. Im Rahmen der ihnen innewohnenden Mechanik können wir mit ihnen alles machen und haben damit ein Mittel mehr, Kontrolle über unsere Umwelt zu gewinnen – unser Selbst expandiert also mit Hilfe von Objekten.

Dieses Motiv, durch Besitznahme Kontrolle zu gewinnen, taucht auch in anderen Theorien auf, die ich später behandeln werde. Im Folgenden soll es jedoch um zwei Aspekte der Selbstexpansion gehen, die das Konzept mit Inhalten füllen: Was wollen wir denn zeigen, indem wir uns so oder so kleiden, dieses oder jenes Auto herzeigen und mit einem bestimmten Wohndesign angeben? Wir haben zwei Möglichkeiten, so die soziale Identitätsforschung: Wir können *mit* dem Strom schwimmen oder *dagegen.**

* Wer mehr zum Thema »Selbstexpansion« wissen möchte, sollte das äußerst unterhaltsame Buch *Wir sind, was wir haben* von Annette Schäfer lesen.

Objekte zeigen, zu welcher Gruppe wir gehören. Wenn wir einen Porsche fahren, zeigen wir damit, dass wir uns ein solches Auto leisten können, und außerdem, dass wir zu der Gruppe derjenigen gehören, denen Autos nicht gleichgültig sind. Das sind recht viele Leute in unserer Gesellschaft. Zudem gehören wir zu einer speziellen Gruppe von Menschen, die Sportautos mögen. Das sind immer noch genügend Leute, aber schon weniger. Zu einem kleineren Club gehören wir als »Porschefahrer«, der sich im Sportwagenbereich gegen mögliche Alternativen entschieden hat. Wenn wir uns auf Porsche-Oldtimer festgelegt hätten, wäre die Gruppe noch exklusiver und überschaubarer.

Menschen sind Rudeltiere und halten sich am liebsten in kleinen, überschaubaren Herden auf. Hat eines der Mitglieder Erfolg, profitieren alle Gruppenmitglieder davon. Gewinnt Porsche ein namhaftes Autorennen, wird so mancher Porschefahrer stolz sein; Erfolge eines Gruppenmitglieds heben unmittelbar den Selbstwert. Solche selbstwertdienlichen Gruppenprozesse, die von Henry Tajfel, einem Vater der Sozialpsychologie, näher beschrieben wurden, erklären die Vorteile von Gruppenzugehörigkeit auf einer psychologischen Ebene. Menschen sind Hedonisten, die einen hohen Selbstwert anstreben, und als Gruppenmitglied können sie dieses Ziel am besten erreichen. Dies sogar ohne große Mühen, denn für das gute Gefühl müssen sie keinen Finger krumm machen. Tajfel zeigt in seinen Studien, dass, sobald eine Gruppe entsteht, eine Art Gruppenidentifikation stattfindet. Selbst bei willkürlich geschaffenen Gruppen – die entstanden, indem man zum Beispiel rote und blaue T-Shirts nach dem Zufallsprinzip an die Versuchsteilnehmer verteilte – setzte ein diskriminierendes Verhalten ein. Die eigene Gruppe wurde bevorzugt verteidigt, bei Wettkämpfen stärker belohnt, und die Gruppe als solche bezog aus der Identifikation einen gruppenbasierten Selbstwert.

Beim Porschefahrer dürfte der Effekt noch stärker ausfallen, da er sich die Gruppe selbst ausgesucht hat und die Identifikation daher stärker ist. Zudem ist diese Automarke ein Statussymbol in unserer materialistischen Gesellschaft und zeigt, dass der Besitzer »es« geschafft hat. Jedoch schaffen und signalisieren auch weniger teure Autos – wie das Beispiel mit den roten und blauen T-Shirts schon vermuten lässt – eine Gruppenzugehörigkeit. Mehmet Scholl, der Ex-National-Fußballspieler, bewarb in den letzten Jahren erfolgreich die Billigmarke Dacia: »Mir ist ein Auto wichtiger als ein Statussymbol.« Das schafft eine starke Identität, die den Porschefahrern den Stinkefinger zeigt und zudem auf der akzeptierten Welle des »vernünftigen Käufers« (der häufig Familienvater ist und damit gezwungen, sein Geld für andere Dinge auszugeben) mitreitet. Keine schlechte Idee, jedenfalls eine bessere, als so zu tun, als wären diese Autos wertvoller oder prestigeträchtiger als Luxuskarossen. In dieser Werbung gibt man nicht vor, mit dem Auto Aufsehen beim Cruisen durch die Innenstadt erregen zu können, erhebt sich stattdessen über eine »unvernünftige« Statussucht – schließlich wird ja auch suggeriert, dass das Auto als Auto sogar (technisch?) besser ist.

Selbst Karossen, die nach objektiven Gesichtspunkten keine besonders guten Autos sind, taugen, um eine Identität zu schaffen. Laut *Auto Service Praxis* vom 30.7.2013 waren im Jahr 2013 noch ca. 7200 Trabbis und Wartburgs zugelassen, und angeblich waren sie begehrt. Der Artikel führt als Kaufmotiv »Ostalgie« an – eine Sehnsucht nach der alten DDR, die sicherlich noch einige haben, aber vermutlich eher verbergen als offen zeigen, womit es sich bei der Käuferschar um eine Minderheit unter den »Ostalgikern« handelt. Jedoch widerspricht die Referentin beim Zentralverband Deutsches Kraftfahrzeuggewerbe der Ostalgie als einzigem Motiv: »Alles, was seltener wird, weckt Interesse und Emotionen.« Offensichtlich wollen manche schlichtweg etwas Besonderes sein.

Auf den ersten Blick scheint das Bedürfnis nach Einzigartigkeit dem des Rudelverhaltens entgegenzulaufen, aber die beiden können durchaus in Einklang gebracht werden. Die Sozialpsychologin Marilynn Brewer arbeitete heraus, dass besonders in *kleinen* Gruppen beide Bedürfnisse befriedigt werden. Eine Gruppe, ob klein oder groß, gibt mir zunächst das Gefühl der Sicherheit, indem Werte geteilt werden, die man nicht weiter verhandeln muss. Richte ich mich nach den Werten meiner Gruppe, steigen zudem mein Ansehen und mein Selbstwert. *Anpassung* oder *Konformität* ist also zunächst einmal funktional.

Nun vernachlässigt das Geborgenheitsgefühl und die Sicherheit gemeinsamer Werte das Bedürfnis, als einzigartiges Individuum verstanden zu werden. Wenn alle Autofahrer dasselbe Modell führen, würde die Individualität dabei verlorengehen. Naturgemäß ist die Chance, dass in einer kleineren, überschaubaren Gruppe individuelle Charakteristika eher wahrgenommen werden, größer als in einer großen Gruppe. Da kennt man den anderen eher und fällt es einem eher auf, dass der eine seine Sitze mit grauem Fell bezogen hat, während der andere zwei hippe Kindersitze auf der Rückbank installiert hat.

Solche individuellen Aspekte werden von Fremdgruppen vollkommen übersehen – man will ja nichts mit denen zu tun haben. Ich als Fahrradfahrer würde gar nicht auf die Idee kommen, in irgendein Auto zu schauen, mir würden individuelle Features schon deshalb nicht auffallen. »Wir« Fahrradfahrer halten die Gruppe der Autofahrer ja gern mal für »rücksichtslose Egoisten«. An meinem Nachbarn, der wie ich jeden Morgen mit dem Fahrrad zum Bahnhof fährt, entdecke ich aber schnell die schicke neue Fahrtbrille. Aus der Intergruppenforschung ist bekannt, dass man nur ein globales, allgemeines Bild von Fremdgruppenmitgliedern hat, und dieses Bild ist meist vorurteilsbehaftet und negativ. So sind »alle« Chihuahua-Besitzer tussig, »alle« Reihenhausbesitzer spießig und »alle« Nerzträgerinnen dumm. Das geht so weit, dass Menschen Fremdgruppenmitglieder häufig kaum wiedererkennen. Mal ehrlich, nehmen wir an, Sie müssten vor Gericht eine Frau mit Chihuahua wiedererkennen, wie leicht würde Ihnen das fallen? Sind die nicht alle blondiert und tragen gefakte Designerklamotten? Forschung zeigt, dass Menschen Mitglieder der eigenen Gruppe besser wiedererkennen, weil sie die Aufmerksamkeit auf die individuellen Charakteristika richten. Natürlich sind einer solchen detailgenauen Aufmerksamkeit Grenzen gesetzt: Ich kann schlichtweg nicht jeden Menschen kennenlernen oder auch nur genau betrachten, ganz zu schweigen davon, dass ich das gar nicht will. Ich will, um ein extremes Beispiel zu nennen, keine Neonazis kennenlernen und lebe ganz gut mit meinem globalen Weltbild über diese Sorte Mensch – ihre individuellen Charakteristika interessieren mich nicht die Bohne, und einem Neonazi geht es mit meiner Person genauso.

Auf Güter bezogen, heißt das nun Folgendes: Der Neonazi deckt sich im großen Ganzen mit Konsumgütern ein, die in den Normbereich seiner Gruppe gehören: Bomberjacken, Springerstiefel, Naziheftchen und hohle Musik-CDs. Ich hingegen kaufe mir Jacken ohne Schulterpolster, Hipster-Sneakers, Literatur, Klassik und höre Clouseau, der keinen Führerschein machen will. *Innerhalb* unserer Gruppe aber wollen wir uns als Individuen zu erkennen geben. Somit erlaube ich mir eine für die Professorenkaste etwas untypische blondierte Punkfrisur und rote oder pinke Hemden unter dem Anzug, und mein Professoren-Volvo ist ein Leihrad. Das ist aber sozusagen »im Rahmen« – die Werte, die ich damit vermittle, sind zumindest nicht gegen den Wertekodex der Gruppe gerichtet, bewegen sich allenfalls manchmal im Grenzbereich. Trotz allem beleidige ich damit niemanden, werde akzeptiert *und* als etwas Besonderes wahrgenommen. Jemand, der sich in einem solchen Grenzbereich aufhält, sollte in wichtigen Gruppendisziplinen gut mithalten können. Und in kleineren Gruppen achten die Gruppenmitglieder durchaus auf Details, während Menschen, die sowieso nichts mit uns Professoren zu tun haben, solche ignorieren. Das bedeutet für mich, dass ich bei der wissenschaftlichen Leistung, der Lehre, beim professionellen Umgang mit Journalisten und Politikern und einem teils auch wieder typischen Konsumverhalten (Bio-Ware, Essen in Sternerestaurants, Urlaube in Weinregionen, Konzertbesuche etc.) nicht zu stark abweichen darf, damit mir der Zugang zur Gruppe nicht irgendwann verwehrt wird.

Konsum, Besitz und Haben können dabei sehr wohl Mittel sein, um von der Eigengruppe gemocht zu werden. Bestimmte Dinge zu besitzen ermöglicht den Anschluss an eine Gruppe und ist selbstwertdienlich. Auf der anderen Seite dürfen wir uns durch Konsum als Individuum zeigen. Natürlich sind uns diese Prozesse nicht immer bewusst, wenn wir uns eine Hose kaufen. Ich erinnere mich an einen Freund, der behauptete, er hätte nie Moden mitgemacht – auf einem Foto aus den 60er Jahren sieht man ihn allerdings in Schlaghosen. Darauf angesprochen, erwiderte er empört: »Da hättest du aber mal die anderen sehen sollen, was DIE für einen Schlag hatten!«

Es scheint sehr schwierig zu sein, sich überhaupt nicht von Gruppennormen beeinflussen zu lassen, zumal wir in einer Zeit leben, in der sich für jeden Look ein Label finden lässt – selbst für die, die sich nichts aus Mode machen, gibt es eine Produktion und spezielle Geschäfte, und auch das ist eine marktrelevante Gruppe, in der man durch geeignete Produkte Identitäten schafft.

Die Intergruppentheorie Tajfels und seiner Nachfolger kann obendrein für die Wahl zwischen Haben- und Seinszielen herangezogen werden. Demnach sollten in einer materialistischen Gesellschaft Menschen einen hohen Selbstwert erreichen können, die materialistischen Normen folgen. Einen Porsche zu fahren, der allen unmissverständlich zu verstehen gibt, dass man diese Norm über Gebühr erfüllt, ist eine naheliegende Strategie. Finanziell weniger Privilegierte streben natürlich ebenfalls nach einem hohen Selbstwert, müssen sich aber notgedrungen andere Strategien zunutze machen. Minderheiten, so die Intergruppenforschung, sind bei dieser Suche durchaus fündig: Sie fühlen sich gern moralisch überlegen. So halten Frauen, Schwule und Ausländer – insofern sie einen Minderheitenstatus bei uns haben – ihre *inneren Werte* für außerordentlich, denken, sie wären sozialer, fairer, ehrlicher und vernünftiger. Sie beziehen ihren Selbstwert demnach aus Seinszuständen. Ich vermute, dass auch Ärmere (die eine diskriminierte Minderheit in unserer Gesellschaft sind) sich Reichen gegenüber überlegen fühlen.

Es klingt mal zynisch und mal trivial, aber die wirtschaftliche Situation schafft hier offensichtlich eine unterschiedliche Präferenz für Seins- und Habenziele. Wenn man etwas besitzt, kann man den Selbstwert steigern durch das, was man hat. Wenn man nichts hat, muss man seinen Selbstwert aus – billiger zu verwirklichenden – Seinszielen beziehen, und da es auch eine Norm gibt, vernünftig, moralisch und sozial zu sein, kann der Selbstwert tatsächlich durch Erfüllen dieser Norm gesteigert werden. Versinnbildlicht wird dieses sich scheinbar widersprechende Normenduo in Weihnachts-TV-Sendungen, in denen die reiche Fabrikantengattin in einem 4000-Euro-Fummel von Prada der ehrenamtlich arbeitenden Omi, die für ihr Engagement bei Nachbarskindern ausgezeichnet wird, vor Rührung schluchzend eine Medaille aus Leichtmetall um den Hals legt – ohne Zynismus: Der Applaus gilt in diesem Moment immer beiden, denn beide erfüllen eine bestehende Norm.

Normen geben einem eine gewisse Kontrolle über das richtige Verhalten – um Kontrolle als Motiv für Habenziele geht es im nächsten Kapitel.

Kontrolle

Kontrolle zu haben, *Macht* zu haben – das hört sich zunächst sehr unsympathisch an, und man fragt sich, ob man dieses Motiv wirklich zu den menschlichen Bedürfnissen zählen sollte. Vielleicht hat es mit unserer Geschichte zu tun, dass viele deutsche Studierende wissen wollen, ob nicht ein Leben ohne Kontrolle möglich wäre. Nein, ist dann meine Antwort, ist es nicht. Das Gefühl, keine Kontrolle zu haben, so der Depressionsforscher Martin Seligman, ist einer der Hauptfaktoren für eine Depression. Nicht nur bei Menschen ist das so. Selbst bei Ratten hat man in Laborexperimenten depressive Symptome auslösen können, indem man ihnen die Kontrolle über ihre Umgebung genommen hatte.

Es ist so: Wir müssen als Menschen erst einmal lernen, in dieser Welt zu leben. Wir müssen lernen, wie man das Licht anmacht, wir lernen, dass man in Deutschland selbst nachts gefahrlos auf der Straße herumlaufen kann und dass wir in Amerika im Hotel nach den gefährlichen Gegenden fragen, wir lernen, wie wir uns verhalten müssen, damit andere uns ernst nehmen. Das Kind muss ausnahmslos alles lernen, selbst solche banalen *Wenn-dann-Kontingenzen* wie »*Wenn* du die Tür anschubst, *dann* geht sie auf« oder »*Wenn* du schreist, *dann* kommt die Mutter«. Es verunsichert uns und kann uns verrückt machen, wenn erlernte Wenn-dann-Kontingenzen nicht mehr funktionieren. Wenn der Lichtschalter mal funktioniert und mal nicht und wir nicht herauskriegen, woran es liegt. Wenn wir unsere Mutter einmal mit einer nett vorgetragenen Bitte motivieren konnten, für uns ein Comic-Heft zu kaufen, und das ein anderes Mal nicht klappt. Wenn unser neuer Lover uns gestern gesagt hat, er liebe Pizza, und heute entsetzt auf die liebevoll selbstgemachte Pizza schaut und sagt: »Und das nennst du ein Essen?« Alles, was plötzlich nicht mehr funktioniert, verunsichert uns, stresst uns, beschäftigt uns, lenkt uns von unseren anderen Zielen ab – erst wenn wir wieder das Gefühl bekommen, Kontrolle über die Ereignisse zu haben, werden wir ruhig und können uns mit wichtigeren Themen beschäftigen. Darum bezeichnen Forscher dieses Motiv auch als Kontroll*bedürfnis* und stellen es damit in eine Reihe mit den physiologischen Bedürfnissen (Sex, Ausscheidung, Essen, Trinken). Wem der Begriff immer noch unsympathisch ist, kann ihn durch das sperrige Wort »Wirksamkeit« ersetzen.

Besitzen wir etwas, steht es uns damit jederzeit zur Verfügung, und wir haben normalerweise ein gutes Wissen darüber, wie wir damit umgehen müssen, damit es den Effekt hat, den wir uns wünschen. Habe ich einen Föhn, dann weiß ich, welche Wärmestufe ich einschalten muss, damit ich mich wohl fühle, ich weiß, wann der Überhitzungsschutz einsetzt und wie ich das Kabel am besten entwirre. Neben dieser Art der Kontrolle über die *Funktionen* kann ich als Besitzer bestimmen, wer ihn benutzen darf. Geht mein Mann damit nicht sorgsam um, kann ich ihm die Benutzung im Prinzip verbieten und habe damit wiederum Kontrolle ausgeübt. Wenn ich weder eine Kontrolle über die Funktionen noch einen Einfluss über die Verwendung hätte, müsste ich damit rechnen, mitunter morgens mit nassen Haaren auf mein Rad zu steigen, und könnte mich dabei erkälten. Außerdem bietet mir die Tatsache, dass ich einen Föhn habe, noch eine andere, weitreichende und weniger offensichtliche Kontrollmöglichkeit über meine Umwelt. Ich gehe davon aus (kann mich jedoch irren), dass ich geföhnt besser aussehe als ungeföhnt, und diesen Einfluss kann ich nach Belieben auf meine Umwelt ausüben. Damit geht, unbewusst oder bewusst, der Gedanke einher, dass ich auf meine Umwelt wirken kann. Der Einfluss ist sogar noch spezifischer: Unser Styling beeinflusst die Wahrnehmung der anderen entscheidend mit, und demnach haben wir es mit dem Föhn in der Hand, ob wir brav, schön, provokant, witzig oder wild aussehen. Die Sozialpsychologie der Personenwahrnehmung zeigt, dass unsere Mitmenschen die geföhnte Botschaft mehr oder weniger gut wahrnehmen und entsprechend reagieren. Sie lachen über unsere Karnevalsfrisur, nehmen die Provokation wahr, die wir uns in die Haare föhnen können*, und reagieren positiv, wenn wir uns schön gemacht haben. Forschung zeigt, dass attraktive Menschen mehr Erfolg haben; Attraktion ist natürlich etwas gesellschaftlich Bedingtes – mit anderen Worten kann man davon ausgehen, dass attraktive Menschen normalerweise einer gesellschaftlichen Norm folgen, also in gewisser Weise Mainstream sind.** Nüchtern betrachtet, machen wir uns so oder anders zurecht, um einen gewünschten Einfluss auf andere zu erzielen. Dies ist beabsichtigte oder gefühlte *Kontrollnahme,* selbst in dem Fall, in dem sie de facto nicht gelingt.

Sartre beschreibt Kontrolle nicht nur als Resultat von Besitznahme, sondern auch als *Mittel, um etwas in Besitz zu nehmen.* Sobald wir Kontrolle über etwas haben, *betrachten* wir es eher als uns zugehörig. Habe ich einen Berg erklommen, ist das »mein Berg«, und ein Büro, das ich mir selbst einrichten konnte, ist eher »mein Büro« als eines, das mein

* Der ein oder andere Leser hat das sicherlich als Jugendlicher versucht und somit die Grenzen spielerisch ausgelotet.

** Tatsächlich ist in vielen Studien (siehe aber die Zusammenfassung von Jones, DeBruine & Little) das attraktivste Gesicht dasjenige, das man erhält, wenn man Hunderte Gesichter von gewöhnlichen Menschen übereinander kopiert – ein besseres Beispiel für »Mainstream« gibt es wohl kaum.

Chef für mich eingerichtet hat. Hier betreten wir den Bereich der *Kontrollillusionen,* in denen Menschen Dinge oder gar Menschen zu besitzen scheinen, obwohl ein legaler, rechtlicher Besitzanspruch fehlt. Erfahrung mit oder Wissen um einen Gegenstandsbereich stützt nach Sartre Kontrollillusionen und führt zu einer geistigen Besitznahme. Der Buchladen, in dem wir uns auskennen und wissen, wen wir fragen müssen, um die besten Tipps zu bekommen, ist »unser« Buchladen, und wenn wir viel über die Intrigen und Gewohnheiten der Mitglieder des Chores wissen, ist das »unser« Chor. Wissen ist also buchstäblich Macht und Bemächtigung.

Die größte Kontrolle haben wir im Allgemeinen über *selbstgemachte* Dinge, weshalb wir diese Güter in besonderem Maß als zu uns gehörig betrachten. Im Gegensatz zum Kaufen haben wir beim Selbstmachen das Erscheinungsbild eines Objekts eher in der Hand und haben einen Einfluss darauf, welche Funktionen es haben soll. Wenn wir uns beispielsweise einen Anorak nähen, können wir bestimmen, ob er einen Reißverschluss oder Knöpfe haben soll und ob er eine Kapuze hat oder nicht. Es ist an dieser Stelle interessant, dass diese Weisheiten schon an der Metapher für Kontrolle, »etwas in der Hand haben«, abgelesen werden können. »Hand anlegen« ist ein weiteres Bild, mit dem wir die abstrakten Konzepte Kontrolle, Macht und Einfluss ins Alltagsdeutsch übersetzen.

An die Stelle des Selbstmachens tritt heutzutage, in einem riesigen Markt und einer stressigen Arbeitsumwelt, die für »Handarbeiten« wenig Raum lässt, das Selbstkaufen* und

* Man könnte auch die neue (?) Marketingidee des *Individualisierens* hinzuzählen. Manche Produzenten erlauben es dem Käufer, bestimmte Merkmale zu verändern. So bieten Autohändler häufig eine Palette von Zubehör und Varianten für Innen- und Außengestaltung an, und im Internet findet man immer mehr Kleidungshersteller, die einem beispielsweise die Wahl zwischen verschiedenen Farbkombinationen (getrennt für Futter, Reißverschluss oder Kapuze) lassen, die dann scheinbar individuell für den Kunden umgesetzt werden.

Selbstkombinieren – hierbei haben wir immerhin mehr Kontrolle und eher das Gefühl, dass es zu uns gehört, als wenn uns etwas geschenkt oder zugewiesen wird. Der Markt scheint jedoch auch zunehmend wieder die Idee des Handarbeitens und der Individualisierung von Produkten aufzunehmen. Es sind zwar nur zahme Versuche, aber Stricken, Nähen, Häkeln, Marmeladekochen, Bierbrauen und Tortenbacken scheinen im Kommen zu sein. In bald jedem Supermarkt gibt es mittlerweile unzählige Deko-Zutaten, mit denen man Selbstgebackenes individualisieren kann.

Beeinflusst wurden Sartres Betrachtungen zum Haben und Sein sicherlich durch Freuds Beobachtung, dass sich Kleinkinder gern mit Objekten beschäftigen und sie in den Mund stecken, als ob sie sie sich einverleiben und nicht wieder hergeben wollen. Die dahinterliegende psychoanalytische Theorie wurde verworfen und durch Kontrolltheorien ersetzt. Zudem wurden die Beobachtungsmethoden verfeinert.

Lita Furby stellte fest, dass sich 85 Prozent aller Interaktionen von Kleinkindern (18 bis 21 Monate alt) um Besitzkonflikte drehen: »Das ist meins!«, ist in dieser Phase häufiger als zu jeder anderen Zeit aus dem Kinderzimmer zu hören. In diesem Alter entwickeln sich auch die motorischen Fähigkeiten und lernen Kinder, wie sie Dinge wirksam nutzen und benutzen können: Schubse ich die Tigerente an, fährt sie, und sie stoppt, wenn ich mein Bein in den Weg stelle. Bevor wir jedoch begreifen, »dass wir die Dinge bewegen« können, müssen wir erst die lebensnotwendige Wahrnehmung entwickeln, dass es überhaupt einen Unterschied zwischen uns und den Dingen da draußen gibt. Wenn wir geboren werden, ist für uns nämlich zunächst alles eins, selbst die Mutter ist ein Teil unseres Selbst. Vor allem über kinästhetische Empfindungen und das Ertasten von Gegenständen stellt sich, so unter anderem Russell Belk, irgendwann ein Verständnis von »ich« im Gegensatz zu »das alles da draußen« ein. Solche

Überlegungen machen deutlich, wie grundlegend Objekte für die Persönlichkeitsentwicklung sind. Wir erlernen durch Dinge, dass wir wirksam sind.

Nun könnte man weiter argumentieren, dass wir vielleicht deshalb eine solche Affinität zu Objekten entwickeln, weil sie in einer frühen Phase so entscheidend waren. Ist Materialismus also eine notwendige Folge von Kontrollerlebnissen in der Kindheit? So einfach ist die Sache nicht, denn der Bezug zwischen Mensch und Gütern verändert sich systematisch über die Lebensspanne hinweg. Nach dem eben beschriebenen Kleinkindstadium ändert sich das Interesse von Kindern schlagartig, wie Raymund Montemayor und Marvin Eisen herausfanden. Plötzlich spielen sie am liebsten draußen mit ihren Freunden, und Objekte werden zweitrangig. Offensichtlich werden dann andere Fähigkeiten und soziales Verhalten erprobt. In der Pubertät, wenn Jugendliche stark auf der Suche nach ihrer eigentlichen Identität sind und wissen wollen, wie sie sich in Bezug auf die bestehenden Werte und Normen einer Gesellschaft verhalten sollen, beziehen sie ihren Besitz wieder stark in ihr Selbstbild mit ein (»Ich habe ein Mountainbike, ein Longboard und besitze auch alle anderen möglichen Sportartikel«). In der späten Pubertät treten diese Quellen der Selbstfindung in den Hintergrund, und die Frage nach der Persönlichkeit wird mehr auf der Grundlage der eigenen Fähigkeiten und Charaktereigenschaften beantwortet (»Ich bin ein ziemlich guter Longboarder, vor allem weil ich ausdauernd bin und meine Füße sehr flexibel sind«), wie Mihaly Csíkszentmihályi und Eugene Rochberg-Halton zeigen konnten. Am Anfang des Studiums, so zeigen Studien von Eldon Snyder, definieren sich Menschen wieder über Besitztümer, und diese Tendenz ist ansteigend. Im Alter von 40 bis 50 ist die Neigung, Status und soziale Macht durch Besitztümer herzustellen und zu zeigen, am größten – wobei in der Lebensmitte das Selbstkonzept nicht allein aus materialistischen Aspekten besteht, sondern ebenso stark davon geprägt ist, ob man Kinder hat oder nicht. Teilweise werden Güter auch als Symbol für ein gemeinsames Familienleben oder für Zusammenhalt angesehen: »Damals, als wir den Campingwagen hatten und damit die tollen Familienausflüge an die Nordsee machen konnten.« Die symbolische Bedeutung von Objekten nimmt im höheren Alter einen besonders großen Platz ein; dann werden Besitztümer zu geliebten Erinnerungsstücken und -brücken oder als Stücke unserer Persönlichkeit angesehen, die folgenden Generationen ein Zeichen von uns geben. Der persönliche Bezug wird am Lebensende wichtiger als der finanzielle Wert.

Aus diesen Gründen ist es wichtig, dass alte Menschen ihre Erinnerungsstücke in ein Altersheim mitnehmen können, auch wenn das den Kindern und Kindeskindern absurd erscheint:

»Dieses staubige Makramee soll mit? Nicht im Ernst, Mutter.«

»Aber das ist doch von der Gisela! Vor ihrer schlimmen Gicht, als sie noch so schön handarbeiten konnte. Ich denk noch oft daran, wie wir manchmal dasaßen und bastelten und uns die dollsten Dinger dabei erzählten.«

Je mehr Objekte ältere Menschen übrigens mit in ein Heim nehmen können, umso besser geht es ihnen, wie E. Sherman zeigt. Insgesamt betrachtet, ändert sich also die Beziehung zwischen Menschen und Gütern im Lauf ihres Lebens immer wieder, und auch wenn manche Ergebnisse der zitierten Studien vermutlich veraltet sind, sollte man von solchen Wechseln ausgehen und nicht von einer starken Objektfixierung im Kindesalter zwingend auf Materialismus im Erwachsenenalter schließen. Vor allem die Befunde bei alten Menschen lassen einen Bedeutungswandel vom Haben zum Sein erkennen, wenn sie Objekte nutzen, um in nostalgischen Erinnerungen zu schwelgen. Tilman Habermas hat in seinem Buch

Geliebte Objekte materielle Güter als effiziente Erinnerungshilfen beschrieben – gerade im Alter erinnern sie uns daran, wer wir waren und was wir sind. Simone de Beauvoir beschreibt Besitz sogar als unerlässliches Medium, um eine Identität im Alter zu wahren und nicht als hilfloses Objekt wahrgenommen zu werden. Nur durch die Dinge habe man Kontrolle und Sicherheit gegenüber Abwertung und Dehumanisierung durch andere Menschen im Alter.

Auch ein Verlust an *Macht*, also an *Kontrolle über andere Menschen*, kann Depressionen und andere Krankheiten bewirken, wie Untersuchungen mit alten Menschen in Pflegeheimen und mit Gefängnisinsassen zeigen. Wir haben schon gesehen, dass bestimmte Objekte Prestige und Status anzeigen – auch in diesem Zusammenhang sieht man, wie funktional dieser Umstand sein kann, denn natürlich zeigt Status, welche Macht, also Kontrolle, man über andere hat, die sonst vielleicht dächten, *sie* könnten einem etwas vorschreiben. Aus diesem Grund gibt es Uniformen: Sie signalisieren unmittelbar, *wer* Macht über wen hat. Natürlich kann man diese Wirkung auch ausnutzen, wie wir wiederum exemplarisch bei Pflegebekleidung und Arztkitteln sehen: Eigentlich sind die zu Pflegenden Kunden, *sie* haben das Heim oder die Behandlung über ihre Pensionskassen und Steuern finanziert, eigentlich sollten *sie* bestimmen können, was mit ihnen gemacht wird.

Kontrolle, Einflussnahme oder Macht scheinen also erstaunlich vielfältige Aspekte des Habens zu motivieren. Es handelt sich dabei wohl um ein ähnlich breites Konzept wie Sicherheit. Mehr noch, die beiden scheinen häufig in Beziehung zueinander zu stehen: Der Verlust von Kontrolle bewirkt Unsicherheit, und dies ist ein Gefühl, das man durch Kontrollnahme wiederherstellen kann. Allerdings kann man beide Konzepte sehr wohl voneinander unterscheiden, denn selbst in Situationen der Sicherheit haben manche Menschen noch Kontrollbedürfnisse. Zudem kann Unsicherheit auch durch andere Strategien als durch Kontrollnahme angegangen werden (durch Ignorieren oder Vermeiden zum Beispiel). Am deutlichsten wird der Zusammenhang von Kontrolle und Sicherheit bei einem Gut, für das sich viele ihr Leben lang »krummlegen«: die Behausung.

Es ist schon merkwürdig, dass viele von uns so viel Geld, Arbeit und Schweiß in ihr Zuhause stecken. Der Geograph Douglas Porteous bezeichnet Kontrolle und Sicherheit als die wichtigsten Motive für dieses Verhalten. Im Tierreich findet man viele Entsprechungen bei Vögeln, die einen ähnlichen Aufwand betreiben, um sicher vor anderen zu sein. Auch die Rituale, mit denen wir üblicherweise erst in ein anderes Heim gelangen (anklopfen, klingeln, grüßen, eine Bitte formulieren etc.), erinnern Porteous stark an die Wiedererkennungszeremonien von Vögeln beim Einfliegen ins Nest.

Dem Menschen dienen die eigenen vier Wände zum Schutz vor Wind, Wetter und Gefahr durch Tiere sowie menschliche Eindringlinge. Die Hausherren haben dabei die volle Kontrolle über ihr Territorium. Sie können es gestalten und dekorieren, wie sie möchten (wobei man natürlich auch hier Überlegungen mit einbezieht, wie man Besuchern imponieren kann und was man tun »muss«), sie können sich dort bewegen und »gehen lassen«, wie es eventuell »draußen« nicht erlaubt ist, und sie können sich in ihrer Privatheit ergehen und haben die Macht über jeden, der das Haus betritt, gemäß dem Sprichwort: »Zu Hause ist jeder Hund ein Löwe.« Porteous betont die Wichtigkeit von Entwicklungsstufen und gesellschaftlichen Rollen, denn Kinder haben nicht dieselben Rechte wie Eltern, und häufig wird immer noch dem Geschlecht eine hohe Bedeutsamkeit beigemessen. George Bernard Shaw bemerkte bereits, dass junge Frauen das elterliche Zuhause häufig als ein Gefängnis empfänden, während es für ältere Frauen manchmal zum Ort sklavischer Arbeit verkomme: »Home is the girl's prison and the woman's workhouse.« Nichtsdestotrotz hat man in seinem Haus mehr Kontrolle als woanders.

Diese Funktionen sind recht einsichtig, aber warum dekorieren wir unser Heim? Ist das allein einem Bedürfnis nach Kontrolle geschuldet? Und warum sind unsere Wohnungen, so die Wirtschaftskritiker, allesamt viel zu groß und somit immense CO_2-Schleudern? Porteous nennt dafür ein weiteres Motiv, über das ich gern gesondert nachdenken möchte: die Stimulierung.

Stimulierung

Menschen drehen normalerweise durch, wenn sie sich plötzlich nicht bewegen dürfen oder sich länger in dunklen, schalldichten Räumen aufhalten, in denen jede *Stimulierung* von ihnen ferngehalten wird. Man kann diesen Zustand in einem Floating-Tank ausprobieren – das ist ein Metall-Container, in dem man mit verstopften Ohren, ohne Licht und fast ohne sensorischen Input schwimmt. So ein Zustand kann in unserer viel zu bunten und lauten Welt eine Oase der Entspannung sein – auf lange Sicht aber macht eine solche *sensorische Deprivation* krank. Menschen sind gern aktiv, sie lassen sich gern stimulieren, physisch wie geistig – klar, die einen mehr, die anderen weniger, aber Porteous sieht dies als Motiv, warum wir unser Zuhause dekorieren und es auf immer neue Arten vor Eindringlingen schützen.

Wir leben dabei unsere kreativen Anteile aus – allein die verschiedenen Sorten Zäune zeigen uns, wie erfinderisch Menschen bei der Gestaltung ihres Schutzes sind. Es gibt Hecken, Mauern, Draht, inzwischen auch viel Glas – es gibt kaum ein Material, mit dem Menschen nicht schon ihre Häuser befestigt hätten. Innerhalb des Hauses kann man sich dann erst recht austoben. Die Geschäftsketten für Dekomaterial, die Baumärkte, die Möbelläden, die Floristen bieten uns unglaublich viel Potenzial, kreativ tätig zu sein. Die Gesamtheit der Behausung ist dann, so einige Kollegen, eine Zusammenfassung unseres Selbst. Wie private Sammlungen sind sie hochindividuelle Zusammenstellungen, die zeigen, was wir sind und was uns wichtig ist: Niemand anders hat dieselbe Wohnung wie ich. So können wir uns als Individuum fühlen. Wenn diese Möglichkeit für einen bestimmten Zeitraum beschnitten wird (in Heimen, in Internaten, im Krankenhaus o. Ä.), sieht man schnell eine Tendenz, das allzu Unpersönliche durch etwas Eigenes zu individualisieren. In Gefängnissen dekorieren Häftlinge ihre Zelle mit Erinnerungsstücken, mit getrockneten Rosen, Fotos, Zeitungsartikeln, oder sie ritzen, wenn gar nichts anderes vorhanden ist, Zeichen in die Wände ein.

Stimulation, sich Beschäftigung zu suchen, sich neue Lösungen für alte Probleme auszudenken, kreativ denken – dies sind nach Meinung vieler Evolutionsbiologen wichtige Aspekte für unseren Erfolg als Spezies. Das Zuhause bietet einen guten Übungsraum für die Erprobung dieser Fähigkeiten, und je größer es ist, desto besser kann man sich darin austoben. Da momentan alles so unglaublich billig ist, benötigt man viel Raum, um das ganze Zeug aufzustellen, und es besteht kaum eine Norm, der Umwelt wegen die Größe seines Heims einzuschränken.

Sicherlich kann auch Müll oder können Objekte aus der Natur eine Quelle der Inspiration sein, wie Joseph Beuys oder Tara Donovan in ihrer Kunst bewiesen haben. Andere Künstler haben gezeigt, dass Reduktion auf das Wesentliche, was häufig bedeutet, möglichst wenige Objekte kunstvoll einzusetzen, eine Offenbarung sein kann. Weniger große Künstler wie die meisten von uns greifen eher auf produzierte Materialien zurück und stellen sie individuell zusammen. Im Gegensatz zu früher, als Erbstücke zentral waren, muss es inzwischen möglichst etwas Neues sein.

Innerhalb der Psychologie widersprechen sich Theorien hinsichtlich der beiden Grundmotive »Neugier und Stimulation« und »Neigung nach Vertrautem, Stabilem«. Als Argument für Angst vor Neuem (Neophobie) wurde oft vorgebracht, dass Menschen nur dann Neuland erkundeten, wenn sie dafür belohnt würden. George Loewenstein bezweifelt das und zitiert Untersuchungen, die zeigen, dass selbst Affen auch ohne Belohnungsanreize Neugierde bezüglich unbekannter Objekte und Räume zeigen. Er behauptet, dass eine temporäre Deprivation oder Langeweile, die in einem natürlichen Setting immer mal wieder auftritt, Menschen motiviert, neugierig auf Unbekanntes zuzugehen. Immer dann, wenn sich in unserer Wahrnehmung eine Leere ausbreitet oder wenn wir eine Wissenslücke entdecken, starten wir eine Suche nach einer Lösung oder einer Stimulation, selbst wenn wir dafür Neuland betreten müssen.

Loewensteins Theorie ist keine Theorie des Habens, aber er bedient sich vieler Beispiele, in denen Menschen neue Objekte und Güter bewegen und erkunden. Sie ist dabei nicht notwendigerweise eine Theorie künstlerischer Kreativität, sondern behandelt eher Situationen des Alltags, in dem Menschen im Rahmen gängiger Normen Probleme lösen oder aktiv werden. Allerdings ist die Neugierde unserer Art natürlich eine Basis für die große Kunst und die Grundlage ästhetischer Konstruktion. Die Qualität von künstlerischen Produkten ist häufig abhängig von der Qualität des Materials. Zwar kann man auch mit alten Badewannen und etwas Fett große Kunst schaffen, aber dann ist es eine bewusste Entscheidung des Künstlers, der sich dergestalt ausdrücken will. Bei anderen Künstlern führt kreatives Denken, das ein Denken ohne Grenzen – auch ohne finanzielle Limits – beinhalten kann, zu hohen, mitunter sogar exorbitanten Kosten. Auf einer Stradivari klingen Konzerte himmlisch, ein Ölgemälde strahlt schöner, wenn Farben und Pinsel hochwertig sind, und die Pyramiden, die Oper in Sydney oder den Eiffelturm kann man nun einmal nicht aus dem billigen Zeug zusammenbauen, das es in jedem Baumarkt zu kaufen gibt. Objekte, Güter und Konsumartikel sind in der Lage, uns zu stimulieren, und manchmal müssen sie eben hochwertig sein. Man mag und sollte im Einzelnen diskutieren, inwieweit in der Kunst alles Verwendung finden sollte und alles kosten darf oder inwieweit solche Objekte von »vernünftigen« Kriterien, wie wir sie auf Alltagsgegenstände anwenden (wie Nachhaltigkeit, Rentabilität), verschont werden sollten. Die Literatur legt jedenfalls nahe, dass innovative Objekte, Güter und neues Material Menschen dazu inspirieren, sich selbst zu verwirklichen, und dass Kunstobjekte sie stimulieren und mentale Schranken überwinden helfen. Welchen Inspirationswert tatsächlich ein unter erheblichen Kosten und Leiden entstandenes Kunstwerk wie etwa die Pyramiden hat, ist unmöglich zu ermitteln, aber unerheblich wird er sicherlich nicht sein – solche Kunstwerke haben zweifellos manche beflügelt und ermuntert, Unmögliches zu versuchen.

Allerdings sollte zum Schluss noch einmal betont werden, dass wir die Objekte, die unsere Stimulierung unterstützen, nicht in jedem Fall besitzen müssen. Ein Kunstwerk im Museum kann genauso inspirieren wie ein gekauftes. Daher scheint die Subventionierung gerechtfertigt. Ein komplett freier Markt, auf dem jeder alles kaufen kann, verhindert eine gesellschaftliche Stimulierung. Wie viele van Goghs und Picassos sind der Mehrheit unzugänglich, weil sie im Dunkel eines Safes irgendeines reichen Käufers liegen?

Die Tendenz allerdings, dass Konsumgüter heutzutage neu sein sollten, könnte auch bedeuten, dass wir die – ohnehin umstrittene – Angst vor Neuem, zumindest beim Konsumieren, überwunden haben. Und bei allem Wehgeschrei über unsere verkommene individualisierte Welt sei festgehalten: Dass wir wenig kreativ sind oder uns wenig stimulieren lassen, kann uns wohl niemand vorwerfen. Eigene Forschung in diesem Bereich zeigt sogar, dass ein »eigener Kopf«, also ein Denken ohne Zwänge, was die Bedürfnisse anderer oder soziale Normen angeht, die Kreativität erhöht.

Zusammenfassung

In diesem Kapitel habe ich verschiedene Theorien und Befunde zu Grundbedürfnissen und Motiven zusammengefasst und wie sie zu Materialismus und Konsum führen. Darunter befanden sich naheliegende Empfindungen wie Gier, Neid und Hedonismus und die wichtigsten Grundmotive des Menschen, wie nach Kontrolle, Sicherheit, Stimulation, Zugehörigkeit und Besonderheit sowie das soziale Ziel der Selbstexpansion. Natürlich gibt es Überschneidungen, und man könnte, wenn man wollte, die meisten als hedonische Antriebe verstehen. Hedonismus ist die Idee, das Gute zu erreichen und das Schlechte zu meiden – letztlich soll es einem gutgehen, wollen Menschen ihre Stimmung durch Güter verbessern. Stimulation, Selbstexpansion, Zugehörigkeit und das Ausleben von individueller Besonderheit sind solche glücklich machenden Zustände, die man mit Haben erreichen kann. Weiterhin wollen Menschen etwas haben, um negative Zustände wie Neid auf andere, Unsicherheit, Kontrollverlust und niedrigen Selbstwert zu vermeiden.

Dabei stehen die Bedürfnisse in Beziehungen zueinander. Liegt eine unsichere Situation vor, kann ihr zum Beispiel ein Kontrollverlust zugrunde liegen. Ein Beispiel: Nehmen wir an, wir ziehen in ein neues Land und wissen nicht, wie bestimmte Dinge wie Steuern, Wohnung-Mieten, Arbeitsverhalten funktionieren; zudem wird uns die Kommunikation durch mangelnde Sprachkenntnisse erschwert. Damit haben wir die Kontrolle über die einfachsten Abläufe plötzlich verloren. Unsicherheit wird reduziert, indem wir Kontrolle erlangen. Das kann durch Seinsmittel (Kompetenzenerwerb durch Sprachenlernen, Googeln, Freundefinden, Nachfragen etc.), aber auch durch Habenmittel und -ziele (indem man sich etwa einen privaten Sprachlehrer und einen Finanz- oder Steuerberater leistet) geschehen. Meistere ich diesen Prozess, habe ich das hedonische Ziel erreicht: Ich fühle mich besser.

Zugehörigkeit kann ebenfalls meine Kontrolle erhöhen und Unsicherheit reduzieren – aus diesem Grund (und auch, weil ihnen häufig der Zutritt zur Mehrheitsgruppe verwehrt wird) schließen sich »Ausländer« häufig mit ihresgleichen zusammen. In Amsterdam gab es zu meiner Zeit zahlreiche internationale Stammtische, an denen »wir Ausländer« uns trafen. Wichtiger als der Informationsaustausch war sicherlich das Gefühl, von irgendjemandem ernst genommen und verstanden zu werden sowie Eindrücke zu teilen.

Über den Weg der Selbstexpansion kann die Zugehörigkeit zur Mehrheitsgruppe verbessert werden. Folglich kann ich mich den Normen des Gastgeberlandes anpassen und mir zum Beispiel ein niederländisches Ich zulegen, indem ich mir einen Geburtstagskalender in die Toilette hänge*, um 18 Uhr zu Abend esse oder in Orange gekleidet bei den Königinnentagen mitsaufe. Um ein letztes Beispiel zu nennen, so kann ich auch versuchen, mich durch die neue Umgebung anregen zu lassen (Motiv Stimulation), mir vielleicht ein Grachtenboot kaufen und damit meine Besonderheit unter meinen deutschen Freunden signalisieren als einer, der, obwohl er im

* Ich war noch in keiner niederländischen Wohnung, wo der nicht hing.

Ausland lebt, immer noch zu ihnen gehört, aber eben etwas anders ist – und gerade deshalb so liebenswert.

Die hier beschriebenen Grundmotive bieten gegenüber dem übergeordneten hedonischen Prinzip eine Differenzierung, die zum Verständnis menschlicher Motivation beiträgt. Mit ihrer Hilfe kann man eine große Vielfalt an Verhaltensweisen erklären, die weit über unseren Untersuchungsgegenstand hinausgeht. Es ist ja nicht besonders spannend zu wissen, dass Menschen etwas haben wollen, um in gute Stimmung zu kommen, interessant ist zu erfahren, ob sie das tun, um die Lage im Griff zu haben, um sich zugehörig zu fühlen oder um sich anregen zu lassen – dies alles kann letztendlich zu einem hedonisch angenehmen Zustand führen.

An dieser Stelle möchte ich noch einmal betonen, dass *Besitz* zur Befriedigung der angesprochenen Bedürfnisse häufig nicht notwendig ist. Ein Kind, das mit Hilfe von Objekten Kontrolle erlernt, oder jemand, der sich von einem Bauwerk geistig anregen lässt, muss diese Dinge nicht besitzen. In der Literatur finde ich diese Differenzierung selten. Manche Forscher setzen das bloße Vorhandensein von Dingen und ihren Nutzen mit dem Besitz gleich. Die Idee, dass Objekte mehreren Mitgliedern einer Gemeinschaft gehören können, und die Frage, ob das psychologisch einen Unterschied zum individuellen Besitz macht, tauchen in der Materialismus-Literatur selten auf. Für die Rettung dieses Planeten ist diese Differenzierung freilich enorm wichtig.

Die Liste der Motive bedeutet auch nicht, dass Haben das einzige Mittel ist, um sie zu befriedigen oder sich gut zu fühlen. Wer sagt eigentlich, dass Haben wirklich funktional ist, wenn man glücklich werden will? Erreicht ein Mensch das hedonische Ziel wirklich durch Besitzmehrung? Darum soll es später gehen – zunächst sollte ich für das Sein jedoch dieselbe Frage beantworten, die ich mir zum Haben gestellt habe: Warum verfolgen wir Seinsziele?

VI
Warum wollen wir etwas sein?

Schon die Frage klingt absurd, weil wir natürlich zunächst einmal »sind«. Aus der Sicht der Sozialpsychologie aber verändern wir uns ständig und wechseln zwischen mehreren *Selbst*, in Abhängigkeit von den Erfordernissen der Situation. Außerdem ist unser gesamtes Selbst eine Konstruktion, eine Geschichte, die wir uns von uns erzählen, und wir haben es somit in der Hand, so zu bleiben, wie wir sind, oder uns – in unseren genetisch vorgegebenen Grenzen – zu verändern. Das sind Seinsziele: Zustände, die wir uns wünschen und die keine materialistischen Aspekte beinhalten. Sie spielen sich im Kopf ab und entstehen im sozialen Kontext, das heißt, sie spiegeln häufig gesellschaftlich erwünschte Zustände wider. Umgangssprachlich setzt man bei Zielen eine bewusste Entscheidung voraus, und selbst wenn das in vielen Situationen zutrifft, können sie, wie schon angesprochen, auch unbewusst aus dem Gedächtnis abgerufen werden. Während manche Ziele das Bewahren eines Zustandes beinhalten (ich möchte gesund bleiben), enthalten andere Ziele eine Aktion, ein Tun, eine Veränderung des Ist-Zustandes hin zu einem Ziel-Zustand. Dieser Aspekt des Aktiven findet eine Übereinstimmung mit der Ansicht Fromms, dass der Seinsmodus beileibe kein Verharren oder gar Erstarren beinhaltet, wie man aufgrund des Wortes vermuten könnte, sondern im Gegenteil Bewegung, Veränderung, Denken, Handlung und selbstbestimmte Arbeit. Mein Fokus auf *Sein als Ziel* lädt zu einer ähnlichen Betrachtung ein: Häufig ist Sein *Werden*. Leben ist ständig im Fluss. Selbst einen Zustand zu erhalten erfordert nicht selten Aktion – womit er wiederum zum Zielzustand wird. Das Ziel, ein guter Vater zu sein, beinhaltet etwa eine ständige Aktion, denn jemand, der sich nicht vom Platz bewegt, kann dieses Ziel nicht erreichen. Ebenso erfordern berufliche Seinszustände häufig Tätigkeit, Handlungen, Bewegung. Fast jeder muss sich fortbilden und sich ständig auf personelle oder strukturelle Veränderungen einstellen. Diese Ziele können durch Haben- oder durch Seinsmittel erreicht werden.

In diesem Kapitel soll es darum gehen, was uns zu bestimmten Seinszuständen antreibt oder uns motiviert, Seinsmittel zu nutzen. Wir werden sehen, dass viele Motive und Bedürfnisse, die ich für das Haben identifiziert habe, auch das Sein motivieren. Wiederum habe ich die Auswahl vor allem auf der Basis der Befundlage getroffen; ich berichte also vor allem über Zusammenhänge, die empirisch überprüft wurden.

Hedonismus

Viele Seinszustände machen schlichtweg *Spaß* und fühlen sich »richtig« an. Wandern, Sport treiben, mit anderen in die Kirche gehen, Partys, Sex, ein motivierender Chef sein – all das versetzt uns in eine gute Stimmung, und das allein ist bereits ein Motivator. Der Wert eines Zielzustandes setzt sich, psychologisch gesprochen, jedoch aus *Spaß* und *Wichtigkeit* zusammen. Nicht immer fühlen wir uns bombig, wenn wir ein Seinsziel erreicht haben oder noch darauf hinarbeiten. Manchmal sind wir lediglich zufrieden, erleichtert oder stolz, und das ist etwas anderes als Spaßhaben. Manches ist schlichtweg wichtig und wertvoll, und allein deshalb visieren wir es an oder tun es – obwohl es keinen Spaß macht. Trainieren oder für eine Prüfung lernen sind solche Tätigkeiten – und manchmal auch »ein guter Sohn sein«, wenn das bedeutet, dass man sich sehr zurücknehmen muss, um ein Treffen mit den Eltern nicht in Vorwürfen oder Streit enden zu lassen. Spenden oder andere altruistische Tätigkeiten wie Verzicht, Freiwilligenarbeit und Helfen, um einige weitere zu nennen, müssen ebenfalls nicht unbedingt Spaß machen; wir tun sie trotzdem, weil wir sie für *wichtig* halten und davon überzeugt sind, dass wir *das Richtige* tun.

Bei aller Selbstverständlichkeit ist dies nicht so trivial, wie man denken mag, denn es ist fraglich, ob andere Tiere einen solchen Motivator haben oder, anders ausgedrückt, ob die Motivation durch Wichtigkeit nicht eine typisch menschliche Fähigkeit ist. Etwas zu tun oder anzustreben, ohne dass es direkt positiv verstärkt wird oder zu einem sofortigen Genuss führt, gelingt vermutlich (neben einigen wenigen Primaten, von denen das behauptet wird) nur uns und ist ein klarer Überlebensvorteil.

Was uns an der Tätigkeit wichtig erscheint, wird zum Großteil durch gesellschaftliche Normen bestimmt. Wir lernen, was richtig, adäquat und gut ist, wir entwickeln ein Wertesystem, nach dem wir uns ausrichten, und wir fühlen uns gut, wenn wir uns innerhalb gesellschaftlicher Regeln bewegen. Werte und daraus resultierendes Verhalten sind uns weniger lästig, wenn wir sie verinnerlicht haben. So bin ich recht froh, dass man mir als Kind Tischmanieren beigebracht hat (obwohl dies teils unter Druck und mit Tränen meinerseits einherging), so dass es für mich überhaupt nicht anstrengend ist, mit Fremden aller Couleur essen zu gehen. Vollkommen automatisch gelingt es mir, meine Tischnachbarn nicht durch Schmatzen, Armaufstützen oder Sprechen mit vollem Mund aufzuregen. Es fällt mir auch nicht schwer, in einem Supermarkt nicht zu klauen oder in einem Gespräch nicht anzugeben – das habe ich alles so verinnerlicht, dass es mich keinerlei

Kraft kostet. Dadurch kann es mir sogar vorkommen, dass meine Werte mich intrinsisch motivieren, das Richtige zu tun, und ich zufrieden bin, wenn sie mich gut durch den Alltag führen, obwohl sie natürlich antrainiert wurden. Hedonische Ziele werden somit gleich auf mehreren Wegen erreicht: Das Verhalten stört mich nicht, kostet keine Kraft, und da es sich um normkonformes Verhalten handelt, habe ich damit Erfolg und werde dafür belohnt.

Ähnlich wie Wichtigkeit kann Spaß intrinsische wie extrinsische Quellen haben. Nehmen wir den Glauben als Beispiel. *Intrinsische Religiosität* bezieht sich darauf, dass man eine Religion »lebt«, *extrinsische Religiosität* darauf, dass man sie »nutzt«, um etwas anderes damit zu erreichen – so sieht es jedenfalls Gordon Allport, der diesen Unterschied prominent eingeführt und untersucht hat. So ist ein intrinsisch motivierter Gläubiger jemand, der die Ziele der Glaubensgemeinschaft umsetzen will. Er will im Christentum etwa den Kontakt zu seinem Gott haben, dessen Regeln befolgen und sich spirituell entwickeln. Der extrinsisch Religiöse verfolgt andere Ziele, beispielsweise durch den Kirchenbesuch mit anderen Menschen ins Gespräch zu kommen oder sich gar berufliche Vorteile zu verschaffen. Wenn Menschen das Gefühl haben, sie begäben sich in die Kirche, weil sie damit im Glauben aufgehen und ihrem Herrn dienen (das wäre intrinsisch), sind sie im Alltag weniger ängstlich und depressiv als diejenigen, die mit dem Kirchenbesuch vor allem andere Ziele verfolgen, wie »unter Leute zu kommen« (das wäre extrinsisch), wie Kenneth Pargament es in einem Überblick zum Thema Vor- und Nachteile von Religiosität zusammenfasst. Das bedeutet jedoch nicht, dass der Gottesdienst für Menschen, die ihn nur wegen des anschließenden Gratis-Frühstücks besuchen, frei von Freude sein muss. Auch ihr Ziel dürfte hedonischer Natur sein. Sie üben die Religiosität lediglich aus einem anderen Grund aus. Dies hat, so die Forschung, zwar nicht dieselben positiven Effekte auf die psychische Gesundheit wie die intrinsische Religiosität, wirkt sich aber auch nicht negativ aus. Natürlich wird das Ganze weniger befriedigend sein, wenn der Besuch vollends zur Pflichtübung wird.

Das gilt übrigens für viele Seinsziele. Würde ich vor allem deshalb mit den Kollegen zum Fußballspiel gehen, um das Betriebsklima zu verbessern, hätte ich einfach nicht den Spaß, den ich als Opernfan mit der Musik haben kann. Museen zu besuchen, in der Natur zu wandern, auf Partys zu gehen oder ein bestimmtes Berufsziel zu verfolgen, nur weil alle sagen, »das ist besser für dich« (obwohl es das eben nicht ist) – dazu sind wir in der Lage, aber es macht keinen Spaß und kann sogar weh tun. Halten wir fest: Hedonische Beweggründe sind kein Charakteristikum von Habenzielen. Der Wunsch, durch eine nicht-materialistische Aktivität oder Einstellung Spaß zu haben oder Wichtiges zu erreichen, nährt viele Seinsziele.

Zugehörigkeit und Besonderheit

Viele Seinsziele beinhalten den Wunsch, anderen näher zu sein, sind angetrieben von dem schon angesprochenen Bedürfnis nach Zugehörigkeit. Besonders beim Feiern, beim Sport, beim Sex, beim Gründen einer Familie, beim Vater- oder Muttersein oder beim Gottesdienst wird eine – in diesen Fällen sogar notwendige – Verbundenheit mit anderen sichtbar. Die Zugehörigkeit zu einer Gruppe erlaubt es wiederum, als Individuum in Erscheinung zu treten und als solches wahrgenommen zu werden. Soziale Motive führen nicht immer, wie das Konzept anklingen lässt, zu gesunden oder »guten« Verhaltensweisen; auch Drogenkonsum, riskanter Sex, gefährliche Sportarten oder unliebsame Jugendaktivitäten (sprayen, zusammen faulenzen etc.) sind häufig sozial motiviert. Studien um Joan Tucker zeigen, dass Jugendliche vor allem deshalb Drogen nehmen, um an Popularität zu gewinnen und von ihrer Clique akzeptiert zu werden. Gerade in dieser Lebensphase wollen Menschen durch ein bestimmtes Verhalten zu einer Gruppe gehören. Sie befolgen Normen ihrer Peergroup, die diese, in Abgrenzung zu den elterlichen Vorstellungen, neu definiert. Obwohl durch diese Selbstfindungsprozesse Norm- und gar Gesetzesbrüche mit der vorherrschenden erwachsenen Mehrheit wahrscheinlicher werden und das Ganze für Eltern mitunter wie eine vollständige Auflösung bestehender Regeln aussieht, ist der psychologische Prozess des Anschlusses an eine Gruppe bei Kindern wie bei Eltern derselbe. Die Kinder folgen lediglich anderen Normen. Forschung des Motivationspsychologen Falco Rheinberg zeigt, dass Sprayer von Graffitis – die außerhalb jeder Norm zu agieren scheinen – mit ihren Aktionen nicht zuletzt ihre Peergroups beeindrucken wollen. Letztlich ist also der Grund, warum Oma ein Spitzendeckchen zum Kaffee auflegt und warum Björn-Maximilian einen Penis an die Hauswand sprayt, derselbe: von seiner Gruppe gemocht werden.

Seinsziele wie Berufsvorstellungen, Rollen und Eigenschaften, die man bewahren, verbessern oder erringen will, entstehen im sozialen Kontext, was nichts anderes bedeutet, als dass gesellschaftliche Erwartungen unsere Ziele bewusst oder unbewusst beeinflussen. Solche Erwartungen unterliegen gesellschaftlichen Veränderungen. So wäre vor 50 Jahren »Rechtsanwältin sein« als ein unrealistisches und unangemessenes Seinsziel erschienen, weil ein Jurastudium jungen Männern vorbehalten war. Heutzutage würden wahrscheinlich sowohl Eltern wie auch Peers diesen Berufswunsch bei Frauen verstärken.

Religiosität kann ebenfalls durch soziale Zugehörigkeit

motiviert sein. Die Kirchen in Deutschland etwa bieten zahlreiche Gelegenheiten, andere zu treffen, die vor allem von älteren Menschen und vielen Einsamen genutzt werden. Gemeinsame Rituale wie Singen, Beten und Spenden verstärken den Eindruck, zu einer Gruppe zu gehören, und von der Kanzel aus wird man, unter Berufung gar höherer Mächte, darin bestätigt, die richtige Gruppe gefunden zu haben. Diese Mechanismen motivieren auch zu anderen Seinszielen und damit verbundenen Tätigkeiten. Spaziergänge, Musik, Party, Meditationskurse oder Sport machen wir gern mit »unsereins« und tauschen uns mit Freude darüber aus. Manchmal spürt man sogar eine gesellschaftliche Missbilligung, wenn man Dinge allein unternimmt, die man der Norm nach gemeinsam tun sollte. Berufsbedingt musste ich oft allein essen oder in Konzerte gehen und fing dabei immer wieder merkwürdige Blicke meiner Mitmenschen auf – davon abgesehen, dass man als Einzelner in Restaurants häufig an den Katzentisch gesetzt wird. Dies ist noch eklatanter in kollektivistischen Gesellschaften, in denen die Gruppe über dem Individuum steht. In Asien bestelle ich manchmal mein Essen auf das Hotelzimmer, weil die verstörten Blicke der anderen mir lästig werden. Dort ist normkonformes Verhalten noch wichtiger als bei uns, und Normbrüche, gerade was die Geselligkeit angeht, werden stärker geahndet.

Wie man sieht, fließen hedonische und soziale Motive bei Seinszielen ineinander. Häufig ist es so, dass ein gutes Gefühl (Ziel hedonischer Motive) bei Seinszielen durch Zugehörigkeit erlangt wird. Meine Gruppe treibt mich zu einem Verhalten, applaudiert, wenn ich damit Erfolg habe, mein Selbstwert steigt, und ich fühle mich wohl.

Selbstverwirklichung

In der Bedürfnispyramide von Maslow ist *Selbstverwirklichung* ein prominentes Motiv. Dieses Konzept wird in der Philosophie unterschiedlich definiert. Während manche darin den egozentrischen Wunsch sehen, sich und ihren Willen durchzusetzen, geht es bei Maslow und in der humanistischen Psychologie darum, dass ein Individuum das eigene Potenzial ausschöpfen will, also *das anstrebt, was ihm anlagebedingt überhaupt möglich ist.* Dies ist nicht unbedingt egozentrisch, sondern kann sich ebenso gut in altruistischem Verhalten zeigen. Wie sich dieses Bedürfnis letztlich ausdrückt, ist in höchstem Maß vom Individuum selbst abhängig. Folglich wird die eine damit den Wunsch verbinden, eine erfolgreiche Managerin zu sein, und der andere, ein fürsorglicher Lehrer zu sein.

Diese Betrachtungsweise lässt natürlich die Frage aufkommen, wie man überhaupt erfährt, welches Potenzial in einem steckt und was die eigene Anlage eigentlich beinhaltet. Meine Erfahrung als systemischer Berater lehrt mich, dass sich viele Menschen zum einen zu wenig zutrauen und zum anderen Dinge tun, die andere für wichtig halten, die ihnen selbst aber gar keinen Spaß machen. Ich habe diesen Fragen mein Buch *Der Autopilot* gewidmet, deshalb will ich hier nur die wichtigsten Punkte zusammenfassen.

Wenn man uns das häufig genug erzählt, was wir nicht können, dass wir uns zum Beispiel schlecht konzentrieren können, keinen grünen Daumen haben, nicht kochen können, »motorisch ungeschickt« oder unmusikalisch sind, wenn man über unsere Misserfolge auch noch lacht oder uns sogar dafür bestraft, glauben wir irgendwann selbst an unsere Unfähigkeit und nehmen Abstand von der Aufgabe. Mir wurde als Kind eingeredet, ich sei unsportlich, und als Folge dieser negativen Zuschreibungen mied ich jeglichen Sport – ich hatte in der Oberstufe sogar ein Attest, damit ich bloß nicht in den fürchterlichen Sportunterricht musste. Ich war sogar richtig stolz darauf, unsportlich zu sein, und so gehörte die Verachtung aller Leibesertüchtigungen zu meiner Identität. Häufig sind solche Konstruktionen über das unfähige Selbst objektiv gesehen reiner Blödsinn und führen nicht selten zu Teufelskreisen: Dadurch, dass man vom eigenen Unvermögen überzeugt ist, strengt man sich in diesem Bereich nicht weiter an, und durch das Übungsdefizit ist man schließlich tatsächlich schlecht darin. Da es sich aber in den meisten Fällen allein um einen Trainingsmangel handelt, kann man Defizite durch Übung ausgleichen.

Als ich mich mit 35 Jahren nach Jahrzehnten sportlicher Untätigkeit für das Schwimmen interessierte, schaffte ich kaum zwei Bahnen. Jedoch gab ich nicht auf, und nach einem Jahr Training schaffte ich mühelos zwei Stunden am Stück. Ich bin davon überzeugt, dass jeder Mensch eine riesige Schatzkiste mit sich herumträgt, die nur unter Lügen anderer und schlechten Erfahrungen verborgen ist. Das Erkennen falscher Glaubenssätze über sich selbst ist enorm befreiend. Probieren Sie einfach mal etwas aus, was Sie schon immer mal machen wollten und wovon Sie und andere dachten, Sie könnten es nicht – aber nehmen Sie sich eine gute Lehrerin oder einen guten Lehrer hinzu, jemanden, der auf Ihre Ressourcen schaut und beim Graben hilft!

Dem zweiten Problem – ob man tatsächlich die Dinge tut, die zu einem passen und die man wirklich tun will – ist schwieriger auf den Grund zu kommen. Wie oft habe ich es mit Klienten zu tun, die nicht wissen, ob sie ihren Beruf ergriffen haben, weil sie das wirklich wollten (intrinsische Motivation) oder weil er von außen an sie herangetragen wurde (extrinsische Motivation). Vor einiger Zeit bat mich eine Studentin der Wirtschaftspsychologie, ihr dabei zu helfen, herauszufinden, ob sie das Fach aus freien Stücken studierte oder weil ihre Familie das von ihr erwartete. Wir brauchten einige Zeit, bis wir dahinterkamen, dass sie eigentlich viel reisen wollte und noch lieber im Garten arbeitete. Selbst als Studentin leistete sie sich einen kleinen Schrebergarten und liebte es, Rosen zu züchten: »Aber Gärtnerin werden? Mit einem Einser-Abitur, Herr Förster? Oder Reisebegleiterin? Neee.«

Der häufig schon angeklungenen Unterscheidung zwischen intrinsischer und extrinsischer Motivation sei hier einmal mehr Platz eingeräumt. Sie wurde von Deci und Ryan in ihrer *Selbstbestimmungstheorie* ständig weiterentwickelt und untersucht. Fast immer resultieren ihre Studien darin, dass intrinsische Motivation stärker ist als extrinsische, dass sie zu besseren Leistungen führt, Freude und Spaß produziert und Stress reduziert. Bei Berufen, die häufig unser gesamtes Leben prägen, scheint es daher besonders wichtig zu sein, die richtige, zu einem passende Tätigkeit zu wählen. Konfuzius soll gesagt haben: »Wähle einen Beruf, den du liebst, und du brauchst keinen Tag in deinem Leben mehr zu arbeiten.« Die Studentin schwenkte übrigens nicht auf Landschaftsbau um – sie gestand sich schließlich ein, dass ihr ein höheres Gehalt und eine hohe gesellschaftliche Anerkennung wichtig wären. Wir fanden allerdings gemeinsam heraus, dass sie den Beruf zu eng fasste – das ist nicht untypisch für Studierende –, das Stereotyp einer Managerin, die mit strenger Frisur die Karriereleiter in einer Personalabteilung oder im Vertrieb erklimmt, war nicht ihr Ding. Wir zäumten das Pferd von hinten auf und suchten nicht mehr nach Berufen, sondern sammelten all die Talente und Interessen, die sie hatte, schrieben sie auf Zettel und legten diese vor uns hin. Und dann bauten wir daraus einen Beruf. Eine Psychologin, die gern reist, die sozial kompetent und intelligent ist und die zudem etwas von Pflanzen versteht, braucht man zum Beispiel in Organisationen zur Rettung von Regenwäldern. Sie schickte eine Bewerbung an eine solche Organisation und wurde tatsächlich genommen. Keine große Zauberei übrigens bei intrinsisch motivierten Aktivitäten. Wenn man etwas wirklich von innen heraus will, signalisiert das jede Zelle, und das Gegenüber erfreut sich an einer solchen Ausstrahlung, die pure Motivation verströmt.

So wirkungsvoll intrinsische Motivation sein kann, so problematisch ist eine saubere Trennung von extrinsischen und intrinsischen Motiven. Letztendlich sind die meisten Normen, Standards, Regeln und Interessen sowieso in einem sozialen Kontext entstanden. In Kolumbien wäre die Studentin sicherlich einfach Gärtnerin geworden, weil dieses Handwerk dort nicht so abgewertet wird wie bei uns. Und in einer weniger materialistischen Gesellschaft wäre sie mit dem Gehalt einer Gärtnerin vermutlich zufrieden gewesen. In unserer Welt aber hätte sie dieser Beruf wahrscheinlich nicht glücklich gemacht und wäre sie »nicht sie« gewesen, denn die von außen aufgezwungenen Werte (hohe Anerkennung, hohes Gehalt) sind nun einmal ein Teil ihres Selbst geworden.

Letztendlich, so argumentieren Deci und Ryan, ist intrinsische Motivation lediglich das subjektive *Gefühl* der Selbstbestimmung. Wenn wir dieses Gefühl haben, motiviert es uns, etwas zu tun, und es erlaubt uns, in die Zukunft zu planen. Menschen sind Tiere, die sich nicht nur von ihren Trieben und sichtbaren Verstärkern im Hier und Jetzt leiten lassen. Ihnen reicht ein internes, ein innerlich gefühltes Verlangen, etwas zu wollen, und eine Idee, etwas anzugehen. Während ein Vogel anfängt, ein Nest zu bauen, wenn das Klima eine gewisse Hormonausschüttung erwirkt und genug Nistmaterial zur Verfügung steht, kann ein Mensch, der den Willen verspürt, ein Haus zu bauen, den Bau planen, unabhängig von hormonellen Determinismen und ohne dass er im Moment die finanziellen Mittel dafür zur Verfügung haben müsste. Er kann auf lange Jahre planen, um zum Ziel zu kommen. Evolutionär gesehen bedeutet die Unabhängigkeit von einem äußeren

Auslöser einen Vorteil, denn wir Menschen sind dadurch in der Lage, Durststrecken zu begreifen und durchzustehen und über die unmittelbar existierende Umgebung hinwegzusehen und zu planen.

In vielen Seinszielen zeigt sich dieser Drang, vermeintlich selbst entwickelte, intrinsische Ziele zu verwirklichen. Wir nehmen häufig keine sichtbaren äußeren Verstärker wahr, wenn wir Sport treiben, uns vegetarisch oder vegan ernähren, meditieren, an unserer Persönlichkeit arbeiten, ein Bild malen oder in ein Konzert gehen. Wir »arbeiten an uns selbst«, und es macht uns Spaß. Lediglich im sozialen Kontakt werden wir durch Lächeln, Lob oder Zustimmung extrinsisch verstärkt, und diese soziale Bestätigung unterminiert nach Deci und Ryan unsere Motivation weniger als Geld oder materielle Anreize. Selbstverwirklichung ist eine starke nicht-materialistische Kraft, wenn sie gesellschaftlich ermöglicht wird und wenn sie tatsächlich aus dem Selbst geschöpft wird.

Unsicherheit und Kontrolle

Menschen versuchen Unsicherheit zu reduzieren. Das ist unter anderem ein Grund dafür, dass sie sich der Gruppennorm anschließen: Sie können auf diese Weise sichergehen, »das Richtige« zu tun – und dafür gelobt zu werden oder zumindest keine Sanktionen zu erfahren.

Auch Religiosität und Spiritualität hängen mit einem Sicherheits- und Kontrollbedürfnis zusammen. Es beginnt damit, dass für den Gläubigen die größte Unsicherheit aufgelöst wird: Die Frage, was nach dem Tod passiert, wird beantwortet – wenn auch häufig nicht mit größter Präzision. Auf diese Weise bewältigt man existenzielle Angst. Als ich während meines Gesangsstudiums in Tirol einen Meisterkurs im Oratorium besuchte und meiner Lehrerin einmal anvertraute, dass ich große Angst vor dem Sterben habe und deshalb die Kantate nicht gut singen könne, in der Gott als Arzt und Wundermann beschrieben wurde, sagte sie lapidar: »Dann glaub halt fester an deinen Gott.«

Es ist somit auch nicht verwunderlich, dass bei Menschen, denen Schreckliches widerfahren ist, die Wahrscheinlichkeit steigt, dass sie gläubig werden. Wenn ein geliebter Mensch stirbt, wenn man selbst durch ein Missgeschick krank oder behindert geworden ist, wenn man ohne Schuld arbeitslos geworden ist, dann kann einem der Glauben Kraft geben – und eine gewisse Kontrolle, die aus dem Gedanken entsteht, dass es nicht zufällig passiert ist, sondern dass darin irgendein Sinn liegt. Der Glauben stellt also auch Sicherheit wieder her. Selbst wenn man als Mensch keine unmittelbare Kontrolle erlebt, so hat man doch das Gefühl, dass jemand auf einen aufpasst und dass wir Menschen nicht der Spielball eines herzlosen Schicksals sind. Gott ist für alles der Agent, und Zufälle oder völlige Unsicherheit gibt es nicht.

Zudem legt mir die Religion nahe, was ich zu tun habe, um gut von meinem Gott behandelt zu werden. Katholiken beispielsweise wissen, dass man seinen Sexualtrieb zurückhalten muss, dass man die Zehn Gebote einhalten muss, aber auch spenden, beten, beichten, am Gemeindeleben teilnehmen sollte. Durch diese konkreten Verhaltenserwartungen gewinnt man Kontrolle: Halte ich mich an die Regeln, rückt das Paradies näher; halte ich mich nicht daran, dann bin ich auf Gottes Gnade angewiesen. Viele Studien, die Michael McCullough und Brian Willoughby zusammengetragen haben, zeigen dementsprechend, dass religiöse Menschen sich im Alltag weniger machtlos fühlen, und dies trifft vor allem auf jene zu, die intrinsisch motiviert sind, Gott durch Gebet und Taten nahe zu sein.

Lebenssinn hängt nicht unmittelbar mit dem Glauben zusammen, weil viele diesen Sinn inzwischen in anderen Bereichen suchen, jedoch zeigt die Forschung, dass es religiösen Menschen leichter fällt als Atheisten, einen Sinn im Leben zu sehen.

Zu guter Letzt fühlen sich Religiöse Ungläubigen überlegen, und dies reduziert Ohnmacht. Gordon Allport sah in der Religion eine Quelle für Vorurteile, schließlich wisse jeder Gläubige, wer die Hölle verdient habe. Und generell führe die Religion zu selbstwertdienlichen Prozessen, die beruhigen und den Status quo besser erscheinen lassen – nicht umsonst nannte Heinrich Heine Religion »geistiges Opium«, gefolgt von Marx' berühmten Zitat als »Opium des Volkes«, denn Religion kann dem Unterdrückten das Gefühl geben, dies sei eine gerechte Welt, und ihn so davon abhalten, sie zu verändern. Der Gläubige fühlt sich mächtig, weil er weiß, dass seine Zeit kommen wird. Irgendwann wird er im Paradies über jene gestellt sein, die ihn jetzt unterdrücken.

Zusammenfassend gesagt, ist Kontrolle sicherlich nicht der einzige Grund für Religiosität, aber ein entscheidender. Religion stellt Kontrolle wieder her, reduziert existenzielle Angst, beantwortet die Frage nach dem Sinn des Lebens, weist einem den Weg, wie man, wenn nicht im jetzigen, dann doch im Leben nach dem Tod glücklich wird, und gibt einem ein Überlegenheitsgefühl Nichtgläubigen gegenüber.

Auch Meditationstechniken und Sport dienen häufig der Kontrolle – über die eigene Gesundheit oder das innere Gleichgewicht (Stimmungsregulation). Verzicht auf schädliche Nahrung, Drogen oder ungesunde Tätigkeiten geben ebenfalls einigen Menschen Sicherheit. Letztendlich ist sogar die Erfindung von Berufen, die uns schließlich stark beschäftigen, der Versuch, Kontrolle zu gewinnen. Nicht nur über Arbeitsverträge, von denen wir uns ein dauerhaftes Einkommen erhoffen und in denen klare Vorstellungen formuliert werden, erlangen wir eine größere Sicherheit, sondern auch durch die Tatsache, dass Berufe genauestens definiert sind. Ich weiß, was ich als Psychologe zu lernen habe, und mein Patient weiß, was er von mir erwarten kann. In anderen Kulturen gelten allerdings weniger rigide Berufsvorstellungen. So kann jemand in den USA mit einem Abschluss in Psychologie durchaus in ein Speditionsunternehmen einsteigen oder am Theater als Dramaturg anfangen – man nimmt einfach an, dass jemand mit einem akademischen Grad sich in kaufmännische Angelegenheiten einarbeiten oder Theaterstücke beurteilen kann. Solche Karrieren wären in Deutschland kaum möglich. Zu sehr wollen wir unsere Berufe kontrollieren, zu sehr wollen wir sicher sein, dass jemand etwas wirklich (schon) kann. Eine zu starke Kontrolle von außen kann natürlich auch als einschränkend empfunden werden und Selbstverwirklichung verhindern. Und füllt zudem die langen Schlangen der Arbeitsämter auf – schon spricht man vom »Akademikerprekariat«.

Andererseits gibt es Seinszustände, die man herbeiführt, um die Kontrolle für eine gewisse Zeit zu verlieren. Drogen, Sex, Partys und bestimmte Sportarten sind solche Ausflüge in Momente von Kontrolllosigkeit – allerdings werden sie in der Hoffnung durchgeführt, dass sie endlich sind. Niemand will freilich sein ganzes Leben im Rausch zubringen oder im Zustand des freien Falls beim Bungee-Jumping. Häufig finden solche »Fluchten« deshalb in sicherer Umgebung statt, das heißt, man versichert sich dessen, dass man unversehrt bleibt.*

* Dem aufmerksamen Leser mag aufgefallen sein, dass ich Kontrolle und Sicherheit beim Sein ein gemeinsames Kapitel gewidmet habe. Dies lag daran, dass die meisten beschriebenen Phänomene zeigten, wie Menschen Kontrolle aus Situationen der Unsicherheit gewinnen. Dies ist allerdings ein Fall, wo Kontrolle und Sicherheit konträr zueinander laufen, denn nur in Situationen der Sicherheit gibt man auch gern einmal Kontrolle ab.

Vermutlich verhält es sich mit der Kontrolle so wie mit vielen anderen Zuständen des Lebens: Ein Zuviel führt zu einer Suche nach dem Gegenteil. Allerdings sind die Gründe für solche Aktivitäten vielfältig, wie Befragungen zeigen – manche sehen zum Beispiel Paragliding oder Klettern als Leistungsaufgabe, manche lieben die kinästhetischen Erfahrungen oder das Naturerlebnis, und andere mögen den Moment des Risikos und genießen es, die Langeweile des Alltags hinter sich zu lassen.

Spannend sind Analysen, die altruistische Tätigkeiten als Kontrollnahme interpretieren. Sartre sieht im Schenken eine Möglichkeit, Kontrolle über andere zu erlangen. Mir scheint, dass diese Betrachtung in den historischen Kontext eingebunden werden muss, in dem Sartre das Werk *Das Sein und das Nichts* schrieb. Es erschien im Jahr 1943, in einer Zeit, in der der Hyperindividualismus im Konsum noch nicht etabliert war und in dem weite Teile der Bevölkerung sich auch Dinge wie Kleidung, Schmuck, Möbel und alltägliche Gebrauchsgegenstände schenkten. Damals schienen Selbstverwirklichungsaspekte beim Kaufen und Schenken weniger Berücksichtigung zu finden als Nützlichkeit, Funktionalität und manchmal auch schlichte Bedürftigkeit. Man schenkte dem anderen, was er nötig hatte, und konnte dabei nicht immer auf den individuellen Geschmack der Beschenkten Rücksicht nehmen. Ich erinnere mich daran, dass meine Eltern meinen Tanten in den 70er Jahren Hosen und Mäntel schenkten und somit streng genommen tatsächlich einen Einfluss auf das Erscheinungsbild der Frauen hatten. Ich erinnere mich auch noch daran, wie meine die Familie dominierende Oma meiner Mutter einmal einen Schwung Einmachgläser schenkte, wohl mit der Aufforderung, wirtschaftlicher zu arbeiten, und womöglich sogar mit dem Hintergedanken, ihr ab und zu ein Glas Pflaumenkompott abzukaspern. Heutzutage würden sich selbst kleine Kinder über gedankenlos gekaufte Kleidungsgeschenke aufregen. Wo der freie Wille regiert und die Selbstverwirklichung das höchste Ziel ist, da will man exakt das haben, was man sich konkret gewünscht hat.

Inzwischen hat es sich also herumgesprochen, dass man Beschenkten nicht »seinen Geschmack aufdrücken« sollte (auch diese sprachliche Wendung drückt Kontrolle aus). Nichts ist schlimmer als eine selbstgetöpferte Scheußlichkeit, von der erwartet wird, dass ich sie in mein Wohnzimmer stelle. Viele meiner Freunde bitten zu ihren Festen um Spenden an wohltätige Organisationen – weil man sowieso schon alles hat, weil man keine Lust hat, sich das Design des Wohnzimmers verschandeln zu lassen, oder weil man die ohnehin schon vollen Schränke nicht mit überflüssigem Zeug zustopfen möchte. Hochzeitslisten sind ein weiteres Beispiel für das Aushebeln der Einflussnahme durch Schenkende. Geschäfte halten inzwischen Vordrucke bereit, auf denen das Brautpaar seine Wünsche, mit Artikelnummern versehen, auf das Genaueste angeben kann. So hat man sogar in der Hand, von welcher Marke und in welcher Farbe der Schnellkochtopf »geliefert« werden soll. Manche Brautleute bitten heutzutage sogar unverbrämt um Geld. Einige werden diesen modernen unromantischen Pragmatismus des Schenkens bejammern, aber vielleicht haben wir ja von Sartre (oder aus Erfahrung) dazugelernt und wehren uns tatsächlich gegen die von ihm postulierte ungewünschte Kontrolle durch Schenken.

Menschen möchten sich durch Geschenke zudem beim anderen beliebt machen. Auch dies kann, streng genommen, ein Versuch der Einflussnahme sein. Ich erinnere mich, dass meine Oma früher an Weihnachten alljährlich in einen Konkurrenzkampf mit meiner Mutter trat. Sie schenkte uns Massen an billigem Zeug, was bei uns Kindern verfing, denn schließlich hatten wir noch keine Idee für Qualität entwickelt, und so gewann sie im Ansehen gegen unsere Mutter, die damals schon lieber ein hochwertiges Steifftier kaufte als fünf billige

Teddys mit schief angeklebten Augen. Durch den billigen Trick »Quantität statt Qualität« kaufte meine Oma sich also buchstäblich Sympathie. Die Pubertät allerdings, in der wir selbst in Ostwestfalen-Lippe keine No-Brand-Jeans mehr anzogen, machte dem Treiben ein jähes Ende, und so verlor meine Oma mehr und mehr die Kontrolle über uns. Irgendwann stieg sie – clever, aber mit Seinsmitteln nicht gerade gesegnet – auf Geldgeschenke um.

Auch dieses Beispiel zeigt, dass Schenken, nüchtern betrachtet, nicht immer auf rein altruistischen Motiven basieren muss – manchmal will der Beschenkte schlichtweg mehr gemocht und eventuell sogar wiederbeschenkt werden. Rob Cialdini beschreibt in seinem Buch *Die Psychologie des Überzeugens*, wie schwer es uns Menschen fällt, Geschenke anzunehmen, ohne etwas zurückzugeben. Es herrsche ein *Reziprozitätsprinzip*. Schenken Spendensammler Passagieren auf Flughäfen eine Rose, spenden diese eher. Es scheint Menschen unerträglich zu sein, bedingungslos beschenkt zu werden. Dies beruht vielleicht auf in der Evolution entstandenen Ritualen – in einer Welt begrenzter Güter, in der alle überleben wollten, war es ja auch sinnvoll, Dinge nicht einfach ohne Gegenleistung wegzugeben. Das »Wie du mir, so ich dir« ist das Schmieröl für Vertrauen und sichert in schlechten Zeiten das Überleben: Hat der Apfelbauer in diesem Herbst eine gute Ernte und gibt mir etwas ab, wird er, wenn im nächsten Jahr seine Ernte schlecht ausfällt, von mir Kartoffeln bekommen. So wird aus dem Schenken schnell eine Art Tauschgeschäft, damit am Ende keiner zu kurz kommt. Natürlich gibt es auch »persönliche Geschenke«, bei denen weniger der materielle Wert im Vordergrund steht als vielmehr die Gedanken, die man sich dabei gemacht hat, oder die Intention, an ein gemeinsames Erlebnis zu erinnern. Solche Geschenke eignen sich besonders zum Teilen von Erfahrungen und sind die Objekte, die – vor allem im Alter – am meisten zählen.

Zu guter Letzt gibt es Seinsziele, die wohl in keinerlei Zusammenhang mit einem Kontrollbedürfnis stehen. Naturerlebnisse werden vermutlich selten gesucht, um die Natur zu bezwingen oder sie in den Griff zu bekommen. Ich habe auch keine Literatur gefunden, die zeigt, dass vor allem unsichere Menschen wandern gingen. In die Natur gehen wir wohl vor allem, weil wir »auftanken« wollen und für einen Moment den Zwängen des zivilisierten Lebens entkommen möchten. Manchmal geben wir sogar Kontrolle auf, wenn wir zum Beispiel draußen zelten und uns den Naturgewalten aussetzen. Auch wäre es weit hergeholt, eine Familiengründung heutzutage als Kontrollnahme zu begreifen, selbst wenn die Eltern sicherlich Macht über die Kinder haben werden und wenn man sich in Gesellschaften, in denen Kinder später üblicherweise für die Eltern sorgen, mit Nachwuchs für das Alter absichern kann. Manche Seinsziele scheinen anders motiviert zu sein.

Zusammenfassend halte ich fest, dass viele Seinsziele durch ein Kontrollbedürfnis oder Unsicherheiten genährt werden. Natürlich ist das nicht bei jedem Ziel im gleichen Maß der Fall, und natürlich wird nicht jeder Mensch, der religiös, Veganer oder sportlich ist, dies aus einem Gefühl mangelnder Kontrolle heraus sein. Genauso wenig ist ja Kontrolle das einzige Motiv für Habenziele. Die Forschung zeigt lediglich, dass Kontrolle im Allgemeinen ein wichtiges Motiv ist, das den Drang zu Haben oder zu Sein nährt.

Gier und Neid

Gier und Neid durch soziale Vergleiche – das scheint erst einmal nichts mit Seinszielen zu tun zu haben. Dennoch gibt es natürlich das Schachern von Ämtern, Posten und Titeln und sind manche auf Berufe und den Status anderer neidisch, was sie motivieren kann, einen ebensolchen zu erwerben. Selbst Freunde und Wissen kann man »erwerben«, um damit zu glänzen – ich habe ja die Objektifizierung von Menschen als Statusfreunde schon genannt –, obwohl es sich dabei nicht um Güter handelt.

Für Fromm würde das schlichtweg eine materialistische Einstellung widerspiegeln, die zu einer Instrumentalisierung von Nicht-Materiellem führen kann. Ich selbst habe mit Sarah Gervais zusammen an diesem Thema gearbeitet und in der Tat beobachtet, dass Menschen andere instrumentalisieren, nur Teile an ihnen wahrnehmen (zum Beispiel sexuell assoziierte Körperteile bei Frauen), womit aus einem Lebewesen ein Objekt werden kann, das man für seine Interessen benutzt. Darüber hinaus haben Phillip Ozimek und ich gerade in Bochum eine Studie unter Facebook-Usern beendet, die zeigt, dass Materialisten häufiger Facebook-Freunde benutzen, die sie einerseits als eine Art digitalen Besitz betrachten und die ihnen andererseits dabei helfen, ihre Ziele zu erreichen, beispielsweise finanziellen Erfolg. Zudem frequentieren Materialisten verstärkt Facebook, um sich mit anderen vergleichen zu können.

In meinem Modell würde hier ein Seinsmittel vorliegen oder, genauer betrachtet, ein Seinsziel zu einem Mittel für ein Habenziel: »Ich gewinne Freunde (Seinsziel), damit ich letztendlich erfolgreicher bin und mehr verdiene (Habenziel)« oder »Ich sammle Titel und Preise (Seinsziel), damit meine Vorträge sich noch besser verkaufen (Habenziel)«. Seinsziele, sobald erreicht, können also als Instrument für mehr materiellen Erfolg genutzt werden.

Da dies ein komplizierter Zusammenhang ist, noch einmal zur Wiederholung: Das allgemeine Phänomen, dass Ziele zu Mitteln werden können, ist aus der Motivationspsychologie weitgehend bekannt, denn Ziele sind häufig in Zielhierarchien angeordnet. »Ich gehe zum Zahnarzt, um meine Zähne richten zu lassen, damit ich besser aussehe, um mit diesem blendenden Antlitz mehr Erfolg auf dem Heiratsmarkt zu haben«, illustriert eine solche Hierarchie. In diesem Beispiel ist das Richten des Gebisses zunächst einmal ein Ziel, das erreicht werden muss. Ist das Ziel erreicht, stehen die Zähne also in Reih und Glied, wird dieser Zustand ein Mittel zum Zweck des Flirtens. Bezogen auf unser Thema, ist es von Bedeutung, ob Seinsziele zu Mitteln werden, um andere Seins- oder Habenziele zu erreichen.

Ist es so, dass ich vor allem deshalb Professor geworden bin, um diesen Zustand zu genießen? Schließlich kann ich als Professor frei forschen, mich kreativ entfalten und selbst verwirklichen. Hier wäre ein Seinsziel erreicht, um all das zu tun, was mit diesem Seinsziel verbunden ist. Oder ist es so, dass ich vor allem aus dem Grunde Professor geworden bin, weil ich mir schon immer eine größere Wohnung in der Kölner Südstadt leisten wollte? Hier würde ein Seinsziel ein (Seins-) Mittel zu einem Habenziel – das Seinsziel wäre also eine Vorbedingung für mein eigentliches Ziel, viel Geld zu haben.

Gier und Neid wurden im Hinblick auf Seinsziele meines Wissens nach bisher nicht explizit untersucht; jedoch steht zu vermuten, dass sie in diesem Zusammenhang vor allem dann Motivatoren sein können, wenn Zielhierarchien vorliegen, die letztlich in Habenzielen münden. Besitz bietet immer die Möglichkeit eines konkreten Vergleichs und Anlass zum Wettbewerb, während Seinsziele, die auch Seinsziele bleiben, zunächst einmal wenig Projektionsfläche bieten. Die Tatsache, dass jemand ein Tischler ist, gibt selten einem anderen Tischler Anlass dazu, sich mit ihm zu vergleichen – es sei denn, es geht um eine konkrete Leistung. Neid und Gier haben ihren Auftritt dann, wenn Seinszustände dem Wettbewerb dienen. Wenn ein Tischler denkt, er hätte den Meistertitel genauso verdient wie ein Mitgeselle, oder wenn beide einen Tisch, den sie gefertigt haben, einer Bewertung aussetzen, dann kann einer neidisch werden. Besonders deutlich wird Neid bei Preisen und Auszeichnungen. Der Beste bei Olympia sein, Schützenkönig werden oder den Kochwettbewerb der Gemeinde gewinnen wären solche durch Neid und Gier aktivierbare Seinsziele, die aber meist mit materiellen Gewinnen verbunden und dadurch eigentlich Habenziele sind. Fast immer winkt bei Wettbewerben ein Preisgeld, oder es wächst mittelbar die Chance auf ein höheres Einkommen durch höheres Ansehen oder eine Veränderung des sozialen Status.

Ähnlich ist es mit Persönlichkeitseigenschaften: Es fällt auf, dass vor allem solche Eigenschaften anderer neidisch machen, die in irgendeiner Weise materiell verwertbar sind. Man kann auf die Attraktivität anderer, auf deren Selbstdisziplin, auf deren Art, ihre Gefühle unter Kontrolle zu haben, auf deren Fleiß neidisch sein. Weniger lukrative Eigenschaften wie »ehrlicher mit sich selbst sein«, »träumerisch« oder »kreativ-chaotisch sein« taugen weniger zum sozialen Vergleich. Demgegenüber hört man das Wort »neidisch« sehr wohl in Zusammenhang mit Rollenerwartungen. Mancher ist neidisch auf den Cousin, der einen besseren Draht zu seinem Kind hat, und manche Mutter ist auf die Nachbarin neidisch, die den Work-Family-Conflict mit einem perfekten Make-up weglacht. Dies zeigt, dass wir in unserer Gesellschaft soziale Kompetenzen schätzen und Menschen für gutes Verhalten belohnen – gut so, aber die Belohnung öffnet leider auch das Tor zum sozialen Vergleich.

Insgesamt spielen Neid und Gier bei Seinszielen also durchaus eine Rolle und sollten als Motivatoren untersucht werden. Damit stellt sich die Frage, ob es eigentlich Bedürfnisse gibt, die rein immaterieller Natur sind.

Transzendenz und Lebenssinn

Während der frühe Maslow Selbstverwirklichung als oberstes Bedürfnis beschrieb – und dies wird bis heute oft so zitiert –, hat der ältere Maslow die Spitze der Pyramide um ein Bedürfnis nach *Transzendenz* erweitert. Wenn ein Mensch sich selbst verwirklicht habe, dann strebe er danach, mit manchem eins zu werden, was nicht er selbst ist. Die Mutter wird eins mit ihrem Kind; ein Paar, das aus zwei einzelnen Menschen bestand, wird zum »wir«; der Künstler wird eins mit seinem Werk; und der Wissenschaftler integriert sein Wissen in das alltägliche Leben. Maslow beschreibt die Denkweise zu diesem Ziel als »Sein-Denken« (Being-cognition). Er gibt Beispiele wie Gerechtigkeit und Schönheit, Zustände, die man nicht nur schaffe, um sich selbst zu verwirklichen, sondern die auch »außerhalb der eigenen Haut« lägen. Menschen wollten sich mit etwas Größerem als mit sich selbst beschäftigen, was häufig dazu führe, sich in irgendeiner Weise um andere zu kümmern.

Bei Maslow führt die Befriedigung von Bedürfnissen zu Langeweile und Übersättigung. Für Menschen, die Hunger leiden, ist Essen das wichtigste Bedürfnis. Wenn der Bauch voll ist oder genügend Nahrung vorhanden, treten Bedürfnisse »höherer« Art in den Vordergrund. Das Individuum arbeitet sich von Bedürfnisebene zu Bedürfnisebene, verwirklicht erst Sicherheitsbedürfnisse, dann soziale Bedürfnisse, dann Individualbedürfnisse, bis es schließlich bei der Selbstverwirklichung angekommen ist. Aber auch dieser Seinszustand langweilt den Menschen, sobald er weiß, wer er ist und was er kann. Dann wird er der Nabelschau überdrüssig und sucht sich ein größeres Thema: sein Selbst im Bezug zur Welt. Bei einigen Gestalten des öffentlichen Lebens lässt sich das unschwer beobachten. So gilt Albert Einstein, der früh alles erreicht hatte, vielen als Vorreiter der Friedensbewegung; Alfred Nobel entdeckte nach der Erfindung des Dynamits seine soziale Ader, und der erfolgreiche Schauspieler Karl-Heinz Böhm hat sich irgendwann nur noch seiner Hilfsorganisation »Menschen für Menschen« gewidmet. Allerdings sind nicht nur altruistische Verhaltensweisen Resultate der Transzendenz, auch die Kunst, die Liebe, das Lesen, die Freundschaft, das Naturerleben, religiöse Erfahrungen und Zustände während der Meditation können auf einem Bedürfnis nach Transzendenz basieren – auch hier geht man »über sich selbst hinaus«.

Wie bereits angesprochen, ist diese Theorie insofern fraglich, als auch Selbstverwirklicher sich manchmal mit Sicherheitsbedürfnissen herumplagen und auch Menschen in Slums ein Bedürfnis nach Transzendenz entwickeln können. Nichtsdestotrotz hat Maslow einen großen Einfluss auf die Psychologie gehabt und andere inspiriert, Konzepte zu entwickeln, die Früchte tragen. Transzendenz ist sicherlich ein Motiv, um zu *sein*.

Ähnlich spekulierte auch Roy Baumeister, dass die Suche nach dem Lebenssinn (der ja ebenfalls, wie wir gesehen haben, häufig mit sozialer Erweiterung des Selbst assoziiert ist) ein wichtiges menschliches Bedürfnis ist und dass es Menschen besser gehen sollte, wenn sie diesen Sinn gefunden haben. Ich habe weiter oben schon kurz beschrieben, dass sich diese Hypothese bestätigte: Menschen sind mit ihrem Leben als Ganzes zufriedener, je stärker sie davon überzeugt sind, den Sinn des Lebens gefunden zu haben. Auch diesen Seinszustand muss man sich ständig neu erarbeiten. So, wie man nicht ohne Tun ein guter Chef sein kann, stellt sich die Frage nach dem Sinn des Lebens immer wieder neu, und der Mensch sucht nach neuen Antworten. Ich erinnere mich an meine über 70-jährige Therapeutin, die sich nach der ersten öffentlichen Enthauptung von Geiseln durch die IS empörte: »Ich werde ja nun auch bald von dieser Erde gehen und bin mir sicher, dass ich im Paradies lande. Aber ich kann dir sagen, da werde ich dem lieben Gott so lange auf die Nerven gehen, bis er mir endlich einmal überzeugend erklärt, was diese unbeschreiblichen Grausamkeiten eigentlich sollen. Was macht der denn da, Jens?« Vor allem Grausamkeiten, Leid, schlimme Krankheiten und Ungerechtigkeit stellen uns vor Herausforderungen, und nur wenige werden sich mit einfachen Antworten zufriedengeben. Die Suche nach dem Sinn, die Maslow als »Seins-Denken« anklingen lässt, ist tatsächlich ein Bedürfnis, das Menschen ausmacht. Ich würde das allerdings allgemeiner dem Motiv unterordnen, etwas verstehen, etwas begreifen zu wollen. Man nennt das *epistemische Motivation.*

Epistemische Motivation, Bedürfnis zu denken und Stimulierung

George Loewenstein spricht Menschen eine *natürliche Neugier* zu, die sie nicht erlernen müssen – wir führen diese *epistemische Motivation* in unserem genetischen Repertoire genauso mit wie das *Bedürfnis zu denken*. Denken und Explorieren führen zu wunderbaren Erfindungen, Problemlösungen und großer Kunst, sind manchmal jedoch auch reiner Selbstzweck. Es macht uns Menschen Spaß, logische Probleme zu lösen, über uns nachzudenken, eine Erklärung für etwas zu finden, Kunst zu erschaffen. In vielen Bereichen tun wir das sogar automatisch: Wenn uns unsere sonst so freundliche

Nachbarin nicht grüßt oder gar böse anschaut, fangen wir unweigerlich an zu grübeln, warum sie das tut. Und wenn wir im Netz lesen, dass Griechenland bankrott ist, überlegen wir, was wir in einer solchen Situation als Bundeskanzler tun würden. Denken macht uns mehr oder weniger Spaß, wie die Sozialpsychologen John Cacioppo und Richard Petty feststellen.

Natürlich gibt es Unterschiede bezüglich der Stärke dieser Motivation, die sowohl von der Situation (unter Stress können wir genauso wenig vernünftig denken wie in Situationen, in denen wir mit zu vielen Informationen konfrontiert werden) als auch von der Persönlichkeit (der Genetik, der Sozialisation) abhängt. Dieses Bedürfnis zu denken ist dabei weniger eine Fähigkeit als die *Motivation,* sich im Rahmen seiner Möglichkeiten Denkproblemen unterschiedlichster Art zu stellen.

Menschen mit ausgeprägter Denkmotivation lassen sich weniger manipulieren oder zu etwas überreden, sie lassen sich weniger von Vorurteilen leiten als von den (mitunter komplexen und vielfältigen) Tatsachen. Ein Grund, warum Menschen nachdenken, könnte außerdem die Langeweile beziehungsweise der Wunsch nach Stimulierung sein, den ich auch schon als Grund für das Haben diskutiert habe. Denken ist eine *innere Stimulation,* und Menschen, die viel und gern nachdenken, kennen keine Langeweile. Gefangenen, die sich selbst Aufgaben stellen oder Gedichte aufsagen, geht es besser als solchen, die nichts mit sich anzufangen wissen. Denken ist gleichzeitig Zielzustand und Motivation.* Man denkt, weil man denken möchte, und tatsächlich braucht man dazu wenige Objekte – auch wenn sie einen natürlich zum Nach-

* Die beste Illustration dieser Neigung, durch Denken Isolation zu überstehen, ist Stefan Zweigs *Schachnovelle,* in der ein Gefangener ein Schachbuch auswendig lernt, um zu überleben, und zum Schachprofi avanciert. Allerdings nimmt das dann ein böses Ende, als er das Buch in- und auswendig kennt und ihn selbst das nicht mehr stimuliert …

denken anregen können und die Kreativität beflügeln. Ein billiges und wahrhaft schönes Vergnügen!

Die epistemische Motivation wird vor allem dann aktiviert, wenn ein Rätsel vorliegt oder wenn Langeweile empfunden wird, die häufig vom Sattsein herrührt.

Sattheit

»Ich habe es satt.« – »Ich kann es nicht mehr hören.« – »Ich habe genug davon.« – »Mir ist zum Gähnen zumute.« Die deutsche Sprache hält viele verschiedene Metaphern für Langeweile bereit. Wie die meisten Metaphern verlegen sie psychische Zustände ins Körperliche, Physiologische. Wenn man gut gegessen hat, kann man Essen für eine Weile nicht mehr sehen, beim Mann sorgt nach dem Sex ein Schlafhormon (Prolaktin) dafür, dass es nicht zu einem Orgasmusmarathon kommt, und selbst das schönste Lied kann auf die Nerven gehen, wenn man es nur oft genug gehört hat. So ist es auch beim Denken – die meisten von uns sind froh, wenn sie ab und zu das Thema wechseln können. Das Schreiben dieses Buches fällt mir, so denke ich, gerade deshalb so leicht, weil es die unterschiedlichsten Themen der Psychologie streift – diese Abwechslung motiviert mich, fordert mich und lässt niemals Langeweile aufkommen.

Ich kann mir gut vorstellen, dass Reichtum schrecklich langweilig werden kann. Wenn man ein paar Häuser gekauft und dekoriert hat – was kommt dann? Vermutlich ist Sättigung der Grund, warum man bei Reichen nicht selten ein soziales, humanitäres oder kulturelles Engagement erkennen kann – und manchmal gar eine Kehrtwende zu freiwilligem Verzicht. Ich kenne einige Reiche, die ihren Kindern weniger kaufen als normal verdienende Eltern, geleitet von der Idee, dass Besitz lähmt oder träge macht. Tatsächlich bringt Sättigung neben Ruhe und Entspannung auch Stillstand, und dies, so interpretiere ich Fromm, ist nicht zuletzt der Grund dafür, warum uns Seinsziele in ständiger gesunder Bewegung halten, während Habenziele sich immer um das Gleiche drehen und einen Menschen daher nicht erfüllen. Und da Reichtum ja auch bedeutet, dass man das übergeordnete Habenziel erreicht hat, wird sich mancher Super-Reiche durch andere Ziele wachrütteln müssen, um sich nicht im Stillstand zu Tode zu langweilen oder ins krasse Gegenteil, den Mehr-haben-Strudel, zu geraten.

Es hat einen weiteren Grund, warum ich Sättigung ein eigenes Kapitel widme, auch wenn das, was ich hier erwäge, einer empirischen Grundlage entbehrt. Burn-out-Opfer berichten mir in der Beratung, dass sie sich »leer« fühlen. Diese Leere beinhaltet häufig einen Mangel, der einem Zuviel entspringt. Einem Zuviel an Arbeit, einem Zuviel an Nachdenken ohne Sinn, einem Zuviel an Sorgen. Solche Klienten »haben es satt, so weiterzuleben«. Selten rate ich ihnen, sich etwas Schönes zu kaufen, denn das interessiert sie häufig überhaupt nicht mehr und kann die Leere nicht füllen. Meistens suche ich stattdessen mit ihnen einen Weg, sich Tätigkeiten vorzunehmen, die ihnen Spaß machen und die sie vergessen haben. Weiterhin baue ich mit ihnen peu à peu das soziale Netzwerk wieder auf, das sie typischerweise vernachlässigt haben. Zudem schlage ich ihnen vor, sich nach Möglichkeit aus dem Kokon der Selbstspiegelung herauszuarbeiten, hin zu einem sozialen Wesen, das die meisten in sich schlummern haben oder einmal gewesen sind. Ich empfehle ihnen, etwas zu spenden, der kranken Nachbarin einen Strauß Blumen zu schenken, einem früheren Lehrer, der es gut gemeint hat, einen Brief zu schreiben, sich in der Gemeinde, in einem Chor, in einem Sportverein in irgendeiner Weise zu betätigen. Meiner Erfahrung nach stärkt das gestresste Menschen und hebt letztendlich ihr Selbstwertgefühl. Und plötzlich macht das Leben wieder Sinn.

Zusammenfassung

Wie wir sehen konnten, sind die Grundmotive oder Bedürfnisse für Haben- und Seinsziele ähnlich. Kontrolle, Unsicherheit, Identität, Zugehörigkeit, Stimulierung und Neugierde – all diese Motive treiben uns an, etwas zu haben oder zu sein. Das mag wissenschaftlich enttäuschend sein, weil es somit kein unterscheidbares Motivprofil hinter den beiden Lebensoptionen gäbe.

Auf der anderen Seite begeistert mich dieser Gedanke als Psychologe und als Mensch. Wenn ich nämlich meine wesentlichen Bedürfnisse sowohl durch Haben als auch durch Sein befriedigen kann, kann ich mich für das eine oder andere entscheiden! Dies bedeutet, dass ich die freie Wahl zwischen Haben und Sein habe, um Kontrolle zu haben, eine Identität zu haben oder um ein spannendes, stimulierendes Leben zu führen. Lebe ich in einer Zeit der Unsicherheit und habe ich das Gefühl, keine Kontrolle zu haben, kann ich entweder versuchen, durch Arbeit und die Anhäufung materieller Güter Kontrolle zurückzugewinnen, oder ich kann mich mit anderen zusammentun, ein spirituelles Leben führen oder versuchen, in meiner Familie einen guten Job zu machen. Mir stehen beide Türen offen, und ich kann mir überlegen, durch welche ich gehen möchte.*

* Natürlich handelt es sich sowieso häufig nicht um ein Entweder-oder, sondern um die Gewichtung. Aber gerade die Fälle, bei denen Haben- und Seinsziele miteinander in Konflikt stehen, sind ja spannend.

Jedoch sollte diese Analyse nicht zu der Annahme verleiten, dass alle Bedürfnisse mit gleicher Stärke oder Wahrscheinlichkeit zu Haben oder zu Sein führen. Gier kann es, wie besprochen, auch im Bezug auf Seinsziele geben. Dies ist bei Titeln, Preisen und beruflichen Auszeichnungen der Fall und findet sich ebenso bei harmlosen Freizeitaktivitäten, sobald Wettbewerb im Spiel ist. Jedoch erscheinen mir – zumindest in unserer materialistischen Gesellschaft – Menschen häufiger materielle Dinge zu nutzen, um schnell und unverblümt sozialen Status, Macht und Reichtum zu signalisieren. Im Gegensatz zu Seinszuständen sind sie konkreter und schlichtweg sichtbarer. In vielen Fällen wird Besitz erworben mit dem Ziel, ihn zu mehren. Demnach werden Habenmittel eingesetzt, um zu einem Habenziel zu kommen, und dieses wird wiederum zu einem Habenmittel, um mehr zu erwerben – das ist klassische Raffgier; nach oben gibt es hier keine Grenze, im Gegensatz zu Titeln, Preisen und Qualifikationen.*

In den Niederlanden, wo es durch staatliche Zuschüsse leichter ist, Eigentum zu erwerben, kaufen sich schon Studierende kleine Wohnungen, um dann, wenn sie ihr erstes Gehalt verdienen, eine größere zu kaufen, bis sie am Ende ihres Lebens eine große haben, die zum Symbol ihrer Lebensleistung wird: Haben, um zu haben, um noch mehr zu haben. Auch Neid ist bei Habenzielen wahrscheinlicher und tritt bei Seinszielen vor allem dann auf, wenn sie mittelbar oder un-

* Es ist zum Beispiel selten der Fall, dass ein Professortitel das Verlangen nach einem weiteren weckt, und wissenschaftliche Preise sind so begrenzt und die Vergabe häufig so wenig kontrollierbar, dass man gar nicht auf die Idee käme, sie sich überhaupt zum Ziel zu setzen. Allerdings kann man prinzipiell gesehen die Wahrscheinlichkeit von Preisen (künstlich) erhöhen, um einen Wettbewerb zu erschaffen, der einem Gerangel nach Besitz ähnelt – Weine haben oft haufenweise Medaillen, und es gibt zahlreiche Filmfestivals. In diesen Fällen wird man ebenfalls Raffen beobachten können.

mittelbar mit Besitz assoziiert sind oder sich zum sozialen Vergleich eignen. So wäre vermutlich der Neid auf Ärzte geringer, wenn sie nicht so viel verdienen würden. In Frankreich beneidet niemand einen Arzt, denn dort verdienen sie erheblich weniger und ist man sich eher der Verantwortung und der harten Arbeit in diesem Beruf bewusst. Und unsere Jugendlichen beneiden Sänger nicht an sich; sie beneiden vielleicht Justin Bieber, der schon als Teenager Millionär war, aber ihren Freund Paul, der im Gospelchor seiner Kirchengemeinde singt – sogar besser als Herr Bieber –, beneiden sie vermutlich eher selten. Wer hat, um zu haben, kann vermutlich glücklich sein. Für eine Weile. Findet man sich jedoch irgendwann im Hamsterrad wieder, kann es durch eine Besinnung auf Seinsziele mit der Zeit (im Alter?) gestoppt werden.

Selbstexpansion kann hingegen allein durch materielle Güter oder Objekte geschehen – dieses Motiv wurde von Russell Belk schließlich eigens entwickelt, um Konsum zu erklären, und bedeutet im Kern, dass man sich durch Objekte erweitert. Mein Geist und mein Körper sind nahe bei mir, und sie können ohne Hilfe per definitionem nicht expandieren. Möchte man diese strenge Version aufweichen, könnte man bestimmte Fähigkeiten oder Aktivitäten als expansiver betrachten als andere, weil sie nicht nur einen selbst im Hier und Jetzt betreffen. Der einflussreichste Physiker unseres Landes beispielsweise würde dann durch seine Fähigkeiten auch den Ruf der Nation stärken, und seine Modelle wären vermutlich »weitreichend«, so dass sie noch in Zukunft die Forschung inspirieren. Es ist aber fraglich, ob man diesen Begriff derart ausdehnen sollte, denn schließlich können alle Taten einer Person in die Zukunft reichen und andere betreffen. Damit wäre das Konzept zu allgemein und somit wenig nützlich.

Die epistemische Motivation und das Bedürfnis zu denken spielen wiederum eher bei Seinszielen eine Rolle. Zwar wecken Objekte unsere Neugier, aber wir müssen sie häufig nicht besitzen, um uns von ihnen inspirieren zu lassen.

Letztendlich ist auch Transzendenz ein Motiv, das sich vor allem im Sein beobachten lässt, wo man Güter eher an andere verteilt oder spendet, als sie selbst zu besitzen, und eine soziale, spirituelle oder künstlerische Erweiterung des Selbst zentral wird.

Ziehen wir ein Fazit: Unsere Grundbedürfnisse können wir zumeist durch Haben und Sein erzielen. Die spannende Frage ist, wie nahe wir damit unserem Hauptziel kommen, uns gut zu fühlen. Macht Besitz, wie uns die Religionen und zahlreiche kluge Leute suggerieren, tatsächlich nicht glücklich? Oder vermasselt uns da lediglich eine veraltete Spaßbremse unsere rasante Fahrt ins Glück?

VII
Macht Haben glücklich?

Die Psychologie ist ein schönes Berufsfeld, denn letztendlich versucht sie zu verstehen, wie, wann und welchen Menschen es gutgeht. Zwar verbinden wir diese Disziplin traditionell mit einem Fokus auf Störungen, Probleme und Konflikte, jedoch liegt der tiefere Sinn dieser Beschäftigung darin, herauszufinden, wie wir persönlich unsere Ziele erreichen und glücklich werden. Tatsächlich widmen sich nicht wenige meiner Kolleginnen und Kollegen der Frage, ob Besitz, Geld und materialistische Einstellungen die Lebenszufriedenheit erhöhen, und wie Sie sich denken können, ist die Antwort darauf nicht ganz so einfach.

Meine Analyse jenseits von Gut und Böse geht der Frage nach, *in welcher Situation* etwas funktional oder dysfunktional ist. Wann ist man glücklich, etwas zu besitzen, und wann wäre Besitz ein unwirksames Mittel, um Zufriedenheit zu erreichen oder Langeweile und Leere zu verhindern? Wann kann Geld als Ressource dienen, und wann belastet es? Wann wird das Streben nach materiellen Gütern als befriedigende Tätigkeit empfunden, und wann wird es zur Sucht? Gibt es kulturelle Unterschiede? Sind Leute in Ländern mit einer weniger individualistischen Gesellschaft zum Beispiel mit weniger glücklich? Und welche Habenziele entwickeln Menschen aus ärmeren und welche die aus reicheren Schichten?

Materialismus und Glück

Allein zu der Frage nach dem Zusammenhang zwischen Materialismus und Zufriedenheit* wurden Hunderte von Studien durchgeführt. Leider hat man materialistische Einstellungen selten in Beziehung zu Seinszielen gesetzt, das heißt, es wurde selten in ein und derselben Studie untersucht, ob Seinsziele die Probanden *im Vergleich* zu Habenzielen glücklicher oder unglücklicher machen. Nichtsdestotrotz sind die Ergebnisse zum Materialismus spannend und gar nicht so trivial, wie man vielleicht annehmen möchte.

Ein Forschungsteam um Helga Dittmar hat im Jahr 2014 dankenswerterweise eine Meta-Analyse durchgeführt und die 250 besten Untersuchungen genau unter die Lupe genommen, um zu schauen, welche Faktoren sich über viele Einzelstudien hinweg durchsetzen. Dies ist eine lohnenswerte Aufgabe, denn manchmal geschieht es leider, dass ein Forschungsergebnis auf eine limitierte Probanden-Stichprobe beschränkt bleibt und sich Befunde nicht ohne weiteres replizieren lassen. Vergleicht man aber viele Studien mit Hilfe statistischer Methoden, so kann man sehen, welche Effekte sich in vielen Untersuchungen verifizieren lassen und damit besonders bedeutsam sind.

* Experten mögen es als unbefriedigend empfinden, dass ich »Subjective well-being« (SWB) im Folgenden mal mit *Glück*, mal mit *Lebenszufriedenheit* und dann wieder mit *positiver Stimmung* oder *Zufriedenheit* übersetze. Natürlich ist es für viele Forschungsprojekte wichtig zu differenzieren, wie man positive Stimmung oder Zufriedenheit misst. Der hier interessierende Zusammenhang zwischen SWB und Materialismus zeigt sich jedoch auf allen verwendeten Affektmaßen, so die Meta-Analyse von Helga Dittmar und anderen. Die Stärke des Zusammenhangs wird allerdings durch die Wahl des Maßes moderiert; eine Diskussion dieser durchaus interessanten Moderationen würde den Rahmen des Buches sprengen und ist in diesem Fall wohl auch nur für wenige von Belang. Hier sei auf die Originalanalyse verwiesen.

Generell bestätigt die Meta-Analyse die Vermutung, dass Materialisten weniger glücklich sind – je stärker man über längere Zeit hinweg materialistische Werte und Ziele hat und verfolgt, je mehr man daran glaubt, dass Geld glücklich macht oder Besitz den Erfolg im Leben widerspiegelt, umso weniger ist man mit seinem Leben als Ganzes zufrieden, umso seltener erlebt man positive Momente und desto schneller ist man auch spontan schlechter gestimmt. Dies wirkt sich letztendlich auf den Selbstwert aus – Materialisten haben, so die Studie, eine negativere Sicht auf sich selbst und ein niedrigeres Selbstwertgefühl. Und je stärker man materialistische Werte vertritt, umso eher bekommt man psychische Probleme. Kaufsucht ist ein naheliegendes Phänomen, aber auch Depressionen, Angstzustände und psychosomatische Beschwerden nehmen zu. Materialismus erhöht zudem das Verlangen zu rauchen, zu trinken und andere Drogen zu nehmen – vielleicht eines der deutlichsten Zeichen für die oft beschriebene Leere der Materialisten, die sie mit anderen Mitteln füllen müssen. Materialisten haben auch den Eindruck, weit entfernt von ihren Zielen zu sein, nehmen also eine große Kluft zwischen Ist- und Soll-Zustand wahr. Ich hatte mich oben gefragt, wie reiche Leute die Langeweile aushalten, wo sie doch alles erreicht haben – sie tun es, indem sie sich schlichtweg nicht reich fühlen: Der Studie nach haben sie stets den Eindruck, sie wären weit von ihrem Ziel entfernt. Das gerade ist das Problem des Reichtums: Es gibt immer jemanden, der noch reicher ist als man selbst. Dies dürfte den ständigen Hunger nach mehr verursachen – Besitz verlangt nach mehr Besitz, was darauf verweist, wie unerreichbar die Ziele von Materialisten sind.

Viele der Studien, so muss man dazu sagen, wurden zwar mit wohlhabenden amerikanischen Studierenden durchgeführt, doch hat dieser Forschungszweig auch andere Populationen untersucht. So konnte das Team um Dittmar auch statistisch prüfen, ob die Herkunft der Versuchspersonen, das Geschlecht, der sozioökonomische Hintergrund, das Einkommen, das Alter, die Ethnie, die Nationalität oder der Beruf eine Rolle beim Zusammenhang zwischen Materialismus und Zufriedenheit spielt. Es stellte sich heraus, dass Materialisten über fast all diese Unterschiede hinweg weniger glücklich sind. Unterschiede bezüglich der Stärke dieses Zusammenhangs bestehen lediglich bei den Faktoren Geschlecht, Alter und Berufswahl: Materialisten über 18 sind unzufriedener als Minderjährige; Frauen mit materialistischen Überzeugungen sind im Allgemeinen unglücklicher als ihre männlichen Gesinnungsgenossen; und Materialisten, die in Sparten arbeiten, in denen es vorrangig um das Mehren des Kapitals geht (zum Beispiel Marketing oder Vertrieb), sind weniger unzufrieden als solche, die in Bereichen arbeiten, in denen es nicht vorrangig um Profit geht. Allerdings sind auch minderjährige und männliche Materialisten, und Materialisten, die in profitorientierten Berufen arbeiten, weniger zufrieden als Menschen, deren Materialismus weniger ausgeprägt ist – der Zusammenhang ist nur schwächer, was bedeutet, dass in diesen bestimmten Gruppen die allgemeine Unzufriedenheit nicht so hoch ist.

Die wachsende Unzufriedenheit mit dem Leben zeigte sich bei Materialisten sowohl in armen als auch in reichen Ländern und war dort am größten, wo mit Materialismus assoziierte Werte in der Gesellschaft besonders geschätzt werden. In Dänemark, einem Land, in dem soziale Normen wie *affektive Autonomie* hochgehalten werden, sind Materialisten zum Beispiel unglücklicher. Wo es also positiv bewertet wird, wenn Menschen ihren individuellen Vergnügungen nachgehen und ein aufregendes und abwechslungsreiches Leben führen (Werte, die stark mit Materialismus zusammenhängen), geht es Materialisten nicht so gut. In Ägypten dagegen, einer eher kollektivistischen Gesellschaft, in der solch hedonistische Werte tendenziell weniger propagiert werden, ist der ungünstige Zusammenhang zwischen Materialismus und Zufriedenheit kleiner. Dies legt nahe, dass in materialistischen Gesellschaften die ständige Erinnerung daran, was man (noch) nicht hat, eher miese Stimmung verbreitet – dort, wo das Glück anderswo gesucht wird, beispielsweise im sozialen Miteinander, wird einem die Kluft zwischen einem materialistischen Ist- und Soll-Zustand nicht so explizit bewusst oder ist de facto sogar kleiner.

Es kann zudem durchaus sein, dass Rollenvorstellungen wie »Du darfst nicht so materialistisch sein«, wie sie in vielen Ländern Frauen vermittelt werden, ebendiesen den Spaß am Materialismus vermiesen. Mit anderen Worten: Wenn ein Mann, der traditionell für den Broterwerb zuständig ist, materialistische Einstellungen hat, macht ihn das weniger unglücklich als eine Frau mit einer vergleichbaren Haltung gegenüber dem Leben, die damit nicht den tradierten Rollenerwartungen als warmherzige Hüterin des Herdes entspricht. Somit befindet sich eine Materialistin ständig im Werte- und Rollenkonflikt, während Materialismus bei Männern eher »normal« ist. Außerdem scheinen sich die Jungs gegenseitig in ihren Werten zu bestätigen – so jedenfalls interpretieren Dittmar und Kollegen den Befund, dass Materialismus in der Wirtschaft weniger störend ist. Wird man in grundsätzlich wenig beliebten Ansichten von seinen Kollegen bekräftigt, hat man natürlich weniger Probleme damit.

Eine vielzitierte Studie von James Burroughs und Arik Rindfleisch aus dem Jahr 2002 bringt es auf den Punkt: Materialismus könnte glücklich machen, wenn er nicht dauernd mit sozialen Werten in Konflikt stünde. Die Autoren argumentieren, dass ein *Wertekonflikt* die Unzufriedenheit bei Materialisten verstärkt oder gar verursacht. Ausgehend von klassischen Befunden aus der Dissonanzforschung, stellen sie heraus, dass immer dann Stress erzeugt wird, wenn Menschen eine Dissonanz zwischen zwei Einstellungen, Werten oder Gedanken erleben. So erzeugt der Gedanke »Rauchen ist gesundheitsschädlich« beim Raucher eine Dissonanz, und je größer die dadurch erlebte innere Spannung, umso stärker die Verstimmung. Eine Möglichkeit, die Spannung aufzulösen, ist der Verzicht auf das Rauchen. Ohne eine Verhaltensänderung droht Dauerstress.*

Ein Materialist wird Stress erleben, wenn er etwa religiös erzogen wurde. In der Kirche hört er Woche um Woche, dass er als Reicher fast keine Chance auf das Paradies hätte, plagt sich also mit existenziellen Ängsten um sein Seelenheil. Er wird ermahnt zu spenden, empfindet sich selbst als zu knauserig, egal wie viel er gibt, und hat ein schlechtes Gewissen, weil er sich wegen Zeitmangels nicht genug in der Gemeinde einbringt. Eine solche Dissonanz, so die Autoren, führt zu Unzufriedenheit, und nicht etwa Materialismus an sich. Mit anderen Worten: Ein Materialist kann recht zufrieden sein, wenn er keine anderen, sozialen Werte vertritt.

Burroughs und Rindfleisch können nachweisen, dass eine materialistische Weltanschauung vor allem dann die Unzufriedenheit erhöht, wenn religiöse oder familiäre Werte stark ausgeprägt sind. Ich hatte es ja bereits vermutet: Wenn Mittel und Ziel zueinanderpassen, also Habenziele durch Habenmittel erreicht werden, muss dies nicht unbedingt und überall negative Folgen haben. Es kann sogar ein *Flow* entstehen, weil alles reibungslos ineinandergreift und keine anderen Interessen im Weg stehen. Vielleicht produziert das sogar den Rausch, von dem manche Börsianer berichten.

In diesem Punkt spielen auch kulturelle Unterschiede eine Rolle: Nicht überall wird Materialismus verdammt. In den Niederlanden war ich häufig überrascht, mit welchem Brust-

* Der üblicherweise durch selbstwertdienliche Gedanken reduziert wird, wie »Helmut Schmidt raucht wie ein Schlot und lebt immer noch«.

ton der Überzeugung Leute die Meinung vertraten, dass Besitz und Wohlstand anzeigen, wie erfolgreich man ist. Mein Auto, mein Haus, mein Boot – was in der deutschen Werbung zur Karikatur geriet, erlebte ich dort als tägliches Verhalten: Man breitet mit großem Stolz die neuesten Errungenschaften aus. Selbst Geiz wird akzeptiert und eher als cleveres, vernünftiges Verhalten bewertet. Man lässt für kollektive Ereignisse wie Hochzeiten, Geburtstage oder Feierlichkeiten zu beruflichen Erfolgen kaum etwas springen.* Was man verdient, behält man für sich selbst, und jeder findet das völlig in Ordnung. Mir erschienen diese Leute glücklich und weniger gestresst als ich, der ich noch so viel anderes vom Leben wollte. Teils weckte auch dieses für mich erstaunliche Verhalten mein wissenschaftliches Interesse am Thema Haben und Sein.

Auf der Suche nach einer Erklärung könnte man anführen, dass die niederländische Geisteshaltung viel weniger von religiösen Werten geprägt ist – es wäre zum Beispiel beruflicher Selbstmord, sich an einer Universität als religiös zu outen. Die Kollegen würden einem schlichtweg die Fähigkeit absprechen, wissenschaftlich zu denken.** Zudem erinnern sich Niederländer gern an das Goldene Zeitalter, das sie im 17. Jahrhundert nach vorn gebracht hat. Holland ist eine Kaufmannsnation, der Wohlstand des Landes ist auf kaufmännischem Geschick begründet, und an den Schulen wird Wirtschaft als Fach unterrichtet. Alle meine Kollegen kannten sich mit Aktien aus (die die Niederländer erfunden haben!), viele machten sich über die »kleinen Sparer« in Deutschland lustig und wechselten ihre Meinung zum Euro rasend schnell – immer in Abhängigkeit davon, ob man aus ihm gerade einen eigenen

* Auf so mancher Hochzeit habe ich das Nationalgericht Fritten mit Majo zwischen Kirchgang und Party gegessen, weil sich das Paar das Essen sparte.

** In den niederländischen Medien ist die Diskriminierung gläubiger Menschen in der Wissenschaft öfter Thema.

Nutzen zog oder nicht. Wenn somit der Weg für fröhlichen Verzehr und Konsum gebahnt ist, wird »das Leben ein Feestje«, wie die Niederländer selbst sagen würden.

Warum daraus kein *großes* Fest wird, verdeutlicht wiederum Dittmars Studie: In einer stark materialistischen Welt ist man ständig auf der Jagd, und es ist wahrscheinlich, dass auf den Rausch irgendwann ein Kater folgt. Vor allem dann, wenn das Ganze nicht mehr von Erfolg gekrönt ist. Während der Wirtschaftskrise, in der viele meiner niederländischen Bekannten hohe Summen verloren hatten, war die Stimmung grauenhaft, und an den Universitäten pfiff ein kalter Wind. Man hatte das Gefühl, nun auch noch an Büroklammern sparen zu müssen, und applaudierte nur noch Forschungsprojekten, die finanziellen Gewinn abwarfen. Von guten Ideen konnte man sich nichts kaufen.

Lebt man in einer solchen Gesellschaft, setzt man sich selbst fast automatisch auf diese gedankliche Schiene. Innerhalb von Wochen hatte ich den Wettkampf aufgenommen – mir wäre nichts eingefallen, wie man sich hätte entziehen können, und als Professor konnte ich ja mithalten. Doch schon bald merkte ich, dass der Zug, der auf diesen festinstallierten Schienen fuhr, dauernd in Tunneln feststeckte, statt in den sonnigen Süden zu fahren. Dabei waren es nicht nur meine »kollektiv-orientierten« Werte, die mir die Lebenszufriedenheit verhagelten, auch wurde mir durch ein unglaubliches Arbeitspensum Zeit zum Leben gestohlen. Der Wertekonflikt, den Burroughs und Rindfleisch beschreiben, spielt sich damit nicht nur im Kopf ab, sondern er wird körperlich durch Erschöpfungszustände nach der Bewältigung von Riesenbergen an Arbeit spürbar, auf denen weitere Riesenberge folgen. Ich stand um sechs Uhr auf, arbeitete bis 20 Uhr durch, telefonierte mit meinem Mann – nur das Nötigste: »Wie geht's?« – »Muss.« – »Bis zum Wochenende.« – und saß von 21 Uhr bis morgens um zwei wieder am Schreibtisch. Keine Chance, irgendwelche anderen Interessen zu leben. Diesen Aspekt des Materialismus sollte man genauer untersuchen, denn der Wunsch, viel zu besitzen, führt bei allen Nicht-Millionären unweigerlich zu einem höheren Arbeitspensum. *Von nichts kommt nichts* gilt auch noch für die »gehobene Mittelschicht«, und für alle darunterliegenden Schichten sowieso. Wenn dann die schönen Erlebnisse mit Freunden zugunsten der immer weniger Freude spendenden Arbeit gekürzt werden, ist der Burn-out vorprogrammiert.

In vielen Analysen, so auch bei Fromm, wird das Haben als süchtig machend beschrieben. Ich stimme im Prinzip zu. Haben motiviert haben motiviert haben. Jedoch werde ich später zeigen, dass dem nicht so sein muss, wenn Haben zum Sein führt. Die Sekretärin, die sich durch Kellnern ein Studium finanziert, muss vom Geld nicht angefixt werden, sondern könnte sich in ihrem neuen Beruf freuen. Das könnte ihr genügen, und sie könnte es sich auch einrichten, sich um die Familie zu kümmern. Dieser Fall wird bislang nicht hinreichend berücksichtigt. Zudem sollte man bedenken, dass an den bisherigen Studien keine bitterarmen Menschen teilnahmen, sondern vor allem solche, deren Grundbedürfnisse befriedigt waren. Wenn man nichts hat, muss Haben nicht unbedingt süchtig machen oder schlecht sein. Besitz ermöglicht schlichtweg ein sorgenfreies Leben und reduziert Stress – ein Fokus auf Geld kann in dieser Situation recht funktional sein. Es ist durchaus möglich, dass arme Menschen, wenn sie einen angenehmen Lebensstandard erreicht haben, weniger materialistisch werden.

Außerdem stellt sich die Frage, ob Besitz an sich unglücklich macht. In den Studien ging es ja lediglich darum, ob eine (allzu) positive *Einstellung* zu materiellen Gütern die Lebenszufriedenheit beeinflusst.

Besitz und Lebenszufriedenheit

Viele Menschen mit einem Grundverständnis von Psychologie sind davon überzeugt, dass 1) ökonomisches Wachstum von Nationen Menschen nicht kontinuierlich glücklicher macht, 2) reiche Menschen innerhalb einer Nation zwar glücklicher sind als arme, aber dass gesellschaftliches Wachstum die persönliche Lebenszufriedenheit nicht erhöht und 3) dass die Lebenszufriedenheit sich in reichen und armen Nationen nicht voneinander unterscheidet. Wenn Sie dies ebenfalls glauben, sind Sie durchaus gut unterrichtet. Der Wirtschaftswissenschaftler Richard Easterlin stellte diese Behauptungen im Jahr 1974 zur Diskussion und löste damit eine weltweite Wertedebatte aus, die weit über seine Disziplin hinausging. Internationale Forschungsteams begannen, diese Hypothesen zu überprüfen.

Die dritte Behauptung, dass arme Nationen nicht unglücklicher seien als reiche, wurde weitgehend widerlegt. Der Mythos des glücklichen Slumkindes stimmt einfach nicht – mit leerem Bauch kann man weder studieren noch sich selbst verwirklichen. Ed Diener, einer der weltweit führenden Forscher zum Thema Lebenszufriedenheit, zeigte schon 1995 mit seinem Team: Menschen aus reichen Nationen berichten über eine höhere Zufriedenheit mit ihrem Leben.*

Die zweite Behauptung wird auch als *Easterlin-Paradoxon* bezeichnet. Warum aber führt wachsender gesellschaftlicher

* Wer es differenzierter wissen möchte, sollte sich mit dem Artikel von Diener, Ng, Harter & Arora aus dem Jahr 2010 befassen. Darin zeigt das Team, dass es darauf ankommt, auf welche Art Glück oder Zufriedenheit und auch Reichtum erfasst werden. So ist das spontane Erleben von guter Stimmung eher abhängig von *sozialpsychologischem* Reichtum, das heißt davon, ob man Freunde hat, auf die man sich verlassen kann, während die allgemeine Beurteilung des eigenen Lebens positiv mit dem jährlichen Einkommen korreliert.

oder staatlicher Reichtum nicht direkt zu einem Zuwachs an Lebenszufriedenheit? Easterlin nahm an, dass der soziale Vergleich der Grund dafür sei: Selbst wenn man nun mehr hat als früher, fühlt man sich nicht glücklicher, denn mit zunehmendem Reichtum eines Landes steigt der Lebensstandard, und damit wird auch die Messlatte angehoben. Wenn also das Anspruchsniveau schneller steigt als der Reichtum, wird man unzufrieden. Diese These beinhaltet einige Wahrheiten, vor allem wenn den neuen Reichtum allein die oberen Zehntausend einheimsen und somit die Schere zwischen Arm und Reich noch größer wird. Dann dürfte die Zufriedenheit der Einwohner sogar sinken, genauso wie in dem Fall, dass ein Staat, der plötzlich reichlich Mehreinnahmen hat, das zusätzliche Geld in den Augen der Bürger vergeudet. Wir sehen ja in unserem Land, wie heftig die Bürger reagieren, wenn sie das Gefühl haben, der Staat verprasse Geld. Während sich die Massen kaum mehr zu politischen Demonstrationen mobilisieren lassen, blockieren sie Baustellen und riskieren sogar Festnahmen, wenn es um Großprojekte wie Stuttgart 21, die Elbphilharmonie oder den Berliner Flughafen geht. Solche als blödsinnig empfundenen Bauten wecken also selbst in einem reichen Land, das dadurch keinesfalls zugrunde gehen wird, Unzufriedenheit.

Weiterhin muss eine wachsende Wirtschaft nicht notwendigerweise Anlass zu Optimismus geben. Mit Abstand aus dem Ausland auf Deutschland blickend, gewann ich den starken Eindruck, dass, egal ob die Wirtschaft gerade im Aufwind ist oder eine Wirtschaftskrise vor der Tür steht, meine Landsleute chronisch skeptisch und pessimistisch sind. Läuft alles prima, sorgt man sich, »ob das nun so weitergeht«, und geht es mal nicht gut, denkt man, »das ist der Anfang vom Ende«. Der Pessimismus verdirbt die Laune – und das selbst bei einer Nation, deren Bürger so viel Zeug haben, dass sie damit den Planeten langsam, aber sicher ruinieren.

Zur genaueren Untersuchung stand Ed Diener und seinem Team ein Datensatz mit über 800 000 Probanden aus 158 Nationen zur Verfügung. Die Befunde waren eindeutig: Tatsächlich war in dieser Studie das *Bruttoinlandsprodukt,* das bei ökonomischen Studien das Standardmaß für ökonomischen Wohlstand ist, kein besonders stabiler Faktor für die Lebenszufriedenheit oder die positive Stimmung. Sehr wohl aber stieg die Lebenszufriedenheit mit dem *persönlichen Haushaltseinkommen.* Je mehr Geld man im Jahr zur Verfügung hat und je höher der Zuwachs über die Jahre, umso zufriedener und glücklicher waren die Probanden. Dieners Daten umfassten einen Verlauf von 2005 bis 2011 und enthielten damit auch Informationen über *Veränderungen* von Bruttosozialprodukt, privatem Haushaltseinkommen und Zufriedenheit. Damit konnte auch die erste These, dass eine Steigerung des Reichtums *kontinuierlich* – fachmännisch gesagt *linear* – die Lebenszufriedenheit verbessert, untersucht werden.

Easterlin hatte angenommen, dass die Zufriedenheit linear mit dem Reichtum nur bis zu einem bestimmten Plateau ansteigt, der Zuwachs an Glück aber danach immer kleiner wird. Also: Wenn Sie die erste Million gemacht haben, dann steigt Ihre Zufriedenheit steil an, aber irgendwann stumpfen Sie, gemäß der Hypothese, ab, und die Freude an weiteren Zuwächsen wird immer schwächer.*

Diese Hypothese hat angesichts Dieners Untersuchung keinen Bestand mehr, denn hier stieg die Stimmung tatsächlich kontinuierlich mit dem Einkommen, allerdings vor allem mit dem privaten, dem Haushaltseinkommen. Eine solche geradlinige Beziehung zwischen Geld und Glück war allerdings vor allem dann zu sehen, wenn die Probanden optimistisch in die Zukunft blickten, wenn sie sich von ihrem Einkommen mehr kaufen konnten (statt zum Beispiel durch gleichzeitig

* Es handelt sich also um eine sogenannte *kurvilineare* Beziehung.

gestiegene Preise dasselbe oder sogar weniger) und wenn sie mit ihrem Einkommen zufrieden waren und nicht etwa aufgrund eines gestiegenen Anspruchsniveaus unzufriedener. Geld allein macht also nicht glücklich, sondern nur in Verbindung mit der Einstellung und einer gewissen Zuversicht. Mit anderen Worten: Es sind veränderbare und *psychologische Faktoren*, die uns froh machen, wenn wir etwas haben, der Besitz *allein* macht uns nicht automatisch froh. Auch zur Hypothese des sozialen Vergleichs gab es erstaunliche Befunde – so schien ein direkter Vergleich mit Mitgliedern derselben Gesellschaft Menschen nicht sonderlich unglücklich zu machen, wohl aber der Vergleich mit den international reichsten Nationen. Es scheint so zu sein, dass sich Menschen, wohl durch die Präsenz der modernen Medien, nicht mehr so sehr mit dem reichen Nachbarn, seinem SUV und seinen iPad-Kindern vergleichen, sondern mit »den« reichen Amerikanern oder anderen reichen Nationen.

Die Untersuchung ist für diesen Forschungsbereich eine kleine Sensation, ist sie doch nicht nur durch die große Probandenzahl überzeugend, sondern auch durch die hohe statistische Kunst, für die Ed Diener bekannt ist. Zusätzlich zeigt sie, dass die Wirtschaftswissenschaften die *Psychologie* des Habens mit berücksichtigen müssen, wenn sie vorhersagen wollen, *wann* es Menschen mit ihrem Erworbenen gutgeht. Letztendlich erzählt die Studie auch eine Geschichte, die kaum einer hören will: Unter bestimmten Umständen ist Geld tatsächlich gut.* Jedenfalls hebt es die Stimmung und steigert unsere allgemeine Zufriedenheit mit dem Leben. Und

* Dies zeigt ebenfalls eine neuere Untersuchung von Jonathan Gardner und Andrew Oswald zur Lebenszufriedenheit von Lottogewinnern. Sind die Gewinne sehr hoch, erleben die Gewinner zwar in den ersten Wochen eher Stress als Glückseligkeit – dafür geht es ihnen zwei Jahre danach deutlich besser als Menschen, die keinen oder kleine Gewinne erworben hatten. Allerdings, so zeigen neuere Studien, trinken sie wohl auch mehr.

damit nicht genug. Neuere Studien zeigen zudem, dass Geld eine wichtige Ressource ist. Zunächst möchte ich jedoch auf diejenigen Menschen eingehen, die wenig untersucht wurden, obwohl sie die Mehrheit darstellen: die Armen.

Armut

Fehlen Menschen Haben- sowie Seins-Ressourcen, fühlen sie sich freilich nicht gut und versuchen, diesen Zustand zu ändern, sobald eine Aussicht auf Erfolg besteht. Mangel erhöht Stress, die Anfälligkeit für körperliche wie seelische Krankheiten (vor allem Ängste, Depressionen und Süchte), und dies besonders bei Kindern und Jugendlichen sowie bei Frauen jeden Alters. Bahnbrechend sind neuere Befunde von Eldar Shafir, Sendhil Mullainathan und Kollegen zum kognitiven Funktionieren von Armen. Sie vergleichen in ihren Studien Menschen mit viel Zeit oder finanziellen Ressourcen mit solchen, denen diese Ressourcen fehlen, und finden, dass Armut die Selbstkontrolle hemmt und die kognitive Kapazität mindert. Arme können stressbedingt schlichtweg nicht so gut denken, sie begehen als Folge davon mehr Entscheidungsfehler und sind eher geneigt, ihren Impulsen zu folgen. Sie sparen zu wenig, leihen sich zu viel und geben zu viel Geld für chancenlose Glücksspiele aus. Dies führt zum Phänomen der Armutsfalle.

Zur Illustration die Geschichte eines Freundes, der Sozialhilfeempfänger betreut. Er hatte einen Klienten, der, sobald er Geld bekam, mit dem Taxi in den botanischen Garten fuhr – die Fahrt kostete ihn ein Achtel der monatlichen Sozialhilfe. Schon in der zweiten Woche des Monats, wenn er wieder pleite war, hatte er starke Gewissensbisse, die er aber immer wieder vergaß, sobald er das nächste Geld bekam. Er litt fürchterlich unter seiner Situation – die Fahrt in die Flora ließ ihn das jedoch für einen Moment vergessen. Wie die Forschung zeigt, müssen wir in einem solchen Fall keinen dummen Menschen vor uns haben (tatsächlich handelte es sich um einen höheren Angestellten, der durch einen Burn-out in die Schieflage gerutscht war), aber die Armut stresste den Mann offensichtlich so, dass seine Fähigkeit, zu denken und zu planen, abnahm. Und da er sich immer mehr verschuldete, stieg der Stress, woraufhin seine kognitiven Ressourcen weiter schwanden, was wiederum zu Fehlern führte.

Johannes Haushofer und Jeremy Shapiro gaben einigen armen Probanden in Kenia 400 Dollar, anderen 1500 Dollar und maßen erlebten Stress und den Pegel des Stresshormons Cortisol. Sie fanden eine Reduktion des erlebten Stresses schon bei 400 Dollar, eine Reduktion von Cortisol jedoch nur bei hoher finanzieller Unterstützung. Man benötigt offenbar mehr als den Hartz-IV-Satz, um Menschen kognitiv wieder funktionstüchtig zu machen.

Damit aber nicht genug: Arme Menschen werden fast überall in der Welt diskriminiert. Sie werden als faul, selbst für ihr Schicksal verantwortlich, dumm und als Schmarotzer bezeichnet und sind in manchen religiösen Gemeinschaften gar von Gott Verlassene. Häufig wird ihnen der Zugang zu wichtigen gesellschaftlichen Ereignissen, Schulen und Fortbildungen verwehrt. Diese Stigmatisierung drückt ihren Selbstwert, erhöht negative Affektivität und ist eine weitere Quelle von Stress und Leistungsabfall. Studien von Crystal Hall und Kollegen konnten zeigen, dass arme Menschen, deren Selbstwert in einem Experiment gestärkt wurde, viel weniger Defizite bei Intelligenzaufgaben zeigten. Reiche Menschen profitierten weniger von einer Stärkung ihres Selbstwerts. Dies zeigt auch, wie wichtig nicht-materielle Motivatoren für arme Menschen sein können. Und es bedeutet, dass neben finanzieller Hilfe auch psychologische Unterstützung Armut langfristig reduzieren oder gar verhindern kann.

Geld als Ressource oder als Sucht

Wer hat, muss weniger bitten. Diese Schlussfolgerung haben wir bereits aus dem Phänomen der Hyperindividualisierung gezogen. Niemanden mit einer Bitte belästigen zu müssen erleichtert auf den ersten Blick das Leben.

Umziehen ist ein gutes Beispiel. Nachdem ich jahrelang Umzugsunternehmen beauftragt hatte, habe ich meinen letzten Umzug einmal wieder selbst bewältigt. Es fiel mir nicht leicht, jemanden um Hilfe zu bitten, und letztlich fragte ich auch nur zwei: meinen Mann und einen sehr guten Freund – und lange plagten mich Gewissensbisse, dass ich ihnen das zugemutet hatte.

Geld erleichtert das Leben und macht zudem unabhängig. Kathleen Vohs hat diese Beobachtung in ihrer Theorie des Geldes aufgegriffen und argumentiert, dass der Glauben »Geld ersetzt Leute« so fest in unserem Gedächtnis verankert ist, dass uns der bloße Gedanke an Geld in einen Gemütszustand der Unabhängigkeit versetzt. In ihren Experimenten lässt sie Probanden auf die unterschiedlichste Weise an Geld denken. Mal lässt sie sie unter einem Vorwand Geld zählen, mal sollen sie sich an eine Situation erinnern, in der sie Geld bekommen hatten, mal sollen sie Kreuzworträtsel lösen, in denen vermehrt Wörter auftauchen, die mit Geld zu tun haben – diese Beschäftigung mit Geld reichte schon aus, dass sich die Probanden unabhängiger fühlten. In einigen anderen Studien sollten die Teilnehmer an Aufgaben arbeiten, für die sie eine helfende Hand benötigten, und es zeigte sich, dass diejenigen, die zuvor dazu animiert worden waren, an Geld zu denken, viel später um Hilfe baten. Sie halfen aber auch selbst weniger. Das zeigte sich in einer Studie, in der der Versuchsleiter die Probanden bat, noch etwas zu bleiben und ihm bei der Eingabe der Fragebogen in den Computer zu helfen, und in einem Experiment, in dem der Versuchsleiter »unabsichtlich« eine Schachtel Stifte fallen ließ. Teilnehmer, die vorher an Geld gedacht hatten, waren nicht nur weniger hilfsbereit, sie wollten auch weniger Geld spenden, lieber Freizeitaktivitäten nachgehen oder Arbeiten am Computer allein machen als Menschen, die an andere Dinge als Geld gedacht hatten.

In einem weiteren Experiment sollten sich die Versuchsteilnehmer in einem Warteraum einen Platz suchen, und es wurde gemessen, wie weit weg sie sich von anderen setzten. Der Befund dieser Studie illustriert vielleicht besonders bildhaft den psychologischen Prozess der Distanzierung von anderen: Die Probanden, die an Geld gedacht hatten, nahmen lieber in Entfernung von anderen Platz, als ob sie in diesem Moment niemand anderen nötig hatten. Diese Studien sind ein Indiz dafür, dass Geld mit Selbstgenügsamkeit assoziiert ist und dass eine bloße Erinnerung ausreicht, um Menschen in diesen Zustand der Unabhängigkeit von anderen zu versetzen – dies vermutlich mit durchaus positiven Konsequenzen, wie einer gefühlten Sicherheit und einer erlebten Freiheit, aber auch, wie wir gesehen haben, mit weniger prosozialem Verhalten anderen gegenüber.

Die Warteraum-Studie zeigt zudem eine gefährliche Tendenz. Soziale Kontakte sind, wie bereits angesprochen, ein wichtiger Faktor für die psychische Gesundheit. Wenn Geld also automatisch zur Distanzierung führt, so ist das fatal, denn nicht alle Freunde und Bekannten bleiben dann treu für den Fall, dass man sie einmal dringend braucht. Es besteht demnach die Frage, ob Geld langfristig wirklich hilft, wenn es einem richtig schlechtgeht. Aus eigener Erfahrung kann ich nur sagen: Es hilft, sich die besten Therapeuten leisten zu können, aber das ersetzt keine Freunde. Jedoch scheint Geld dem Rudeltier Mensch in seiner Evolutionsgeschichte eine Möglichkeit gegeben zu haben, sich für eine gewisse Zeit unabhängig von der zwar nützlichen, doch häufig auch lästigen und fordernden Sippe zu machen.

Geld macht zudem widerstandsfähig gegen *soziale Exklusion*. Ich habe es schon angesprochen: Menschen leiden normalerweise darunter, wenn sie aus einer Gruppe ausgeschlossen werden. Das lässt sich schon beobachten, wenn jemand in einem Experiment plötzlich aus einem einfachen Ballspiel ausgeschlossen wird. In manchen Studien von Kip Williams und Team besteht der Versuchsaufbau schlichtweg aus zwei Schauspielern, die mit einem Probanden in einem Warteraum sitzen und sich als weitere Versuchsteilnehmer ausgeben. Die beiden fangen irgendwann an, sich einen Ball zuzuspielen, und beziehen zunächst den Probanden mit ein. Dann aber, nach ein paar Minuten, spielen sie sich den Ball ohne ersichtlichen Grund nur noch gegenseitig zu, ohne den eigentlichen Probanden weiter zu beachten. Neurophysiologische Studien zeigen, dass schon bei einer so milden Form der Exklusion das Schmerzzentrum im Hirn aktiviert wird. Offensichtlich ertragen wir Rudeltiere es nicht, wenn wir plötzlich nicht mehr mit von der Partie sind. In Vohs Studien wurden einige Versuchspersonen vor einer solchen Exklusion an Geld erinnert – und tatsächlich reduzierte sich der empfundene Schmerz durch den Gedanken an die eigene Unabhängigkeit im Vergleich zu einer Versuchsgruppe, die nicht an Geld gedacht hatte.

Geld hilft folglich in manchen Situationen, und je näher man auf das Rentenalter zusteuert, umso deutlicher wird einem vermutlich der Zusammenhang zwischen Freiheit und finanziellem Wohlstand. Wer möchte denn schon in einem billigen Heim unterkommen, in dem man – so die Horrorvorstellung mancher – unterversorgt wird? Zudem war durch die Menschengeschichte hinweg nicht nur häufig die Geburt entscheidend dafür, wer Herr und wer Knecht war, sondern auch das Geld, und oftmals konnte man sich sprichwörtlich für Geld freikaufen.

Die Befunde zeigen, dass Geld auch heute noch eine Ressource sein kann, die uns das Alleinsein erträglicher macht, die es uns erlaubt, uns von anderen zu distanzieren, und uns eine gewisse Freiheit ermöglicht. Sie zeigen allerdings nicht, dass Geld generell glücklich macht. Das war sicherlich auch nicht Kathleen Vohs Absicht, dazu kenne ich sie zu gut und dazu weiß sie zu viel von der Situationsabhängigkeit psychologischer Phänomene. Die Implikation etwa, dass Geld Freiheit von anderen bedeutet, ist sicherlich nicht immer und überall zutreffend, denn Geld kann natürlich auch von anderen abhängig machen. Erst kürzlich hat sich Simon Unge, einer der berühmtesten deutschen YouTube-Stars, von seiner finanziellen Abhängigkeit von einem Mediennetzwerk wortgewaltig verabschiedet. Er hatte sich einem Management angeschlossen, das viel für ihn getan hatte – vor allem finanziell ging es ihm mit dessen Hilfe gut, wie er unumwunden zugibt. Allerdings fühlte er sich, kurz gesagt, kreativ beschnitten und bevormundet, und obwohl er nun Gerichtsprozesse mit dem Unternehmen fürchtet, das ihm angeblich mit Privatinsolvenz gedroht hat, ist ihm dies nun »alles scheißegal« – er will, so sagt er, seinen »Stolz und seine Menschenwürde« zurück. Ihm ginge es nicht »in erster Linie um Geld oder Klicks oder irgendwie solchen Scheiß«. Das sei ihm »alles nichts wert« angesichts der empfundenen Bevormundung. Er sei eine »Privatperson« und lasse sich nicht gängeln. Dies ist ein nicht zu seltener Fall, dass Menschen sich durch ein hohes Gehalt eingeschränkt fühlen. Statt Autonomie gibt ihnen Geld das Gefühl von Unfreiheit und Verpflichtung, und manch einer steigt aus oder sucht sich eine weniger hochdotierte Position, die ihm mehr Zeit für das soziale Leben lässt. Weiterhin ist aus der Kreativitätsforschung bekannt, dass eine sichere und sorgenfreie Umgebung die Kreativität begünstigt; jedoch wächst ein Genie dann am besten, wenn es intrinsisch und nicht extrinsisch motiviert ist. Dies spricht dafür, dass finanzielle Sicherheit ein fruchtbarer Grund für Ideen ist, jedoch sollten sich die Pflänzchen lieber zur Sonne recken als dem Profit entgegen. Zu guter Letzt führen, wie bereits angesprochen, finanzielle Standards (»Das solltest du haben, um ein angesehenes Mitglied dieser Gesellschaft zu sein«), die in hierarchischen Strukturen ständig mitwachsen, zum Zwang, diesen zu entsprechen. Eine solche Knechtschaft ist das Gegenteil von Souveränität.

In einem anderen, biopsychologischen Ansatz kommen Stephen Lea und Paul Webley sogar zu dem Schluss, dass Geld die Willensfreiheit des Menschen so beschränke, dass man es als *Suchtmittel* bezeichnen kann. Es ist für Psychologen übrigens nicht einfach, etwas Störungsbildern zuzuordnen oder als Sucht zu klassifizieren, denn dazu müssen bestimmte Kriterien erfüllt sein. Während wir im Alltag mit Begriffen wie »Kaufsucht«, »Internetsucht« oder »Spielsucht« schnell bei der Hand sind, ist die Bezeichnung »Sucht« normalerweise dem Fall vorbehalten, dass eine Substanz (und nicht etwa ein bloßer Gedanke) direkt auf Rezeptoren des Nervensystems einwirkt, so wie es bei Alkohol, Nikotin oder Kokain der Fall ist.

Einen solch körperlichen Einfluss auf den Menschen hat Geld nicht, und somit kann es nur metaphorisch gesprochen als ein Suchtmittel bezeichnet werden. Tatsächliche Drogen »triggern« – das heißt imitieren und verstärken – auch häufig körperliche Reaktionen, die sonst auf natürliche Weise ausgelöst werden. So bewirkt Alkohol eine Ausschüttung des Glückshormons Dopamin, das der Körper ansonsten zum

Beispiel nach dem Geschlechtsverkehr produziert. Es gibt aber einige Forscher, die sogenannte *kognitive Drogen* als Suchtmittel bezeichnen. Pornographie ist ein gutes Beispiel. Dabei könne es, so manche Kollegen, zu suchtartigen Zuständen kommen. Im Unterschied zu wirklichem Sex sei der Dopaminausstoß hier zwar nicht funktional – er geht evolutionär gesprochen ins Leere –, nichtsdestotrotz gibt es ihn. Das Hormon sei dann ein Verstärker für mehr und könne zu Suchtverhalten führen, das dem durch tatsächliche Verhaltensweisen oder Substanzen ausgelösten ähnele. Man kann solche kognitiven Drogen als Parasiten betrachten, die sich in einen natürlichen und evolutionär sinnvollen Kreislauf einnisten und ihn dann immer wieder funktionslos ablaufen lassen.

Die Autoren widersprechen damit zahlreichen Theorien, die Geld als ein *Mittel zum Zweck* beschreiben (die »Tool-Theorien«) – was ja durchaus naheliegend ist, denn eigentlich benutzt man Geld, um damit eine Ware, also das Eigentliche, zu erwerben. Lea und Webley aber können Befunde vorlegen, dass im Hirn bei der Belohnung mit Geld nicht indirekte Belohnungszentren aktiviert werden, sondern solche, die mit *direkten* Belohnungen assoziiert sind. Das würde bedeuten: Geld kann selbst zum Endzweck werden. Meine Studenten illustrieren diese Theorie gern mit Bildern von Dagobert Duck, der Geld um des Geldes wegen rafft und dem es niemals darum geht, es für irgendetwas einzusetzen. Auch bei vielen Menschen zeigt sich ein nahezu körperliches Verlangen nach Geld.

Lea und Webley liefern zwei aus der Evolutionstheorie bekannte menschliche Antriebe, *Handel* und *Spiel*, die zur Entwicklung des Geldes beigetragen haben könnten. Der Handel sei für den Menschen ein wichtiger Schritt auf dem Weg zur Krone der Schöpfung gewesen, denn er erweiterte den Handlungsraum *außerhalb* der bekannten Sippe. Während innerhalb der Sippe ein Altruismus herrschte, der ein faires Geben und Nehmen garantierte, war vor der Erfindung des Handels jeder Kontakt mit Fremden von Misstrauen begleitet, das weiteren Kontakt häufig verhinderte. Handel aber fußt auf einem *reziproken Altruismus:* Wenn ich dir etwas gebe, erwarte ich ein gleichwertiges Produkt zurück, selbst oder vor allem dann, wenn du ein Fremder bist. Durch den Handel haben wir also die Möglichkeit, Vertrauen zu uns Unbekannten aufzubauen und außerhalb unseres beschränkten Heimatumfeldes tätig zu werden. Diese Möglichkeiten – und die Tatsache, dass man mit Hilfe des Geldes andere, völlig Unbekannte kontrollieren kann – werden der Grund dafür gewesen sein, dass das Geld nach seiner Erfindung weltweit so eine Erfolgstour antreten konnte. Faszinierenderweise wurde es, so wissen wir inzwischen, zur gleichen Zeit an unterschiedlichsten Stellen der Welt entdeckt – auch dies spricht für seine besondere Funktion, die manche sogar als Beleg dafür sehen, dass wir es irgendwann schlichtweg *gebraucht* hätten. Interessant ist dabei, dass innerhalb der Familie und unter Angehörigen dem Handel mit Geld etwas Unanständiges oder Schmutziges anhaftet; es wird stattdessen geschenkt und geliehen, weil ich davon ausgehen kann, dass mein Vertrauen nicht ausgenutzt wird. Weiterhin, so Lea und Webley, sind in bestimmten sozialen Situationen Geldgeschenke eindeutig tabu, wie beispielsweise nach dem Sex mit einem Liebespartner, bei religiösen Handlungen und in der Nachbarschaftshilfe. Geld wird also für bestimmte Zwecke eingesetzt, und das sei auch bei Drogen der Fall – man benutzt Drogen nur, um *bestimmte* Zustände zu erreichen, nicht alle. Die Tatsache, dass Geld kein Mittel für *alles* ist, weist die konkurrierenden Tool-Theorien, so die Autoren, in ihre Schranken.

Neben dem Handel ist Spiel als Grundmotiv des Menschen eine Ursache für unsere Dominanz über andere Arten. Demnach sind Menschen spielende Tiere, was es ihnen letztendlich ermöglicht, so verrückte Dinge zu entwickeln wie Opern, Satelliten und die Schrift. Geld bedient diesen Spieltrieb, wir beobachten schon bei Kindern, dass sie den Handel spielerisch erlernen. Nichts ist in bestimmten Lebensphasen schöner, als »Kaufladen« zu spielen – Spielgeld wird von vielen Kindern geliebt, und auch das Tauschen von Karten, Briefmarken oder Murmeln bringt den Kleinen Spaß und bereitet sie auf den späteren Handel vor. Lea und Webley bemerken, dass solche zum Spiel geeigneten Dinge Glücksgefühle auslösen können, für die man den »eigentlichen« Verstärker nicht benötigt – auch so wird Geld zum Selbstzweck.

Süchte sind jedoch natürlich alles andere als gut, und wenn Geld zum Suchtmittel wird, führt es zu einer zwanghaften und starken Fokussierung auf etwas, was in sozialen Situationen unwesentlich sein kann. Ein Bild geht mir nicht aus dem Kopf: Ein völlig gestresster Manager im Maßanzug und mit Alkoholfahne sprach in einem Duty-free-Shop in sein Handy, Business Talk, und schaute gehetzt auf ein Regal mit Teddys. Während er noch telefonierte, sprach er mich an: »Which one?« Ich griff zu dem süßesten Teddy, einem weichen mit einem schönen Gesicht. Der Mann sah auf den Preis, schüttelte den Kopf und nahm den teuersten, der einen miesepetrigen Gesichtsausdruck hatte und einfach nur groß war. Er klemmte ihn sich unter den Arm, zahlte und hetzte zum Flieger. Ich wurde ganz traurig und spann mich in eine Geschichte hinein, in der ein kleiner Junge lieber seinen Vater bei sich hätte als einen reichen gehetzten Trinker mit einem teuren, aber schlechtgelaunten Teddy.

Wie bei Alkoholabhängigkeit kann es bei Geldsucht zu Wirklichkeitsverzerrungen kommen. Wir beobachten dies bei reichen Leuten, die denken, ihre Steuerhinterziehung wäre mit Hilfe eines guten Anwalts aus der Welt zu schaffen, und bei Machtmissbrauch von Politikern, die sich einbilden, man könne sich alles erkaufen. Außerdem kann es bei Geld zu Entzugserscheinungen kommen. Es ist erstaunlich, wie viele Topmanager nach ihrer Entlassung oder Börsenspekulanten nach einem Crash Selbstmord begehen. Selbst wenn für sie in diesem Moment alles verloren ist (was meistens gar nicht der Fall ist), müssten sie doch wissen, dass sie in einer Gesellschaft leben, in der man nicht verhungern muss, und einsehen, dass sie mit den Talenten, die sie bisher unzweifelhaft gezeigt haben, schnell wieder obenauf sein könnten. Aber offenbar ist ihr Blick nur nach außen auf einen hohen Standard gerichtet und nicht auf ihre Fähigkeiten. Daher erleben sie tiefe Hoffnungslosigkeit und einen totalen Kontrollverlust. Tim Kasser und Kollegen werden ja nicht müde zu betonen, dass Geld extrinsische Motivation begünstigt und intrinsische unterminiert – bis hin zu Entfremdungstendenzen (Alienation), dass man schließlich gar nicht mehr weiß, wer man ist. Die Vorstellung, keinen Zugang mehr zu der Droge zu bekommen, wird zum Wahnbild, aus dem kein Entrinnen mehr möglich erscheint.

Wie passen die Theorie von Geld als Droge und die Theorie von Geld als Ressource nun zusammen? Ist es so, wie man es manchmal erlebt, dass hier zwei Labore komplett unabhängig voneinander Phänomene gefunden haben, die sich nicht miteinander vereinen lassen? Tatsächlich habe ich nirgendwo einen Kommentar gefunden, in dem die beiden Forschergruppen aufeinander Bezug nehmen. Jedoch kann ich Folgendes anbieten: Meiner Meinung nach zeigt die Drogentheorie, dass Geld zum Selbstzweck werden kann, wenn man mit Hilfe von Habenmitteln Habenziele erreichen möchte. Will ich haben, um noch mehr zu haben, ist ein gewisses Suchtpotenzial nicht auszuschließen. Erst mag ein Flow entstehen, dann ein Rausch, und schließlich folgt irgendwann der Kater. Auch die typische Abstumpfung, die man bei Süchten erkennen kann (wirkliche Alkoholiker haben weniger Glücksgefühle im Rausch als Gelegenheitstrinker, und sie benötigen mehr Alkohol, um auf ihren Pegel zu kommen), ist bei Geld zu sehen. Ist die erste Million noch ein schöner Spaß, der gefeiert wird, empfinden viele Börsianer die zweite als Verpflichtung, auch eine dritte heranzuschaffen.

Aber natürlich kann Geld auch als Ressource dienen. Wenn man Geld verdient, weil man sich ohne das gar nicht verwirklichen kann oder weil man sonst zu abhängig von anderen ist, verfolgt man mit Habenmitteln ein Seinsziel, das nicht unweigerlich in ein weiteres Abhängigkeitsverhältnis führt, sondern in das Gegenteil: in »finanzielle Unabhängigkeit«. Im letzten Jahrhundert haben Frauen in Deutschland um ihre finanzielle Selbstbestimmung gekämpft, wobei es ihnen nicht allein um Geld des Geldes willen ging. Einerseits kann sich durch die verstärkende Wirkung des Geldes ein unheilvoller Kreislauf entwickeln, andererseits besteht bei Seinszielen die Möglichkeit des Ruhens nach der Anstrengung und des Genießens des erreichten Zieles. Demnach könnte eine Frau, die sich durch ihre Erwerbstätigkeit emanzipiert hat (ein Seinsziel erreicht hat), es bei diesem Zustand belassen und müsste sich nicht unbedingt von dem »Mehr-ist-mehr-Virus« anstecken lassen. Die von mir getroffene Unterscheidung in Habenziele und Seinsziele, die beide mit Habenmitteln und Seinsmitteln zu erreichen sind, kann hier also vormals widersprüchliche Befunde klären.

Allerdings sollte auch eine Art Schwellenmodell unterstützend hinzugezogen werden, in dem man Haben bis zu einem gewissen Grad als allgemeinen Hygienefaktor sieht: Demnach würden Geld und Besitz neben der Befriedigung von Grundbedürfnissen wie Essen, Trinken und Wohnraum auch die Lösung aus Abhängigkeiten ermöglichen. Erst wenn diese Schwelle erreicht ist, kann man sich entscheiden, den Hauptfokus auf Seinsziele zu richten. Dies entspräche einem stark abgeänderten Modell nach Maslow, das ein wenig zu rigide bezüglich der Annahme war, welche Bedürfnisse befriedigt sein müssen, ehe man sich überhaupt der Selbstverwirklichung widmen kann. Es würde im Kern bedeuten, dass wir *etwas* Geld benötigen, es im Idealfall aber irgendwann nicht mehr im Fokus unserer Aufmerksamkeit stehen muss. Die Drogentheorie entspräche dem Fall einer dysfunktionalen Verselbständigung, die sicherlich unter Umständen eintreten kann, aber nicht muss, falls man Besitz erwirbt, um zu sein und sich irgendwann der Selbstverwirklichung zu widmen.

VIII
Macht Sein glücklich?

Wenn Geld und Besitz in verschiedenen Situationen durchaus glücklich machen können, wie steht es dann mit den Seinszuständen? Wir haben ja schon gesehen, dass Seinsziele und Habenziele ähnliche Wurzeln haben. Kontrolle über sein Leben haben, seine Kreativität ausleben, seine Identität kommunizieren, all das sind gemeinsame Quellen von Haben- und Seinszielen. Kann man also im Umkehrschluss auch ohne oder mit sehr wenig Besitz, Geld und Konsum glücklich werden, oder ist das alles nur ein Mythos, eventuell sogar eine Geschichte der Bonzen, um den armen Leuten ein Märchen zur Beschwichtigung der Gemüter aufzutischen? Geistiges Opium?

Sind denn religiöse Menschen tatsächlich glücklicher als Atheisten? Nützt Achtsamkeit? Geben uns Kultur und Natur wirklich Energie, wie behauptet wird? Und tut Teilen, Verzicht und Spenden nicht doch eher weh, wie fast jede ökonomische Theorie nahelegt, in der Weniger schlichtweg nicht Mehr sein kann? Da die Seinszustände, die ich zusammengetragen habe, unterschiedlicher nicht sein könnten und aus den verschiedensten Forschungsdisziplinen stammen, werde ich sie nacheinander diskutieren.

Verzicht und freiwillige Einfachheit

Bei freiwilliger Einfachheit handelt es sich, wie bereits besprochen, um eine Bewegung, die Nachhaltigkeit propagiert, Güter fair und umweltfreundlich herstellen will, Arbeitszeit verringert, kurz: Sein statt Haben will. Verfechter einer solchen Einstellung nach ihrer Lebenszufriedenheit zu befragen führt unweigerlich zu den in den Sozialwissenschaften gefürchteten Effekten der *sozialen Erwünschtheit:* Demnach werden diese Menschen in ihren Antworten hohe Werte angeben, damit niemand denkt, sie hätten sich falsch entschieden – weil sie ja denken, es gehe um die Beurteilung ihres selbst gewählten Lebensstils. Es ist aber kein Wunder, dass sich Menschen, die sich für ein ruhigeres Leben und einen weniger herausfordernden Beruf entscheiden, die gesund essen, keine Güter kaufen, die ein schlechtes Gewissen bereiten, und sich Zeit für soziale Kontakte nehmen, tatsächlich gut fühlen.

In einer Studie von Samuel Alexander und Simon Ussher aus dem Jahr 2012, die an über 2000 Mitgliedern dieser Bewegung aus aller Welt durchgeführt wurde, gaben 87 Prozent an, dass sie sich besser fühlen, 13 Prozent, dass sich nichts geändert hat, und nur 0,3 Prozent, dass sie sich weniger gut fühlen, nachdem sie sich dazu entschlossen haben, ihr Leben nachhaltiger auszurichten. Sie haben den Eindruck, mit ihrem Geld oder dem Konsumverzicht einen Einfluss auf die Gesellschaft zu haben (»voting with money«), was ihr Kontrollgefühl verstärken dürfte – auch dies ist, wie wir schon gesehen haben, eine Quelle von Zufriedenheit. Allerdings klagen Teilnehmer der Studie auch über die Schwierigkeit, in einer kapitalistischen Welt mit überteuerten Wohnungen, hohen Anforderungen in der Berufswelt und fehlenden öffentlichen Transportmitteln zu überleben. Nichtsdestotrotz scheint *downshifting* (das Verringern der Arbeitszeit) ein größerer Trend zu sein, als man vermuten mag: Eine Studie aus den USA von 1995 beobachtete, dass 28 Prozent ihre Arbeitszeit freiwillig verringerten, eine aus Australien von 2005 kam auf 23 Prozent und eine aus England maß 25 Prozent bei den 30- bis 59-Jährigen. Man darf gespannt sein, ob sich diese »Bewegung« irgendwann zu einer politischen Kraft formiert* und welche Effekte ein solches Leben langfristig auf die Gesundheit und die Zufriedenheit hat.

Aus einer ökologischen Perspektive heraus ist ein solcher Lebensstil unzweifelhaft der richtige und auf längere Sicht funktional, wenn man bedenkt, dass wir jegliche Lebensgrundlage verlieren werden, wenn wir uns nicht einschränken wollen. Es steht zu vermuten, dass bereits unsere Enkel uns Otto Normalverbraucher mit Abscheu fragen werden: »Und so habt ihr damals gelebt?«

Teilen, Tauschen, Leihen, Spenden

Mir ist keine Studie bekannt, die die psychologischen Effekte auf Zufriedenheit durch Tauschen, Teilen oder Leihen mit Haben vergleicht. Ich möchte allein an die Analyse von Gilles Lipovetsky erinnern, die auf die positiven Aspekte des Teilens hinweist (man hat mehr Kontakt mit anderen und erwirbt

* Als Deutscher fragt man sich vielleicht, warum ich diese Bewegung nicht einfach »grün« genannt habe. Es ist sicherlich so, dass viele Grüne darunter sind, weil sich die Werte nun einmal überschneiden. Allerdings gibt es in den untersuchten Ländern nicht immer grüne Parteien, und letztlich finden sich auch manchmal sehr konservative oder sozialdemokratische Wähler in dieser Bewegung. Es ist vielleicht anekdotisch, aber der *Spiegel* berichtete, dass mancher Ökohof inzwischen von Nazis geführt wird.

dadurch soziale Fähigkeiten) und auch die negativen andeutet (man macht sich abhängig von anderen). Hier ist mehr Forschung nötig. Da es sich bei Tausch-Leih-Teil-Geschäften, wirtschaftlich gesehen, um starke und erstaunliche Trends handelt, würde ich vermuten, dass hier nicht nur ökonomische Bedürfnisse wie Sparen befriedigt werden (denn das könnte man ebenso durch Kaufen beim Discounter erreichen), sondern dass soziale Kontakte mitentscheidend an ihrem Erfolg sind. Mir fällt auf, dass sich in Foodsharing-Shops oder auf Secondhand-Märkten viele interessante Gleichgesinnte aufhalten. Man ist freundlich zueinander, jedenfalls freundlicher als beim Discounter, und man gehört zu den Coolen (oder »Guten«, wie man neudeutsch sagt). Diese Stimmungsaufheller könnten ein Anreiz sein, dorthin zu gehen.*

Interessanterweise gibt es einige Studien neueren Datums zu psychologischen Effekten des *Spendens.* Demnach verbessert Spenden tatsächlich die Stimmung. In einer mittlerweile prominenten Studie der Psychologen Elizabeth Dunn und Kollegen (2008) wurden an Angestellte Boni verteilt, und es zeigte sich bei denjenigen, die einen Teil davon an wohltätige Vereine spendeten, eine deutliche Stimmungsverbesserung. Diejenigen, die das Geld für sich selbst behielten, machte der Bonus nicht glücklicher. Es scheint also manchmal besser zu sein, abzugeben, als zu behalten. In einer anderen Studie eines größeren Autorenteams, das von Lara Aknin und internationalen Kollegen geführt wurde, konnte dieser stimmungsverbessernde Effekt prosozialen Spendens in 136 Ländern aufgezeigt werden, und er war in armen wie in reichen Ländern von gleicher Stärke. In einer einprägsamen Studie durften

* Auch bei Veganismus (ebenfalls eine Form des Verzichts) vermute ich, dass Identitätssuche und Zusammengehörigkeit mitbestimmende Motive sind. Wir werden bald Forschung zu diesem Thema in Bochum betreiben.

Probanden entweder für Kinder im Krankenhaus oder für sich selbst einkaufen, und wiederum zeigte sich, dass etwas für andere zu kaufen die Probanden glücklicher stimmte – und dies galt gleichermaßen im reichen Kanada wie im armen Südafrika. Das Besondere war, dass die Probanden keinen Kontakt zu den Kindern zu erwarten hatten, ihre Einkaufstaschen vielmehr im Labor abgaben. Dies deutet darauf hin, dass die *direkte soziale Belohnung,* ein Kinderlächeln oder ein Dankeschön, gar nicht nötig ist, damit sich Spender gut fühlen, sondern dass man durch Spenden wohl internalisierte prosoziale Standards erreicht, die einen spontan froh stimmen. Man tut es demnach gewissermaßen für sich selbst und nicht aus altruistischen Motiven – gesellschaftliche Anerkennung und Selbstwertsteigerung wären hier klassische Verstärker, die ein stimmungssteigerndes Verhalten einleiten.*

Jedoch ist es nicht nur das. Einige Forscher behaupten, Menschen empfänden auch *Empathie* mit anderen, könnten sich so sehr in einen anderen einfühlen, dass sie quasi *von sich aus* helfen *müssten.* Die Debatte ist noch im Gange**, ob es reinen Altruismus tatsächlich gibt, jedoch ist Hilfeverhalten gesellschaftlich gesehen funktional, schafft Vertrauen und verhindert Leid.

Natürlich kann man nicht nur Güter spenden, sondern auch Zeit. Hier sei auf eine Studie von Shigehiro Oishi und Kollegen aus dem Jahr 2007 hingewiesen, die untersuchte, auf welchem Gebiet extrem glückliche Menschen ihre Erfolge feiern. Die Ergebnisse zeigten, dass Menschen, die in den Bereichen Einkommen, Ausbildung und Politik besonders erfolgreich sind, zwar glücklich sind, dass die glücklichsten Menschen ihre Erfolge jedoch in persönlichen Beziehungen

* Den Beschenkten dürfte es letztendlich egal sein, warum sie beschenkt werden. Zum Beschenkt-Werden fehlen jedoch empirische Befunde.

** Ich empfehle zur Lektüre Hans-Werner Bierhoffs Arbeiten.

und bei der Ausübung von Ehrenämtern erzielten. Freiwillige Arbeit für andere birgt demnach eine Steigerung des »normalen« Glücks.

Erleben im Hier und Jetzt

Ich habe schon verraten, dass der Blick in die Zukunft und in die Vergangenheit Nachteile hat: Oft wird einem die Gegenwart durch in die Zukunft gerichtete Sorgen und das Bedauern längst vergangener Fehler verpestet. Schaut man hingegen auf das momentane Befinden, fühlt man sich mit einiger Wahrscheinlichkeit gut. In Achtsamkeitstrainings wird nicht nur das Erleben im Hier und Jetzt geschult, sondern auch das vorurteilsfreie Erleben der Gegenwart, indem möglichst nichts bewertet, sondern neutral beobachtet werden soll.

Ein Überblicksartikel von Kirk Brown und anderen zeigt, dass Achtsamkeit Stimmung, Wohlbefinden, Immunsystem und die physische wie psychische Gesundheit steigert, Stressempfinden verringert und die Selbstkontrolle und die Kreativität erhöht. So überwinden achtsame Menschen eher negative Erlebnisse. Sie sehen sie als transient – flüchtig – und nicht als stabil und unheilverkündend an. Neuropsychologische Untersuchungen zeigen zudem, dass emotionale Reaktionen auf bedrohliche Reize bei achtsamen Menschen schnell im präfrontalen Kortex weiterverarbeitet werden, der es einem prinzipiell ermöglicht, Negatives kognitiv anders einzuordnen. Wie kann man sich so etwas vorstellen?

Ich habe mir zum Beispiel meine Spinnenangst abtrainiert. Ich habe mir als Jugendlicher Horst Sterns preisgekrönte Spinnenfilme (mit vor die Augen gehaltener Hand) angesehen und mich danach dazu entschlossen, Spinnenphobie unvernünftig zu finden. Immer wenn ich eine Spinne sah, sagte ich mir, wie nützlich diese Tiere doch sind und wie faszinierend. Aufgrund dieser Einstellung habe ich meine unmittelbaren Emotionen von Angst und Ekel in günstigere Kognitionen (Spinne = nützlich, faszinierend) übersetzt. Nach mehreren Jahren Selbsttraining schaffe ich es nun, Spinnen in meiner Wohnung mit Hilfe eines Glases nach draußen zu transportieren. Achtsame Menschen, so zeigen neuropsychologische Studien, können sehr schnell von der emotionalen Komponente auf die kognitive Übersetzungsfunktion zurückgreifen. Sie würden sich beispielsweise sagen: Die Spinne sitzt ganz friedlich in einem angemessenen Abstand an der Wand. Sie tut mir jetzt nichts und wird es auch in Zukunft nicht. Sie ist ein nützliches Tier, das krankheitenübertragende Fliegen fängt und Kunstwerke spinnt.

Speziell bei emotionalen Störungen wie Depressionen, Grübeln, Schlafstörungen und Panikattacken zeigt Achtsamkeit gute Wirkungen. Auch bei der Schmerztherapie ist sie hilfreich und verspricht langfristige Erfolge. Dabei zeigen sich manche Wirkungen schon nach kurzen meditativen Interventionen. In einer Untersuchung von Esther Papies und Kollegen wurden Probanden, die bisher wenig Erfahrungen mit Meditationen hatten, darin trainiert, achtsam auf gesundes und ungesundes (aber attraktives) Essen zu reagieren. Es zeigte sich, dass die Impulskontrolle gegenüber verführerischen Reizen besser gelang, wenn Versuchspersonen diese Reize achtsam wahrnahmen.

In Beziehungen hilft Achtsamkeit, auf den genauen Inhalt einer Botschaft des Partners zu achten und die Emotionen und nonverbalen Veränderungen zu beachten. Dies verhindert destruktives Verhalten. Ein Beispiel: Charly beobachtet, dass Antje ihre Schuhe in die Ecke feuert, statt sie, wie er es angemessen fände, in den Schuhschrank zu stellen. Wenn er unachtsam ist und das Verhalten direkt bewertet, könnte er in destruktives Verhalten abgleiten oder ihr (weniger aggressiv, aber auch nicht hilfreich) die Wörter des Beziehungstodes »alle«, »immer« und »nie« an den Kopf schleudern. Er würde dann vermutlich auch *Vergangenes* hervorkramen und *Zukünftiges* befürchten. Also: »Antje, ich halte das nicht mehr aus! Immer (!) pfefferst du deine Schuhe einfach in die Wohnung. Nie (!) denkst du dabei an mich! Ich weiß nicht, wie das weitergehen soll (! Zukunft). Du hast ja bisher alle (!) meine Wünsche mit Füßen getreten (! Vergangenheit).« Vielleicht hätte er nach einem Achtsamkeitstraining bemerkt, wie genervt ihr Blick und wie angespannt ihr Gang war, und so erkannt, dass eine solche Bemerkung in dieser Stimmung einen unnötig heftigen Streit provozieren würde und dass Antje vielleicht einen Grund für ihr Verhalten hat, der gar nichts mit einer Respektlosigkeit ihm gegenüber zu tun hat. In einem Stadium der Achtsamkeit werden aus negativen Gefühlen, die normalerweise alternativlos auf einen selbst oder den Partner bezogen werden, mögliche Interpretationen, die man hinterfragen oder auch ändern und sich so zurechtlegen kann, dass sie keinen mehr verletzen. In Bochum untersuchen derzeit Elke Rohmann und Andrea Führer den Einfluss von Achtsamkeit auf Beziehungen.

Eine neuere Studie um den Sozialpsychologen Kirk Brown zeigt, dass Achtsamkeit zu mehr Zufriedenheit mit dem führt, was man *hat*. Viele Menschen stecken sich hohe finanzielle Ziele, und diese mindern die Lebenszufriedenheit – ich habe es schon mehrmals gesagt: Hohe Ist-Soll-Diskrepanzen drücken auf die Stimmung, und das ist auch bei finanziell empfundenen Differenzen der Fall. Bei achtsamen Menschen entsteht, so die Studie, seltener das Gefühl, »noch so weit weg« vom Ziel zu sein; sie erleben das Leben als schön, und mehr braucht man nicht.

Ich versuche zunehmend, alltägliche Tätigkeiten achtsamer anzugehen. Meine täglichen Ritte auf dem Fahrrad zum Beispiel. Ich versuche dabei, mehr vom Fahrgefühl wahrzunehmen, spüre in meine Muskeln hinein, merke, wie stark sie sind, fühle die Luft um mich herum, bemerke unterschiedliche Arten des Regens und der Schwüle, erfreue mich daran, wie die Stadt morgens erwacht, wie die Sonne immer anders über dem Rhein auf- und untergeht. Ich koche auch achtsamer, indem ich die Gerüche der Gewürze stärker wahrnehme, die Änderungen der Konsistenz durch das Kochen erfühle und die Haptik ergründe. Ich habe den Eindruck, dass das meine Stimmung hebt, denn tatsächlich ist das Hier und Jetzt oft sehr schön.* Außerdem habe ich den Eindruck, dass es meine Kreativität begünstigt. Dazu werde ich mehr Forschung betreiben.

In letzter Konsequenz interessiert mich auch, ob und wann Achtsamkeit dysfunktional sein kann. Der Gedanke kam mir, weil ich eigentlich keinen einzigen Zustand in der Psychologie kenne, der nur gut oder nur schlecht wäre. Zum Beispiel ist Kreativität an sich wunderbar, aber manchmal lenkt sie schlichtweg vom Wesentlichen ab. Eigene Forschung zeigt, dass Kreativität manchmal analytisches Denken behindert. Zudem sagte mir mal ein Schornsteinfeger, der bei mir etwas über Mitarbeitermotivation erfahren wollte: »Kreativ müssen Sie meine Mitarbeiter nicht machen, Sie sollen denen vielmehr beibringen, dass sie ihre Handys nicht eine Stunde lang am Tag benutzen. Sonst werde ich pleite, und die werden arbeitslos.« Habe ich also bei vielen menschlichen Verhaltensweisen, wie dem Horten und dem Raffen, nach der Funktionalität gefragt, so stellt sich mir bei Achtsamkeit ebenfalls die Frage nach der Dysfunktionalität oder der Kontraindikation.

* Man könnte denken: Gut, der ist ja auch gesund. Aber auch bei Kranken wirkt Achtsamkeit. Man hat selten Schmerzen, die immerwährend gleich intensiv sind, und es geht einem ja nicht immer schlecht. Das ist nicht zynisch gemeint: Ist man achtsam, erfreut man sich sogar an einem Kamillentee.

Persönlichkeitsentwicklung, Identitätssuche, Sinnsuche

Wenn man persönlich gesteckte Ziele erreicht (abnehmen, mehr lesen, attraktiver werden, weniger schüchtern sein), hebt das die Stimmung, aber man ist dann nicht unbedingt glücklich, wie der bereits erwähnte Sozialpsychologie-Papst Tory Higgins richtig argumentiert. Es mache einen großen Unterschied, ob man Ziele als *Ideal* (Promotion-Fokus) oder als *Pflicht* (Prevention-Fokus) betrachtet. Wenn etwa ein Lernziel als Pflicht (»Ich muss diese Sprache lernen, weil ich sonst nicht durchs Abitur komme«) angesehen wird, wird man nicht *glücklich,* sondern lediglich *erleichtert* sein, wenn man es erreicht hat, wie Lorraine Idson und Tory Higgins zeigten. Beschreibt man es allerdings als Ideal (»Ich lerne diese Sprache, um mich im Ausland besser zurechtzufinden«), erlebt man Glücksgefühle, sobald man das Ziel erreicht.

Ziele sollten natürlich realistisch sein. Jemand, der 30 Kilo in zwei Wochen abnehmen will (was ihm in der Werbung als möglich vermittelt wird), wird zwangsläufig enttäuscht sein. Die sozialen Vergleichsmodelle in den Medien, die unrealistische Standards setzen, sind dabei eine Gefahr. Viel zu schöne, viel zu dünne Models frustrieren normal aussehende Teenager. Und die inneren Werte einer Person kommen in den sozialen Medien leider nicht so gut zur Geltung. Es kommen immer mehr Studierende in meine Sprechstunde, die sich viel zu viel vornehmen – hier sollte man im Coaching sachte zusammen herausfinden, ob es denn wirklich »normal« ist, dass WilliamTheKing aus North Carolina ein Einserstudent und der Beste im Baseballteam ist, nebenbei Orgelwettbewerbe gewinnt und dazu noch 15 000 Facebook-Abonnenten hat. Vielleicht reicht es ja, wenn man selbst einfach »nur« jemand ist, der ein Studium redlich gut absolviert und dabei ein netter

Kerl bleibt. Wenn man überfordert ist, sollte man eine Prioritätenliste anfertigen und die Aktivitäten streichen, auf die man am ehesten verzichten kann.

Normalerweise setzt nach dem Erreichen von persönlichen Zielen ein Ruhezustand ein. Menschen sind entspannt, wenn sie etwas erreicht haben, und da normalerweise kurz vor der Zielerreichung viel Energie aufgewandt werden musste, ist das für den Organismus funktional. Es ist also gut, wenn man nach dem Erreichen einer Abschlussprüfung erst einmal in den Urlaub fährt oder einfach gar nichts tut. Manche Seinsziele sind so umfassend und abstrakt, dass sie unerfüllbar sind. Das kann zu ständigem Aktionismus und Stress führen. Bei Habenzielen, so werde ich noch zeigen, besteht jedoch trotz ihrer Konkretheit weit mehr die Gefahr, dass nichts genug ist.

Zum Sinnerleben liegen mittlerweile einige Studien vor, zum Beispiel die von Michael Steger und seinem Team, die zeigen, dass Menschen, die ihren Sinn im Leben gefunden haben, gesünder, glücklicher und zufriedener sind. Dies liegt teilweise daran, dass das Sinnerleben mit einem hohen Selbstwert zusammenhängt, das heißt, wenn man das Gefühl hat, für andere oder diese Welt wertvoll zu sein, steigt die eigene Wertschätzung. Die Forschung zeigt weiterhin, dass Sinnerleben vor allem in Berufen stattfindet, die anderen nützen oder die gar helfen, die Welt zu einem besseren Ort zu machen. Damit wird also ein deutlicher Zusammenhang zwischen Sinn und prosozialen Zielen hergestellt.

Sinnerleben wirkt auch selbstregulatorisch, wenn es als Schutzschild bei Grenzerfahrungen oder in traumatischen Lebenssituationen verwendet werden kann, wie Crystal Park zeigt. Menschen, die Grausames erleben, wie den plötzlichen Tod eines Kindes, kommen damit eher zurecht, wenn sie denken, dass ihr Leben und vielleicht sogar ihr Schicksal einen Sinn ergeben. Auch im Alter hilft es Menschen, wenn sie einen Sinn in ihrem Leben sehen, selbst wenn die letzte Phase des Lebens immer häufiger von schrecklicher Einsamkeit geprägt ist.

Interessant sind zudem Untersuchungen von Shigehiro Oishi und Ed Diener, die zeigen, dass Menschen in ärmeren Ländern eher einen Sinn in ihrem Leben sehen als solche in reichen. Dies ist zum einen damit zu erklären, dass ärmere Menschen meist religiöser sind, jedoch könnte man ebenso vermuten, dass in wohlhabenden, stark materialistischen und kapitalistisch geprägten Ländern durch die starke Individualisierung wenig Interesse an sozialen Zielen besteht, was bekanntlich das Sinnerleben schmälert. Es ist vermutlich schwierig für einen ganz auf sich bezogenen Menschen, seine Rolle in der Welt zu verstehen, wenn sein Leben vor allem sein eigenes Wohl im Fokus hat.

Menschen, die den Sinn des Lebens ständig hinterfragen, neigen zum Grübeln, was wiederum ein Symptom von Depressionen ist, und so steigt bei Sinnsuchenden tatsächlich die Wahrscheinlichkeit für psychische Krankheiten. Der Zusammenhang zwischen Sinnerleben und Zufriedenheit wird bei manchen durch Religiosität hergestellt. Sind Religiöse also glücklicher?

Religion und Spiritualität

Zahlreiche Studien, die von Kenneth Pargament und Gene Ano in einer Meta-Analyse zusammengefasst wurden, zeigen, dass intrinsisch Religiöse glücklicher sind, wohingegen extrinsische Religiosität keinen positiven Effekt auf die Lebenszufriedenheit hat. Die geringste Zufriedenheit zeigen Menschen, die Religiosität aus einem gesellschaftlichen

Zwang heraus betreiben, und Fundamentalisten scheinen ebenfalls nicht glücklich zu sein, sondern finstere, verbissene Gesellen.

Intrinsisch Religiösen geht es deshalb besser als Atheisten, weil sie sich in ein größeres Ganzes eingebunden fühlen und weil sie ihr Leben für sinnvoll halten. Aber dies ist nicht der einzige Mechanismus, durch den sich der Glauben positiv auf die Gesundheit auswirkt.

Jüngere Forschung zeigt, dass Religiosität und Spiritualität die tägliche Selbstkontrolle erleichtern. Michael McCullough und Brian Willoughby vermuten, dass Religiöse sich häufiger in Selbstdisziplin üben und somit einen »Trainingsvorteil« gegenüber Atheisten haben. Dies würde gut zu dem oben erwähnten Modell von Roy Baumeister passen, der Selbstkontrolle als einen Muskel versteht, den man trainieren muss. Gläubigen, die einer Versuchung erliegen, drohen nicht nur irdische Strafen, sondern, wie wir bei Eva im Paradies gesehen haben, sogar die ewige Verdammnis – und wenn man die Motivationspsychologie konsultiert, so sollte eine solch drakonische Strafe tatsächlich eine starke Motivation bewirken, sich selbst zu beherrschen. Während somit in einem irdischen Bauernschwank ein Seitensprung mit dem Nudelholz der Gattin vergolten wird, droht dem Sittenstrolch in einem religiösen Volksstück der ewige Grill in der Hölle.

Die Sozialpsychologen Ayelet Fishbach, Ron Friedman und Arie Kruglanski konnten zeigen, dass insbesondere Verführungssituationen bei Gläubigen Erinnerungen an ihren Glauben wachrufen. Tatsächlich denken Religiöse an die Bibel, Gott und das Paradies, sobald sie sexuellen, kalorischen oder anderen teuflischen Stimuli ausgesetzt sind. Dies wiederum ermöglicht es ihnen, damit zusammenhängende Strategien der Selbstkontrolle aus dem Gedächtnis abzurufen, die sie ohne Mühen erfolgreich einsetzen können, um hedonischen Anreizen zu widerstehen.

Folgt man Roy Baumeister, so hilft die Religion Menschen außerdem, egoistische Impulse zu kontrollieren, die Gruppeninteressen zuwiderlaufen. Für ihn ist Selbstkontrolle nötig, um Aggression und Gewalt in Grenzen zu halten. Dabei versteht er Aggression als einen angeborenen Impuls, der sich ohne gesellschaftliche Regeln ständig ausleben müsste – eine allgemeine Verrohung wäre das Resultat. Religionen, und so sehen das auch einige Evolutionsbiologen, hätten es geschafft, prosoziale Normen zu etablieren und Selbstkontrolle zu ritualisieren, so dass das Tier im Menschen gebändigt werden kann. Malte Friese und Michaela Wänke konnten zeigen, dass einfaches, spontanes Beten, zu dem Versuchspersonen aufgefordert wurden, ihre Selbstkontrolle erhöht. Beten energetisierte die Teilnehmer offenbar, und dies war auch bei jenen der Fall, die angaben, nicht gläubig zu sein. Es reicht also die Ausübung eines Rituals, das von alters her mit Selbstkontrolle assoziiert wird, um Ressourcen aufzufrischen.

Interessant sind hier neurologische Studien von Andrew Neuberg und Kollegen, in denen gezeigt wird, dass Meditationen und meditative Gebete bei tibetischen Buddhisten zu erhöhter Aktivität des präfrontalen Kortex führen, einer Hirnregion, die mit Selbstkontrolle in Zusammenhang steht. Letztendlich führt das dazu, dass Religiöse gesünder sind, weniger Drogen nehmen, seltener kriminell werden und länger leben. Vor allem im Alter zeigt sich eine deutlich geringere Demenz als Folge gemäßigten Alkoholkonsums. Eine neuere Studie von Tyler Stillman und Team zeigt zudem, dass Spiritualität die Wahrscheinlichkeit für auffälliges Konsumverhalten senkt – wie zu erwarten, blockiert eine spirituelle Einstellung zum Sein das Verfolgen von Habenzielen.

Religion scheint also vielfältige regulatorische Effekte zu zeitigen, die sicherlich ebenso durch nichtreligiöse Ideologien etabliert werden könnten – historisch gesehen, haben aber gerade religiöse Regeln über Jahrhunderte hinweg menschliches

Verhalten organisiert und sind vermutlich deshalb noch wirksam.

Allerdings gibt es, wie bei allen Verhaltensweisen und gedanklichen Konstrukten, auch Situationen, in denen Religionen dysfunktional werden. Die starren Regeln und die klare und oftmals enge Definition von Eigengruppe und Außengruppe und die zusätzlich extreme Bewertung (die Eigengruppe sieht das Paradies, die Außengruppe landet in der Hölle) in vielen Religionen schafft unendliches Leid. Da ist nicht nur der selbstgerechte Terror der Jetztzeit zu nennen, der von einigen extremistischen Gruppen ausgeht, sondern ebenso die Ausgrenzungen von »schwarzen Schafen«, die von einer psychischen Grausamkeit ist, für die es oftmals keine Beschreibung gibt. Wenn Geschiedene vom Abendmahl ausgeschlossen werden, wenn Homosexuelle gebrandmarkt werden, wenn Frauen der Mund verboten wird, so sind das keine Kleinigkeiten, sondern Probleme, die nicht selten in einer therapeutischen Praxis landen. Es ist keine Frage, dass Religionen Depressionen, Suizide und Angstzustände hervorrufen können. Und natürlich fürchterliche Schuldgefühle.

Ein Kollege berichtete von einer Patientin mit Burn-out, die mit 45 gerade das achte Kind bekommen hatte, obwohl sie mit dem vierten schon vollkommen überfordert gewesen war. Verhütung findet sie gottlos, und sie kann vor Schuldgefühlen kaum schlafen, weil die ersten vier Kinder aus einer anderen Ehe sind und somit die weiteren vier »sündig«. In solchen Fällen hat man manchmal das Gefühl, hier wäre ein Exorzist nötiger als ein Therapeut.* Insgesamt, so zeigen Meta-Analysen, ist das Gefühl der *Selbstbestimmung* bei religiösen Men-

* Diese Geschichte ereignete sich übrigens in einer deutschen Großstadt, und sowohl die Frau selbst wie auch ihr Ehemann sind Akademiker. Wer ein prominentes Beispiel für religiösen Wahn haben möchte, sei an die Büchner-Preisträgerin Sibylle Lewitscharoff erinnert, die sich nicht entblödete, bei einer Lesung in der Dresdner Staatsoper künstlich gezeugte Kinder als »Halbwesen« zu bezeichnen.

schen häufig geringer als bei Atheisten, und damit ist die Gefahr einer Identitätsaufgabe gegeben. Allerdings sollte man berücksichtigen, dass Religiosität in den verschiedensten Facetten ge- und erlebt wird. Neben den genannten, stark konservativen Beschreibungen gibt es eine freiere, als positiv erlebte Spiritualität, die generell positive Wirkungen zeigt.

Ich habe mehrmals argumentiert, dass ein Zuviel eines Zustandes schädlich sein kann. Bei der Religion scheint dies ebenfalls zuzutreffen: ein Sichvergessen in der Religion, eine zu starke Gruppenidentität, eine Verbohrtheit, die es nicht erlaubt, über die Grenzen zu schauen, lässt entgegen prosozialen Prinzipien Gläubige offensichtlich »abheben« und die Menschen »da unten« (die Ketzer) vergessen machen.* Von den Kreuzzügen bis zur IS führten und führen Religionen häufig zu Intergruppenkonflikten. Jedoch ist auch der Umgang mit der eigenen Religiosität entscheidend. Ob man sie als intrinsisch oder extrinsisch empfindet, ist dabei genauso wichtig wie die Bodenhaftung und die Empathie mit anderen. Letztendlich aber können die Aggression zwischen religiösen Gruppen und die Konflikte, die durch starre Regeln innerhalb der Gruppe der Gläubigen entstehen, in den hierarchischen Strukturen der Glaubensgemeinschaften nur von denen gemildert werden, die in den Hierarchien an oberer Stelle stehen. Die Mullahs, Rabbis und Priester dieser Welt sind gefordert, die Religionen menschlicher zu gestalten. Natürlich geschieht dies schon hie und da. Besucht man evangelische Gottesdienste in Köln, staunt man nicht schlecht, wie stark die Selbstorganisation vorangeschritten ist und mit welch einer Vielzahl von Medien dort gearbeitet wird. Eine Live-Schaltung zum Maidan, ein Interview des Pastors mit einem

* Hier sei daran erinnert, wie lange das Christentum medizinischen Fortschritt verhindert hat – und zu gleicher Zeit sein karitativer Geist zahlreiche Krankenhäuser und Sozialstätten schuf.

Psychoanalytiker und moderne Lieder, die nicht im Gesangbuch stehen, sind genauso wie der Karnevalsgottesdienst nur einige Beispiele für eine gelungene Modernisierung.*

Soziales Leben und Arbeit

Ich habe bereits das Schwarz-Weiß-Denken angesprochen, durch das ein soziales Leben als Gegenteil der Arbeit angesehen wird. Es ist keine Frage, dass Anbindungen an andere Menschen wichtig sind, weshalb das soziale Leben bei vielen Kollegen den Status eines Bedürfnisses hat. Obwohl sicherlich nicht jeder gleichermaßen gesellig ist, hat *Einsamkeit* im Allgemeinen negative Folgen für die psychische wie physische Gesundheit. Obwohl die »moderne« Zeit von Überarbeitung und Zeitfressern wie den sozialen Medien gekennzeichnet ist, sollte man daher zusehen, dass noch reale, nichtvirtuelle Freunde übrig bleiben. Auch beim Pendeln gilt die therapeutische Regel: Man braucht in jeder der Städte wenigstens einen Menschen, den man immer ansprechen kann. Kontakte, soziale Netzwerke, Austausch mit anderen sind lebensnotwendig, selbst wenn dadurch ab und zu Konflikte entstehen.

Arbeit wird häufig als ungesund angesehen. Tatsächlich ist es so, dass die zunehmende Unsicherheit durch befristete oder Teilzeitverträge etc., die hohen Anforderungen, die Globalisierung, die viele stressige Reisen und Pendeleien nötig macht, zu mehr Stress im Job geführt hat und die Zahl der

* Wer sich davon überzeugen möchte, sollte einmal einem Gottesdienst bei Hans Mörtter in der Lutherkirche in Köln beiwohnen. Man sollte aber rechtzeitig kommen, denn die Kirche ist oft voll.

arbeitsbedingten psychischen Störungen ständig steigt. Auf der anderen Seite ist Arbeit eine wichtige Ressource: Es scheint, dass Arbeit einen *Sinn* gibt. Zu dieser Einsicht kommen nicht nur Arbeitslose, bei denen sich die Wahrscheinlichkeit einer Depression gegenüber Arbeitenden verdoppelt*, sondern auch Forscher, die einen vorurteilsfreien Blick auf die Arbeit geworfen haben. Die Leipziger Professorin für Arbeitsmedizin Steffi Riedel-Heller definiert sechs wichtige Faktoren, die einem guten Job zu- oder abträglich sind: Anerkennung, Handlungsspielraum, Gemeinschaftsgefühl, Gerechtigkeit, Werte und Arbeitsbelastung. Arbeit kann, so ihre Forschung, stabilisieren und ein Faktor für gute Gesundheit sein, wenn in anderen Bereichen (Familie, Bekanntenkreis, Freunde etc.) Probleme auftauchen. Entfremdete Arbeit ist häufig solche, die einem kein Wachstum ermöglicht, die stupide ist und wo Person und Job nicht zueinander passen. Ein ruhiger, eher schüchterner Charakter ist an einer Hotelrezeption vermutlich weniger gut aufgehoben als in einem Archiv. Befriedigende Arbeit kann dagegen sogar Demenz vorbeugen. Interessant ist, dass das monatlich verfügbare Einkommen bei der Qualität eine eher untergeordnete Rolle spielt. Dazu passen auch Befunde, die zeigen, dass Arbeitende im Vergleich zu Arbeitslosen mit demselben (!) monatlichen Einkommen deutlich glücklicher sind: Die finanzielle Basis macht also nicht den entscheidenden Unterschied. Arbeit ist nicht nur ein Haben-, sondern auch ein Seinsziel und kann als klassisches Habenmittel sogar zum Seinsmittel werden, wenn das Tun Spaß macht.

* Jeder dritte (!) Hartz-IV-Empfänger leidet unter einer diagnostizierten psychischen Störung, wie eine Studie des Instituts für Arbeitsmarkt- und Berufsforschung der Bundesarbeitsagentur zeigt.

Freizeit, Party, Hobbys, Sex

Ein typisches Sommerlochthema sind aus dem Ruder geratene Jugendliche. Wer kennt nicht die Berichte über »die Jugend«, für die Partymachen angeblich vor allem aus Komatrinken besteht? Tatsächlich gibt es Eltern, die sich jedes Wochenende aufs Neue Sorgen machen, ob »der Kleine« samstagnachts zu viel trinkt, ob »die Kleine« Drogen nimmt. Ob sie an ein Kondom denkt. Ob er heil nach Hause kommt.

Partymachen wird häufig mit Exzessen gleichgesetzt. Exzesse gibt es in allen Bereichen des Lebens. Man kann zu viel essen, man kann sich tothungern, man kann so viel feiern, dass die Schule zu kurz kommt, oder so viel lernen, bis man schließlich zusammenbricht. Wie bereits erwähnt, beschränken sich Exzesse beim Feiern häufig auf bestimmte Tage der Woche. In diesem Fall sind sie stimmungsaufhellend, wie die Forschung zeigt: Demnach steigt die Laune eines Teenagers von Montag bis Freitag ständig an und fällt dann am Montagmorgen ins Bodenlose. Andere Beispiele für zeitlich begrenzte Exzesse sind Karneval, Halloween und für manche, wie man hört, auch Betriebsausflüge und Urlaube. Obwohl ich die Motive für diese Seinszustände bereits beschrieben habe, möchte ich noch einmal explizit auf das Partymachen eingehen, denn hier bestimmen die Gründe häufig auch die Konsequenzen mit.

Partys feiern, Drogen nehmen, Sex haben, mit dem Auto um den Block fahren – damit verfolgen Jugendliche nicht nur Seinsziele wie »Hirn wegsaufen«, »angeben« oder »Leute belästigen«, sondern wollen auch und vor allem »neue Erfahrungen machen«, »Leute treffen« oder »Beziehungspartner suchen«. Ich möchte die langfristigen, dramatischen Spätfolgen von Drogenkonsum hier keinesfalls kleinreden. Selbst das in gewissen Kreisen als chic geltende Schnupfen von Kokain hat fürchterliche Folgen und sollte nicht verharmlost werden. Als mittlerweile 50-Jähriger hatte ich die unfreiwillige Gelegenheit, über 30 Jahre hinweg die Lebenswege von vormalig »coolen« Bekannten zu beobachten. Zu meiner Studienzeit waren Kokainschnupfer extrem angesagt, weil sie so locker, frech und rotzig waren. Heute bin ich froh, dass ich das Zeug damals nicht konsumiert habe. Die meisten von denen, deren Verrücktheiten ich als Student bewundert habe, sind heute in einem klinischen Sinn »verrückt«, sind vollkommen isoliert, weil sie überängstlich oder depressiv sind oder gar von Panikattacken und Wahnvorstellungen geplagt werden. Keiner hat mehr einen Beruf, und keiner sieht jünger aus als 70 (trotz teils aufwendiger chirurgischer »Korrekturen«). Damals wurden Drogen genommen, um zu »sein«, um andere »Seinszustände« zu erleben, sie zu erforschen, auszuloten und um zu einer angesagten Clique zu gehören. Sie hatten damals eine Funktion (waren hilfreich, um gemocht zu werden, Neues zu erleben etc.), aber in Anbetracht der Nebenwirkungen kann man sie langfristig als ungeheuerlich dysfunktional beschreiben, kompromittieren sie doch fast jedes Ziel des späteren Lebens. Als ich letzten Monat mit einem dieser »Abenteurer« von damals essen ging, kotzte er seine Vorspeise auf den Tisch – so wenig konnte er sich selbst noch kontrollieren. Anschließend heulte er eine halbe Stunde lang vor Scham und Reue. Er war mal ein fantastischer Musiker gewesen.

Auch das meist unterschätzte und gern als »harmlos« bezeichnete jugendliche Trinken abseits vom Komasaufen hat durchaus Spätfolgen. Die Forschung stellte, wie man erwarten konnte, Zusammenhänge zwischen jugendlichem Trinken und späterem chronischen Alkoholismus fest. Zudem beobachtet man einen Zuwachs an riskanten Sexpraktiken, an Vandalismus und Autounfällen aufgrund von Alkoholkonsum. Alles wichtig zu wissen, aber auf der anderen Seite haben die meisten von uns schon einmal einen dem Alkohol geschuldeten dicken Kopf gehabt, und trotzdem erinnern wir uns an die ein oder andere geile Party.

Ehrlich gesagt, war ich letztendlich von dem engen selektiv negativen Fokus auf das Feiern enttäuscht. Ich nehme stark an, dass der defizitäre Blick auf das Phänomen nur ein Teil der Realität ist, denn, wie wir wissen, kann Feiern auch ohne dramatische Spätfolgen glücklich machen. Zudem gibt es genug Leute, die sich bei Partys an einer Cola festhalten oder Drogen nur im verantwortbaren Maß nehmen (vor allem solche, die keine großartigen negativen Konsequenzen haben und nicht süchtig machen). Ich erinnere mich an glückliche Mittwoche während meines Studiums in einer Disko in Trier, die wir jede Woche um 6 Uhr morgens fast nüchtern verließen, wie wir danach frühstückten und dann frisch geduscht, mit einem starken Kaffee und einer Gauloise versehen, der morgendlichen Statistikvorlesung lauschten. Manchmal schüttelte Gloria während der Vorlesung ihre noch nasse Mähne über meinen Aufzeichnungen aus, und wir kicherten wie die Kinder. Verschwendet haben wir unsere Jugend nicht, aber wir hatten das Gefühl, es zu tun, und es fühlte sich großartig an. Auch mit dieser Party-Gang bin ich heute noch in lockerem Kontakt. Wie glücklich sie sind, maße ich mir nicht an zu beurteilen, doch sie sind im Allgemeinen erfolgreich. Eines zeigt diese Geschichte: Obwohl wir damals häufig und ausgiebig gefeiert haben, hat es uns offenbar wenig geschadet.

Apropos psychologische Motive: Wir gingen in die Disko, weil wir gern tanzten, gespannt auf die neue coole Musik waren, Leute trafen, die unser Weltbild teilten und die es mit uns feierten; wir gingen dorthin, weil es Teil unserer Freundschaft war, und manchmal nutzten wir das Getümmel zu spannenden philosophischen oder psychologischen Beobachtungen. Erst nach langer Literaturrecherche fand ich Studien, die solch hedonischen, unproblematischen Motiven nachgegangen sind – sie werden allerdings viel seltener zitiert als diejenigen, in denen von Sodom und Gomorrha, Aids, Koks und Besäufnissen zu lesen ist.

Reed Larson und Sean Seepersad erfragten die Motive von amerikanischen Teens und fanden neben dem Trinken viele soziale Gründe, warum Jugendliche sich so sehr auf das Wochenende freuten. Leute treffen und Erfahrungen mit dem anderen Geschlecht sammeln sind durchaus wichtige, identitätsstiftende Anlässe. Jugendliche *probieren sich aus,* sie *experimentieren,* wechseln die Identitäten, suchen nach einer Clique, die ihren Geschmack und ihre Werte am besten teilt, und entdecken ihre Interessen außerhalb des elterlichen Schutzes und Zwangs. Die Autoren bemerken auch, dass ein solches Verhalten nicht zu der in Amerika vorherrschenden protestantischen Arbeitsethik passt*, aber dass Jugendliche am Wochenende effizient Stress reduzieren, sich danach gut fühlen und im sozialen Miteinander aufgehen. Die Forschung zeigt darüber hinaus, dass es für viele Teenager nichts Schlimmeres gibt, als am Wochenende zu Hause sein zu müssen – sei es, weil die Eltern es angeordnet haben oder weil sie von ihrer Clique oder ihrem Partner allein gelassen wurden.

Sportliche Aktivitäten werden von Pädagogen und Eltern häufig als »sinnvoller Ersatz« für die weniger beliebten Aktivitäten vorgeschlagen. Dabei scheinen deutsche Jugendliche Sportmuffel zu sein; nur 20 Prozent treiben regelmäßig Sport. Der Bewegungsmangel zeitigt deutliche Konsequenzen, unter anderem Übergewicht und Mangel an Möglichkeiten zum Stressabbau. Sport hat viele positive Konsequenzen. Jan-Christoph Kattenstroth testete ältere Menschen in Dortmund, die sich sportlich betätigten; vor allem interessierte ihn das Tanzen, das neben Fitness noch Bewegungskoordination erfordert. Amateurtänzer waren Nichttänzern nicht nur kör-

* Vermutlich ist dieselbe Ethik auch der Grund dafür, warum ganze Forscherteams nur nach den negativen Folgen des Partyings suchen.

perlich, sondern auch in vielen kognitiven Tests überlegen. Tanzsport verlangsamt also mentale Alterungsprozesse.

Sicherlich gibt es Sportclubs, in denen viel getrunken wird, Studien zeigen jedoch, dass Sportler, verglichen mit unsportlichen Jugendlichen, gesünder leben. Natürlich kommt es darauf an, welchen Sport man treibt, welche körperlichen Risiken man unter Umständen eingeht (Magersucht beim Skispringen, Knieschäden beim Fußball, Rückenschäden beim Turnen etc.) und wie sich die Struktur des Vereins gestaltet (ob der Wettbewerb übertrieben oder ob auf Kooperation gebaut wird). Exzesse sind auch in diesem Bereich schädlich, und damit ist die Antwort auf die Frage, ob Sport gut ist: »Ja, aber …«

Natur und Kunst

Auf die Frage, ob Kunst gut für den Menschen ist, möchte ich mich nur kurz einlassen – wie viel wurde bereits darüber geschrieben! Natürlich zweifelt keiner an ihrer positiven Wirkung, befriedigt Kunst doch hedonische und epistemische Bedürfnisse, liefert ästhetische Genüsse, regt an, bereichert, tröstet. Auch persönlich kann ich nur schwärmen und verlasse damit die wissenschaftliche neutrale Haltung. Ohne Musik könnte ich beispielsweise nicht leben und wäre vermutlich nicht mehr da, so sehr hat sie mir schon geholfen. Neuropsychologische Studien zeigen, dass die schönen Künste unser Belohnungssystem im Gehirn aktivieren, und Forschung zur Kreativität zeigt, dass sich kunstreiche Umgebungen in vielen Bereichen förderlich auf das kreative Schaffen auswirken. Schädliche Effekte habe ich nicht gefunden, was an meinem starken positiven Vorurteil liegen kann – oder auch an der

Tatsache, dass Kunst uns im weiteren Sinn schlichtweg guttut und wir sie vor allem aus diesem Grund geschaffen haben. Untersuchen könnte man den Unterschied zwischen intrinsischen und extrinsischen Opern-, Theater- und Konzertbesuchen. Ich erinnere mich, dass mein kleiner Bruder als Sechsjähriger auf die Frage, was denn das Schönste am Konzert des Mandolinenorchesters Weserwelle gewesen sei, lapidar sagte: »Die Pause.« Ich vermute, dass Opern, Konzerte etc. für Kulturmuffel* in Stress ausarten können, und das ist dann weniger trivial, wenn man bedenkt, dass der Besuch von Kulturveranstaltungen in einigen Berufen, wie etwa in der Politik, erwartet wird.

Differenzierter ist die Situation für *Kunstschaffende.* Ich habe selbst Operngesang studiert und weiß, wie viel Stress in diesem Job entstehen kann, wie oft man frustriert wird, weil man seinen oder den Standards der anderen nicht genügt, und wie oft einen Selbstzweifel plagen. Dies kann zu psychischen Störungen führen. Das hängt einerseits mit der Unsicherheit der Berufe zusammen (Sänger und Schauspieler hangeln sich häufig von einem Zweijahresvertrag zum nächsten), andererseits mit einem Kreativitätsdruck, der in einer schnelllebigen Zeit leicht entsteht. Es reicht heute oft nicht, etwas Gutes zu produzieren, es muss auch noch *viel* davon sein, und man muss sich ein Leben lang beweisen. So bewundern wir Madonna, die mit über 50 noch immer schreibt und tanzt und singt, und Montserrat Caballé, die sich mit über 80 noch auf die Bühne stellt. Von Schriftstellern erwarten wir mehr als ein Buch, und den Malern sitzen sowieso die Galeristen im Nacken. Häufig streut eine materialistische Einstellung zur Kunst Gift in das Vergnügen, denn natürlich ist ihr Tun für Kunstschaffende zunächst einmal enorm befriedigend und

* Mein Bruder zählt allerdings nicht dazu. Sein Urteil über die damalige Performance spiegelte eher frühes musikalisches Verständnis wider.

ein Metier für Selbstverwirklichung par excellence. Gerade deshalb suchen viele in der Kunst ihren »Traumberuf«. Depressionen sind jedoch später bei geplatzten Träumen recht typische Folgen, weil Menschen mit künstlerischen Berufszielen Ideale verfolgen. Wie wir schon gesehen haben, führt eine Fokussierung auf Ideale (also ein Promotion-Fokus) bei Erfolg zu Glücksgefühlen, aber zu Traurigkeit und Depressionen, wenn der Erfolg ausbleibt. Das kann, wie wir immer wieder sehen, bis hin zum Selbstmord gehen: Man bringt sich nicht um, weil man einer Pflicht nicht nachgekommen ist, sondern weil man einen Traum nicht leben kann, wie Untersuchungen von Timothy Strauman zeigen.

Interessanterweise gibt es immer mehr Forschung zur Wirkung der Natur auf den Menschen. Vor allem von positiven Auswirkungen wird berichtet: Probanden einer Studie von Richard Ryan und Kollegen, die in der Natur befragt werden statt in einem Universitätsraum, fühlen sich aktiver, leistungsfähiger. Nach Outdoor-Fitnesstrainings fühlen sich Menschen energetisierter und entspannter, als wenn dasselbe Training indoor stattfindet. Positive Effekte fanden sich in den Studien übrigens selbst dann, wenn Versuchsteilnehmern die Natur in einem virtuellen Labor vorgegaukelt wurde. Es reichen sogar Erinnerungen aus, um selbstregulatorische Kräfte zu wecken: Führen sich Versuchsteilnehmer für ein paar Minuten lang Landschaften vor Augen oder erinnern sich an Ereignisse, die in der Natur stattgefunden haben, steigt ihre Stimmung unmittelbar. Ryan und Kollegen konnten zeigen, dass allein schon Fotos mit Naturelementen einen belebenden Effekt haben.*

* Ich musste zunächst an die Fototapeten denken, mit denen man früher alle möglichen Räume geschmückt hatte und die heutzutage komischerweise manchmal noch in Arztwartezimmern hängen und, ja, sogar wieder im Kommen sind. Oder an die für Feng-Shui typischen Wasserfall-Bilder. Diese Forschung könnte ein Hinweis auf positive Wirkungen solcher Dekorationen sein.

Howard Frumkin liefert eine einfache Erklärung für diese Effekte: Schließlich kommen wir alle aus dem Busch, und so kämen wir, die Evolutionstheorie im Rücken, wenn wir nach draußen gehen, sozusagen »nach Hause«. Eine gewisse Biophilie (Freundschaft mit dem Lebendigen) steckt also vermutlich in unseren Genen, und dies könnte eine Erklärung dafür sein, warum wir uns überhaupt mit Haustieren und Pflanzen umgeben oder uns im Garten abschuften. Wenn wir unsere Biophilie ausleben, wirkt sich das, so einige Forschungsergebnisse, positiv aus. Hier seien einige Ergebnisse genannt: Herzinfarktopfer mit Haustier haben nach Ablauf eines Jahres eine sechsfach höhere Überlebenschance als solche ohne Hund, Katze, Maus, und kardiovaskuläre Erkrankungen treten bei Herrchen und Frauchen seltener auf. Gefangenen geht es besser, wenn sie Gartenarbeit verrichten dürfen, und sie lassen sich zu 24 Prozent weniger häufig krankschreiben, wenn der Blick aus dem Fenster auf die Natur gerichtet ist statt auf eine Hauswand. Sogar die Art der Landschaft, die uns guttut, wurde untersucht. Spannend fand ich den Befund, dass Savannenlandschaften von vielen als positiv empfunden wurden. Die Erklärung könnte sein, dass Savannen (viel freie Fläche, aber auch Bäume und Büsche) sowohl eine Übersicht, eine Weite als auch Versteckplätze bieten – etwas, was damals, als wir noch auf Bäumen saßen, sicherlich von Vorteil war.

Das positive Gefühl in der Natur wirkt sich sogar auf unsere Kreativität aus. Kreative Denkprozesse zeigen sich vor allem in positiven Umgebungen, wie eigene Forschung zeigt, und Studien von Stephanie Lichtenfeld und Kollegen belegen, dass allein schon die Farbe Grün das Lösen von Kreativitätsaufgaben erleichtert, selbst wenn sie am Computer nur kurz aufscheint.

Als leidenschaftlicher Wanderer kann ich diese Effekte gut nachvollziehen: Für mich ist die Natur eine Energiequelle, und ich habe es selbst erlebt, welch eine fantastische Therapeutin sie sein kann, wenn man etwas Schlimmes erlebt hat. Störend an der Forschung fand ich jedoch die Frage: Im Vergleich zu was tut Natur denn gut? Die Vergleichsgruppen in vielen Studien sind tatsächlich problematisch. Natürlich ist selbst ein Rübenacker in Ostwestfalen energetisierender als mein psychologisches Labor, das nüchtern weiß gestrichen ist und in dem bis auf einen Computer nichts steht. Wären aber Versuchspersonen in Museen, Palästen oder Theatersesseln ebenfalls weniger kreativ als solche im Wald und auf der Heide? Je nachdem, welcher Vergleich in den Experimenten gewählt wird, könnten andere Ergebnisse herauskommen. Auch die persönlichen Interessen der Versuchsteilnehmer sollten berücksichtigt werden. Wenn man wie ich etwa nicht nur gern wandert, sondern auch kulturbegeistert ist, tankt man dann besser auf, wenn man im Wald spazieren geht, als wenn man Beethovens dritte Sinfonie hört? Sollte man also das Wohlbefinden in der Natur mit dem Musikhören vergleichen oder doch eher mit einem Walking auf dem Laufband eines Fitnessstudios? Hier besteht meiner Meinung nach noch Forschungsbedarf, wobei ich insgesamt positive Effekte der Natur im Vergleich mit vielen anderen Situationen vermute.

IX
Eine selbstregulatorische Theorie vom Haben und Sein

Zusammenfassend lässt sich aus meiner Analyse erkennen, dass weder Haben noch Sein gut oder schlecht ist. Gut oder schlecht sind Kategorien, die ich als Selbstregulationsforscher ablehne. Mich interessiert menschliches Verhalten, und ich suche nach Motiven, Prozessen und Effekten. Hier bietet es sich an, danach zu fragen, wie *hilfreich*, wie *zielführend* oder *funktional* ein bestimmtes Verhalten ist. Die Funktionalitätsfrage lässt sich nur dann beantworten, wenn man sowohl die Persönlichkeit als auch die Situation eines Menschen berücksichtigt. Demnach wird in einer auf Wettbewerb ausgerichteten Firma jemand, der gern meditiert, vielleicht nicht froh werden – und genauso wenig wird jemand, der Meditationstechniken skeptisch gegenübersteht, ein Achtsamkeitstraining schätzen. Wenn etwas nicht zur Person oder zur Situation passt, ist es dysfunktional.

Wir haben in den letzten Kapiteln gesehen, dass die meisten Seins- und Habenzustände gewollte sowie unerwünschte Folgen haben. Negative Effekte ergeben sich meist durch ein Übertreiben eines Verhaltens (sammeln kann Spaß machen, horten kann krankhaft werden; religiös sein kann helfen, Fundamentalismus verengt etc.) oder aus einer mangelnden Funktionalität. Dadurch wird die Frage »Haben oder sein?« zu »Wann haben und wann sein?«.

Generell befriedigen sowohl Haben- als auch Seinszustände verschiedenste Bedürfnisse und Motive. Man kann Kontrolle erreichen, indem man seinen Besitz vergrößert, indem man meditiert oder indem man religiös wird. Ein einfacher Schluss wäre: Wenn Habenwollen, wie die Wachstumskritiker zeigen, unseren Planeten ruiniert, sollten wir auf die ebenso wirksamen Seinsmittel und -ziele umsteigen. Das ist billiger für uns und nachhaltiger für unseren Planeten. Leichter gesagt als getan? Vielleicht, aber selbst wenn es sich beim Jagen nach Besitz um eine latente Sucht handeln sollte, könnte man sie doch in den Griff kriegen. Und selbstverständlich können wir als Verstandeswesen den zahlreichen Tricks der Werbeleute begegnen. Viele Menschen haben sich in den letzten Jahren ja auch das Rauchen abgewöhnt.

Die Analysen haben mir außerdem gezeigt, warum Menschen gern haben wollen. Die Gründe sind vollkommen nachvollziehbar, denn Habenziele sind konkret, erreichbar, gesellschaftlich akzeptiert und belohnen einen auf vielfältigste Weise im Handumdrehen. Letztendlich kann jeder seine Ziele und die Mittel zur Zielerreichung selbst wählen. Lapidar gesagt, gibt es für das Streben nach Zielerreichung (letztlich das hedonische Ziel, glücklich zu sein) verschiedene Möglichkeiten mit unterschiedlichen Konsequenzen. Dabei ist deutlich, dass wir Menschen die Vernichtung des Planeten in Kauf nehmen. Dies ist dysfunktional, aber, psychologisch gesprochen, eine Entscheidung, die sich deutlich in unserem Verhalten widerspiegelt. Die Kluft zwischen hehren Absichten (zu verzichten) und Verhalten (Verschwendung) ist in der Psychologie nichts Besonderes, daher beobachte ich bei der Schädigung der Erde ein ähnliches Phänomen, wie man es bei einem Raucher sieht: Er weiß, dass er vom Rauchen auf jämmerliche Weise zugrunde gehen kann. Er tut es trotzdem. Mit Vernunft hat das wenig zu tun. Aber wer sagt denn, dass die immer eine Rolle spielen muss.

In diesem Kapitel möchte ich noch einen Gedanken ausführen, der sich zu einer Theorie entwickelt hat. Meine Unterscheidung in Haben- und Seinsmittel und in Haben- und Seinsziele könnte nämlich nützlich sein, um weitere Forschungsfragen anzuregen und ein paar Rätsel zu klären, die sich mir gestellt haben.

Da Haben- und Seinsmittel frei kombinierbar mit Haben- und Seinszielen sind, könnten sich daraus verschiedene psychologische Konstellationen entwickeln, die unterschiedliche funktionale oder dysfunktionale Aspekte beinhalten. Dabei ist meine Theorie nicht allein eine Situationstheorie, sondern auch eine Persönlichkeitstheorie. Zweifellos wird man in bestimmten Situationen neue Ziele aktivieren und Mittel nutzen, auf die man sonst eher seltener zurückgreift (Situationstheorie). Zudem gibt es sicherlich Menschen, die chronisch Habenziele mit Habenmitteln erreichen wollen, und andere, die Habenmittel einsetzen, um Seinsziele zu verwirklichen. Meine Theorie widerspricht kaum einer der vorigen Theorien, sondern versucht, die verschiedenen, sich teilweise widersprechenden Ansätze und Untersuchungsergebnisse zu integrieren. Ich bin zum Beispiel der Ansicht, dass Geld zur Sucht werden, aber auch eine Ressource sein kann. Es kommt auf die Situation an, darauf, wen es betrifft (also die Persönlichkeit) und wie derjenige die Dinge angeht.*

Wie lebt jemand, der chronisch Habenziele mit Habenmitteln erreicht, im Gegensatz zu jemandem, der Seinsziele mit Seinsmitteln erreichen will? Und was sind die Situationen, in denen Habenmittel gebraucht werden, um Habenziele zu erreichen?

* Kollegen wird es wundern, dass ich im Folgenden von »Typen« spreche. Dies dient allein der einfachen Kommunikation. Eine Kategorisierung in distinkte, stabile Typen ist nicht vorgesehen.

Haben, um zu haben

Wenn jemand hat, um zu haben, oder Habenziele durch das Erwerben von Besitz und materiellen Gütern erreichen will, stellen wir uns darunter den typischen Kapitalisten vor. Den stereotypen Banker. Er fällt sicherlich eher in diese Kategorie als eine Krankenschwester, aber auch jemand, der bettelarm ist, wird zunächst einmal Habenmittel einsetzen, um zu seinen Habenzielen zu kommen.

Wir haben gesehen, dass entgegen der Erwartung ein starker Fokus auf das Haben die Lebenszufriedenheit nicht sonderlich mindern muss, wenn keine anderen konfligierenden Ziele oder Werte im Weg stehen. Wenn keine familiären, sozialen oder religiösen Werte Gewissensbisse bereiten, lebt es sich als *Haben-Haben-Typ* ganz gut. Da die Mittel zu den Zielen passen, kann sogar ein Flow entstehen. Aus diesem Flow könnte jedoch schnell ein Rausch, vielleicht sogar eine Sucht werden, wie die angesprochenen biopsychologischen Untersuchungen suggerieren. Hier müssten Längsschnittuntersuchungen durchgeführt werden, um zu zeigen, wohin Haben-Haben *über die Zeit hinweg* führt. Das Selbstverstärkende an Geld und Besitz und die Tatsache, dass es nach oben keine Limits gibt, könnte zu vermehrtem Stress und zu dem Gefühl führen, sein Ziel nie wirklich erreicht zu haben. Wird bei Seinszuständen zunächst ein Entspannungszustand erlebt (was eigentlich typisch ist, wenn man Ziele erreicht hat), wird ein Haben-Haben-Typ nach einem Erfolg vermutlich sogleich wieder zum (mehr) Haben motiviert sein. Er wird also viel arbeiten, eventuell zu viel, und er wird vielleicht doch irgendwann abstumpfen und die konkreten materiellen Belohnungen nicht mehr so schätzen können wie am Anfang.

Im Fall, dass keine konfligierenden sozialen oder spirituellen Ziele vorliegen, wäre er sogar langfristig stark gefährdet, insofern als dass er weniger *mögliche Selbst* hat, die Misserfolge in einem Bereich abfedern können. Selbstmordgedanken bei Börsencrashs dürften weniger häufiger auftreten, wenn da eine Familie, ein Sport oder eine Kirche im Hintergrund für Wohlbefinden sorgte. Patricia Linville, die das Konzept der *multiple selves* untersucht hat, findet das in ihren Untersuchungen: Leute mit vielen Lebenszielen und Interessen erleben vielleicht hie und da Zielkonflikte, haben aber einen guten Schutzschild, wenn es in einem der Lebensbereiche gerade nicht so gut funktioniert. Wird man beispielsweise entlassen oder geht bankrott, dann hilft ein Freundeskreis, ein Hobby oder die Familie, um Depressionen, Suchtverhalten oder Schlimmeres zu verhindern. Der Haben-Haben-Typ wird aber mit einiger Wahrscheinlichkeit individualistisch bis egoistisch sein, und ich befürchte, dass er Menschen eher für seine Zwecke instrumentalisiert als die anderen Typen. Freunde, Bekannte und Kollegen sind für ihn vermutlich vor allem Mittel zur Erreichung seiner Habenziele.

Im Übrigen werden Haben-Haben-Typen unter negativen Vorurteilen leiden, wie Untersuchungen von Leaf Van Boven und Kollegen zeigen. Unsere materialistische Gesellschaft ist nun einmal so bigott, dass wir reine Materialisten eher meiden, weil wir sie für unmoralisch und dumm halten. Nicht immer werden die Witze über »Heuschrecken« und »Kapitalistenschweine« spurlos an einem Materialisten vorbeigehen. Man braucht ein dickes Fell, um das auszuhalten.

Haben-Haben-Typen lernen durch ihr Tun, konkrete Ziele zu erreichen, und dies könnte sich generell auf ihre Denkweise im Alltag auswirken. Sie werden, so vermute ich, in ihrem Leben *konkretes Denken* bevorzugen und hätten ein Manko im abstrakten Denken. Vermutlich sind sie eher die Macher, das heißt, sie implementieren gern, statt lange um den heißen Brei herumzureden. Konkrete Pläne, so zeigt Peter Gollwitzers Motivationsforschung, sind hilfreich für die Motivation –

sie ermöglichen es, Ziele tatsächlich und schnell anzugehen. Allerdings ist es in bestimmten Situationen auch funktional, zweimal über etwas nachzudenken, bevor man urteilt, handelt oder es umsetzt. Ein Haben-Haben-Typ wird also funktional handeln, wenn konkretes Denken angebracht ist – ein Philosoph, der abstrakt denken muss und dem die Lösungen nicht so schnell ins Haus fliegen, wird aus ihm wahrscheinlich nicht werden. Der Haben-Haben-Typ wird im Allgemeinen eher ungeduldig sein. Konkretes Denken behindert zudem die Kreativität, wie ich in eigener Forschung gezeigt habe. Ich vermute also des Weiteren, dass der Haben-Haben-Typ eher Stärken im analytischen Denken als im Entwickeln kreativer Ideen hat.

Ich nehme an, dass Haben-Haben-Typen ihre Ziele irgendwann als Pflichten verstehen. Ein Gewinn verpflichtet zum nächsten. Liegt ein solcher Fokus vor (Prevention-Fokus), führt Erfolg selten zu Euphorie, eher zu einer kurz andauernden Erleichterung – Misserfolg dagegen produziert die Angst, nicht fähig zu sein, den Standard zu erreichen. Insgesamt wird die Zufriedenheit stark vom Erfolg abhängig sein. Daher mutmaße ich, dass solche Menschen, wenn sie einmal psychisch krank werden, vor allem Angststörungen entwickeln. Denen kann man am besten begegnen, indem man die Standards hinterfragt und zusammen mit dem Betroffenen erarbeitet, wie unmöglich es bei diesem Spiel ist, der Beste zu sein. Der Aufbau von anderen Selbst wäre ebenfalls hilfreich.

Haben, um zu sein

Man kann bestimmte Seinsziele wie Berufe nicht ohne den Erwerb von Gütern oder Geld erreichen, und auch ein armer Mensch muss erst einmal haben, um zu sein. Hier passen Mittel und Ziel nicht perfekt zueinander, und es steht zu vermuten, dass *Haben-Sein-Typen* eher unzufrieden sind, weil sie zeitweilig etwas tun müssen, das ihnen eigentlich widerstrebt. Der Student, der einen Tag in der Woche in der Fabrik jobbt, um sich das Studium zu finanzieren, ist ein Beispiel. Er erlebt entfremdete Arbeit. Um seine Stimmung zu erhöhen, müsste er vermutlich den Habenmitteln möglichst viele Aspekte des Seins hinzufügen. Er könnte sich etwa sagen, dass er in seinem Studentenjob soziale Kompetenzen erwirbt, die ihm später nützlich sein könnten. Er sollte die jetzige Phase als Durststrecke betrachten, die irgendwann ein Ende hat. Irgendwann kann er sich selbst verwirklichen.

Es ist anzunehmen, dass der Haben-Sein-Typ zur Ruhe kommt, wenn er an seinem Ziel angelangt ist. Er wird sich darüber freuen, wenn sich sein Traum erfüllt, und er hat das Potenzial, diesen Zustand zu genießen. In Hetze, immer mehr zu wollen, wie es beim Haben-Haben-Typ vermutlich der Fall ist, wird er weniger geraten. Für den Haben-Sein-Typ sind Geld und Besitz ein Hygienefaktor – er braucht es, um sich selbst zu verwirklichen. Natürlich ist aber auch für ihn ein hoher finanzieller Gewinn attraktiv, vor allem in der Phase, wo er sich an das Seinsziel heranarbeitet. Je mehr er hat, umso mehr Zeit kann er sich erkaufen, um sich um seine anderen Interessen zu kümmern oder womöglich schneller zu seinem Seinsziel zu kommen. Dabei wird er jedoch häufiger in Konflikte geraten – mit seinem Gewissen, wenn er merkt, wie fixiert er gerade auf materielle Güter ist, und wenn er gar moralische Standards überschreitet, weil er die unerträgliche

Phase schnell beenden will. Hat er keinen besonders lukrativen Job zum Seinsziel, kann es zu Konflikten im Privatleben kommen, wenn er zu viel arbeitet, ihm dies auf die Nerven geht und er dabei andere ihm wichtige Ziele vernachlässigt. Er wird es sich also nicht so leicht verzeihen, wenn er den Kontakt zu seinen Freunden einschränken muss, und er wird ein schlechtes Gewissen haben, wenn er soziale Pflichten wie Krankenhaus- oder Geburtstagsbesuche canceln muss. Dabei könnte sich schnell ein Gefühl der Entfremdung ausbreiten, da diese Verhaltensweisen nicht zu ihm passen.

Solche Menschen sind vermutlich mit den Gedanken in der Zukunft – sie träumen viel, und das erleichtert ihnen das Leben. In diesen Situationen könnte ein Fokus auf das Hier und Jetzt sogar die Stimmung drücken, denn das Gute liegt nun einmal in der Ferne. Natürlich könnte ein Achtsamkeitstraining den Blick auf den Wert des jetzigen Lebens lenken, und vielleicht sind die Tätigkeiten zum Gelderwerb wertfrei betrachtet gar nicht so schlimm. Durch achtsames Umgehen könnte dem Haben-Sein-Typ die Zeitlichkeit und Vergänglichkeit des jetzigen Zustandes bewusst werden. Da sein Blick in die Ferne gerichtet ist, vermute ich, dass er eher kreativ und abstrakt als analytisch denkt, jedoch schnell ins Konkrete wechseln kann, wenn sein Blick auf den Alltag gelenkt wird. Er benötigt diese Flexibilität der Denkstile, weil er momentan nirgendwo zu Hause ist.

Nun betreffen meine Beispiele vor allem mühselige Tätigkeiten auf dem Weg zum Seinsziel – es ist jedoch zu vermuten, dass der Haben-Sein-Typ wählerisch bei seinen Erwerbstätigkeiten ist (natürlich nur, wenn er die Wahl hat, was im Fall einer Armut häufig nicht gegeben ist). Der Haben-Sein-Student wird also länger nach einem passenden Aushilfsjob suchen, um seine Bedürfnisse des Seins zu befriedigen, als beispielsweise der Haben-Haben-Student. Er wird sich in meinem Beispiel besonders um eine Stelle als wissenschaftliche Hilfskraft bemühen, als Übersetzer oder etwas anderes, das seinen Interessen nahekommt. Nur wenn die Seinsaspekte überwiegen, fühlt er sich intrinsisch motiviert und kann in einen Flow geraten. Diesen Zustand erlebt er aber eher selten, denn solche Aushilfsjobs bieten häufig wenig Aspekte, um sich selbst zu verwirklichen.

Als klinische Prädisposition würde ich bei ihm Angstzustände vermuten, denn meistens weiß er nicht genau, wie lang die Durststrecke anhält und ob er überhaupt sein Ziel erreicht. Jemand, der etwas tut, was ihm gegen den Strich geht, wird sich ärgern, wenn er dann letztendlich doch sein Ziel verfehlt. Interessant ist, dass der Haben-Sein-Typ als Übergang gedacht ist, um in einen Sein-Sein-Zustand zu geraten, in dem man sich um die materiellen Güter nicht mehr kümmern muss. Ich vermute, dass jemand, der einen Seinszustand durch langwierigen Gebrauch von Habenmitteln erreicht hat, eher spendet als der Haben-Haben-Typ, da er Erfahrungen gemacht hat, die ihm Empathie mit weniger Begünstigten erleichtert. Außerdem hat er ja ohnehin nicht das größte Interesse an Besitztümern. Dieser Typ wird eher altruistisches Verhalten zeigen.

Er wird sicherlich auch mehr Geld in Erlebnisgüter investieren, wenn es ihm richtig gutgeht. Diese wären für einen Haben-Haben-Typ eher pure Verschwendung und würden nur ins Spiel kommen, wenn ein sozialer Vergleich stattfindet (wenn alle in der Firma in einem feinen Tennisklub sind, kann er nicht in einen gehen, der weniger Prestige bietet). Haben-Sein-Typen profitieren wahrscheinlich von kognitiven Umstrukturierungen während einer Therapie. Demgemäß sollten sie annehmen lernen, dass das Leben momentan kein Zuckerschlecken ist, und sollten das als gewöhnliches Schicksal akzeptieren. Zudem sollten sie sich die Seinsaspekte dort holen, wo sie sie bekommen können – in der Freizeit, womöglich in sinnvolleren Jobs und in Hobbys. Sie brauchen Zeit dafür. Hier sollte abgewogen werden, ob es besser wäre, schnell zum Ziel zu kommen (und damit eventuell die mühselige Zeit umso härter zu machen) oder langsamer vorzugehen, damit genug Zeit bleibt, um sich selbst zu verwirklichen.

Eine Rettung wären für einen Haben-Sein-Typ Situationen, in denen er sich etwas ausleihen oder mit anderen tauschen kann. Nehmen wir den Fall, dass jemand sich beim Kanufahren besonders gern spürt (Seinsziel). Wenn er sich eines leihen kann, umgeht er die langweilige Anschaffungsphase. Ein Haben-Sein-Typ, der sich gut selbst reguliert, wäre meiner Meinung nach jemand, der sehr selektiv bei der Wahl seiner Mittel ist.

Bisher betrafen meine Beispiele den Fall, dass jemand arbeiten muss, um etwas zu sein, wofür es eines finanziellen Aufwands bedarf. Bezahlt er allerdings (weil er reich ist), um zu sein (zum Beispiel einen Sprachkurs), oder lebt er in einer Gesellschaft, in der wichtige Ressourcen (wie Bildung) umsonst bereitgestellt werden, betreffen ihn diese Probleme weniger; wenn das Mühselige des Alltags nicht spürbar ist, kann er sich letztlich auf das Sein konzentrieren. Es kann jedoch sein, dass er beim Erreichen des Ziels nicht so stolz auf sich ist wie ein armer Haben-Sein-Typ. Er wird auch nicht so dankbar für das sein, was er erreicht hat.

Martin Heideggers Analyse konzentriert sich auf solche Haben-Seins-Zustände. Demnach brauche man *Zeug* (im Sinn von Werkzeug), um sein zu können. Wäre das Sein ein ansehnliches Haus, käme das Haben dem Hof gleich, durch den man erst gelangen müsse, um ans Haus zu gelangen. Diese schöne Metapher, die Harald Weinrich in seinem Heidegger-Essay besonders hervorhebt, um dem Haben eine dem Sein untergeordnete Stelle zu verleihen, entspricht der Mittel-Ziel-Relation des Haben-Sein-Typs. Ebenso beschreiben Jean-Paul Sartre und Russell Belk das Haben als Mittel, um sich zu zeigen oder zu sein. Das bestreite ich nicht, jedoch nehme ich darüber hinaus eine umgekehrte Beziehung an: Manchmal muss man sein, um zu haben.

Sein, um zu haben

Wenn man Besitz und Geld nur durch Seinsmittel wie Lernen, Kontaktpflege, Kommunizieren und Trainieren erreichen kann, ist man nicht intrinsisch motiviert und erlebt wohl selten einen Flow. Jeder Dozent kennt die Studierenden, die auf möglichst leichte Art und Weise möglichst gute Noten schreiben wollen, um dann einen möglichst hochdotierten Job zu bekommen. Dabei wird das Lernen selbst als lästiges Übel empfunden, als eine magere Zeit, wie sie der Haben-Sein-Typ beim Aushilfsjob in der Fabrik erlebt. Solche Erwerbstätigkeiten, vor allem profitable, findet der *Sein-Haben-Typ* hingegen weniger schlimm. Er lässt sich sogar gern von ihnen ablenken und erwirbt sich dort Kompetenzen, die er sicherlich später gut gebrauchen kann.

Da er noch weit weg von seinem Habenziel ist, schmückt er sich vermutlich mit Accessoires, die das Ziel näher erscheinen lassen. Robert Wicklund und Peter Gollwitzer beobachteten zum Beispiel bei deutschen Jurastudenten überzufällig teure Uhren oder andere Statusobjekte (übrigens weniger als bei Juristen, die schon im Beruf arbeiteten), die wohl das anvisierte Habenziel symbolisch vorwegnehmen sollten.

Unsicherheit und Unruhe sind bei Sein-Haben-Typen häufig, denn auch sie befinden sich in einem Übergangszustand. Es kommt hier zusätzlich darauf an, ob sie sich nicht doch an Seinszustände gewöhnen können oder sie sogar irgendwann schätzen lernen. Besonders wenn man bei einem Seinsmittel Erfolgserlebnisse verspürt oder durch sie in eine gute Stimmung versetzt wird, könnte man mit ihnen vertraut werden und ihren Wert begreifen. Handlungen wohnt häufig etwas Selbstverstärkendes inne, was zu einer Aufwertung der Situation führen kann.

Obwohl gerade Lernen Spaß machen kann, liegt vermutlich doch eher ein seltener Fall vor, wenn ein Habenziel als lästige Pflicht angesehen wird, weil man eigentlich die Seinsmittel bevorzugt. An jeder Uni gibt es eine kleine Prozentzahl von »ewigen Studenten«, die fast das Wissen und das Ansehen eines Hochschulassistenten haben. Ich kannte einen in Trier, der seine Magisterarbeit Semester für Semester aufschob, aber in zahlreichen Oberseminaren glänzte wie kaum ein Professor. Er lief zudem Marathon, war ein guter Tänzer und machte sich so wenig aus Konsumgütern, dass man ihn immer in denselben Klamotten sah. Für ihn war das Habenziel Beruf mit all seinen Verpflichtungen eine irrwitzige Idee des Kapitalismus – er verharrte lieber bei seinen Tätigkeiten des Seins und beschied sich mit wenig Konsum. Ich beobachte auch manchmal, dass Studierende, die Psychologie allein der guten finanziellen Aussichten wegen studieren (und nicht etwa Schauspiel oder Germanistik, was sie bevorzugt hätten), lange im Studium hängenbleiben, weil sie schon wissen, dass ihr späterer Beruf ihren eigentlichen Bedürfnissen zu sein nicht entgegenkommt und daher nur zum Broterwerb taugt. Solche Habenziele sind nicht besonders motivierend.

Ein interessanter Fall liegt vor, wenn die oben beschriebenen Haben-Haben-Typen in einen Flow geraten. Streng genommen wird die Arbeit dann zum Selbstzweck und kann sogar ein Seinsmittel werden – ein prototypischer Banker kann ja schließlich auch viel Spaß bei der Arbeit empfinden. Dann wäre der Haben-Haben-Typ jedoch paradoxerweise in Gefahr. Das Erreichen von materiellen Gütern birgt dann eine starke Suchtgefahr; Stress und Überarbeitung drohen. Gesünder wäre für ihn, einen eher nüchternen Fokus auf Habenmittel zu behalten, in dem er sich auf das Zweckmäßige der Arbeit konzentriert.

Die Denkstile werden bei Sein-Haben-Typen eher konkret sein, denn der Fokus liegt auf dem materiellen Besitz, der bekanntlich eher konkret wahrgenommen wird. Dieser konkrete Denkstil wird ihn am kreativen Denken hindern, und er wird seine Stärken in Aufgaben finden, wo er analysieren kann und wo konkrete und klare Lösungen erarbeitet werden können. Lernen, Trainieren und Üben wird zudem zur Pflicht, und Pflichten sind ebenfalls konkreter als Ideale. Ich nehme an, dass der Sein-Haben-Typ das Lernen – wie der Haben-Sein-Typ das Arbeiten – als eine Last empfindet. Er wird all die Tätigkeiten, auch soziales Miteinander und vielleicht sogar Freizeitaktivitäten, von denen er nicht einmal genau weiß, wozu er sie später brauchen wird, als lästig empfinden. Habe ich Studierende mit Habenzielen, muss ich den ständig Genervten mit viel Geduld immer wieder erklären, warum sie etwas lernen müssen.

Genervtsein findet man auch bei Menschen mit ausgeprägten Habenzielen, die für eine gewisse Zeit »geparkt« werden und »sein« müssen. Elternzeit wäre ein Klassiker. Während sich Mütter und Väter mit Seinszielen häufig über einen gesellschaftlich gerechtfertigten Seinszustand freuen (insofern er nicht anderen Seinszielen wie zum Beispiel der Selbstverwirklichung im Beruf im Weg steht), ist es für Menschen mit Habenzielen schrecklich, zu einer unprofitablen beruflichen Auszeit »verdonnert« zu sein. Gut, dass die Natur die Babys so süß gemacht hat, dass sie viele von uns mit Seinszuständen vertraut machen, die wir früher gar nicht für attraktiv gehalten hätten. Ich denke, ein solcher Effekt wird auch (sozialisationsbedingte) Geschlechtereffekte zeigen: Für Männer ist es womöglich noch unerträglicher, zu sein, wenn sie doch haben wollen.

In die therapeutische Praxis kommen Sein-Haben-Typen

vermutlich eher mit einer diffusen Unzufriedenheit und Lebensunlust. Man könnte wie beim Haben-Sein-Typ mit ihnen erarbeiten, dass es sich um eine Phase handelt, die irgendwann endet. Das gibt Kontrolle über die unsichere Situation. Man kann mit ihnen Inseln im Alltag überlegen, auf denen das, was sie wirklich tun wollen, wenigstens für kurze Zeit möglich ist. Auf der anderen Seite könnte man ihnen nahelegen, dass Seinsmittel ihren eigenen Wert haben und bei Misserfolgen einen guten Schutzschild bilden. Man könnte diesen Mischtypen sowieso nahelegen, dass es gut oder profitabel sein kann, beides einmal erlebt zu haben: haben und sein. Die Erfahrungen in beiden Bereichen können als Ressourcen in vielen Situationen genutzt werden.

Sein, um zu sein

Der Prototyp für jemanden, der Seinsmittel einsetzt, um Seinsziele zu erreichen, ist die Nonne. Meine Tante Bertha hat in ihrem Kloster weder materielle Anreize noch Sorgen. Immer ist für alles gesorgt, heute und bis zum Ende ihres Lebens. So kann sie sich auf das Helfen und das Beten konzentrieren, kann lernen, lesen, lehren und in der Gemeinschaft arbeiten. Viele religiöse Gemeinschaften haben solche Plätze organisiert und auch finanziert, wo Menschen ihrem Gott nahe sein können, ohne sich vom Alltag ablenken lassen zu müssen.

Um sich ein solches Leben ohne die Unterstützung der Kirchen erlauben zu können, müssen die Grundbedürfnisse gedeckt sein. In diesem Punkt hatte Maslow mit seiner Bedürfnispyramide recht. Da die Grundbedürfnisse bei uns in Deutschland fast bei allen befriedigt sind, hätten viele von uns Gelegenheit zu einem solchen Leben, wobei man dann allerdings aus dem sozialen Wettstreit um die schönsten und größten Konsumgüter aussteigen müsste. Dies ist in einer materialistischen Gesellschaft offensichtlich nicht so einfach, denn soziale Anerkennung, Status und Prestige sind mächtige Verstärker. Es kann sein, dass die ständige Präsenz von Habenzielen dem *Sein-Sein-Typ* das süße Leben manchmal trübt. Um zufrieden zu sein, müsste er gegen Manipulationsversuche der Marketingabteilungen immun sein.

Ich erinnere mich an meinen Vater, der in Sachen Auto ein Anti-Materialist war. Wir fuhren immer einen Schrotthaufen in unserem ostwestfälischen Kaff, und mein Vater war im Prinzip auch stolz auf seine »Vernunft«, denn für ihn war ein Wagen eben »nichts als ein fahrbarer Untersatz«. Allerdings störte es ihn doch immer wieder, wenn in der Dorfkneipe Witze über seine Rostlaube gerissen wurden. Das Kloster ist vermutlich ein besserer Platz, um Sein-Sein auszuleben, denn dort haben alle nichts und kann ein sozialer Vergleich bezüglich materieller Güter gar nicht erst aufkommen. Generell könnte man in diesem Zustand Ruhe und Entspannung vermuten und einen weiten Blick für das Geschick anderer Menschen. Sicherlich wird man nicht notwendigerweise von einem Ziel zum anderen hetzen.

Jedoch gibt es Ausnahmen, die wiederum mit Exzessen zu tun haben. So befindet sich streng genommen auch ein prototypischer Computerfreak, der den ganzen Tag lang programmiert, seine Körperpflege vernachlässigt und einem Burn-out entgegensteuert, in einem Sein-Sein-Zustand. Und es ist schwer vorstellbar, dass ein IS-Soldat, der einem Christen den Kopf abhackt, mit sich im Reinen ist. Mir scheint, dass solche Seinsziele durch befriedigendere ersetzt werden sollten, durch solche, die Transzendenz ermöglichen. Seinsziele sind häufig Ideale und Wunschträume, die eher abstrakt formuliert sind. Sie liegen zudem häufig in weiter Ferne, und man weiß auch oft nicht genau, wann man sie eigentlich erreicht hat. Kann ich jetzt redlich gut Niederländisch? Bin ich bei diesem Game auf einem Level, den ich als gut genug empfinde? Bin ich ein guter Mensch (und was bedeutet das)? Habe ich mich genug um meinen Vater gekümmert? Eine solche Unsicherheit, eine solche Unklarheit der Ziele kann zu Unzufriedenheit führen und zu dem Gefühl, nie wirklich angekommen zu sein. Aus diesem Grund, so denke ich, entscheiden sich viele für materielle Ziele: weil diese eher erreicht werden. Schließlich sieht man etwas vor sich oder hat es in der Hand.

Nicht zu unterschätzen sind Gefühle der Ausgebranntheit auch bei jenen, die in helfenden Berufen arbeiten. Da sie fast nichts verdienen, muss man Seinsziele unterstellen. Ein Zuviel, die Unmöglichkeit, Grenzen zu setzen, und die Vagheit der Zielsetzung sind hier Faktoren für aufkommende Missstimmung. Gegen solche Probleme kann man in der Beratung interne (zu hohe?) Standards und Stopp-Regeln diskutieren und Motive erörtern (»Warum helfen Sie so viel?«), die eine gesunde Rahmung der Tätigkeiten erlauben.

Ich vermute weiter, dass diese Menschen mit Abstraktem besser umzugehen wissen und dass sie darum auch ein hohes kreatives Potenzial haben. Zudem müssen sie ja nicht auf Funktionalitäten, Verwertbarkeit oder Verkaufsmöglichkeiten Rücksicht nehmen, wenn sie etwas entwerfen – sie können sich einfallen lassen, was immer sie mögen. Meine Tante Bertha schickt zum Geburtstag immer Karten aus getrockneten Blüten, kleine Kunstwerke, die die Erschafferin, eine 94-jährige Mitschwester, als »Basteleien« abtut. Sie scheint ihre Kreativität ohne Ambitionen auszuleben und schafft dabei Bemerkenswertes. Und so mancher Künstler ist in seiner ersten Sturm-und-Drang-Phase kreativer als in dem Moment, in dem er anfängt, Geld zu verdienen und so die Gefahr besteht, sich selbst zu kompromittieren und vom Geld »verderben« zu lassen. Dieses Beispiel soll auch zeigen, dass die

Verführungen und die schnelle, unmittelbare Verstärkung durch Geld, Besitz und Prestige aus einem Sein-Sein-Typ einen Sein-Haben-Typ machen könnten. Gerade bei Erfolg ist es angenehm, wenn man ihn auf dem Bankauszug schwarz auf weiß vor sich sehen kann.

Sollte ein Sein-Sein-Typ meine Beratungsstelle aufsuchen, würde ich eine Depression als Grund vermuten, denn die Forschung zeigt, dass das Verfehlen von abstrakten Zielen und Idealen traurig stimmt. Genauso sollte soziale Exklusion einen Sein-Sein-Typ arg treffen, denn das wäre für ihn essenziell. Ich würde demnach vor allem versuchen, abstrakte Ziele mit ihm zu konkretisieren und soziale Kompetenzen aufzubauen. Des Weiteren würde ich mit ihm über klare Anzeichen von Zielerreichung sprechen, damit er sich nicht unter Druck setzt: »Wann wäre Ihr Ziel, eine gute Tochter zu sein, erreicht, und woran würden Sie das spüren?« Ein Sein-Sein-Typ wäre sicherlich allen Mediationstechniken gegenüber recht offen und ließe sich auf verschiedenste Übungen ein. Sein ist ja sein Metier, und um Lernen, Reflektieren, Wahrnehmen, Üben geht es in fast jeder Therapie. Zu guter Letzt sehe ich noch einen Nachteil dieses Typs: Es ist möglich, dass er sich irgendwann anderen gegenüber überlegen fühlt. Er könnte das Gefühl entwickeln, alles richtig zu machen, und viele würden ihn in diesem Glauben auch bestätigen. Dankbarkeit stünde ihm gut, denn letztlich kann ein solcher Zustand ja nur durch eine finanzielle Basis erreicht werden. Generell aber sollten diese Menschen häufig in einem Flow sein, ihre Arbeit und ihr Leben als angenehm empfinden und ein gutes Gewissen dabei haben.

Diese Theorie ist im Werden, und ich hoffe, dass sie mehr Licht in die Zusammenhänge zwischen Haben und Sein bringt. Dass sie überprüft wird und die Konsequenzen der beschriebenen Typen erforscht werden. Dass sie in der Lage ist, einige offene Fragen zu klären und widersprüchliche Befunde zu integrieren. Zu guter Letzt sei gesagt, dass die beschriebenen psychischen Zustände natürlich Ideal-Typen darstellen und nicht in einer solch reinen Form existieren. Kaum jemand wird zu jeder Sekunde und über das ganze Leben hinweg ein Haben-Haben-Typ sein. Man sollte auch niemals den Einfluss der Situation vergessen. In einem attraktiven Shopping-Center kann man schon einmal kurzzeitig zu einem Haben-Haben-Typ werden, selbst wenn einem sonst das Sein wichtig ist. Und manche Zustände befriedigen auch beides, Haben und Sein. Immer wenn ich in New York bin, erfreue ich mich an den vielen Möglichkeiten, das Leben zu genießen. Ich beobachte im Central Park die verschiedenen Menschen, genieße Spaziergänge am Hudson und wandele durch die Straßen, in denen ich einst gewohnt habe. Und gleichzeitig liebe ich es, Schuhe zu shoppen, Gewürze in Little India zu kaufen oder Fisch zum Abendessen, den ich dann abends für Freunde kochen kann. Zudem finde ich es auch nicht schlimm, einen interessanten Beruf zu haben, bei dem man nicht schlecht verdient. Trotzdem würde ich behaupten, dass bestimmte Aspekte an diesen Zuständen subjektiv überwiegen. Für manche ist der Seinaspekt bei einem Beruf wichtiger als die Möglichkeit zu haben. Momentan arbeiten wir in Bochum an einem Messinstrument, das diese Zustände erfassen kann.

Schluss

In meinem Selbstexperiment habe ich es ja versucht: Ich habe mit meinem Partner eine kleine Wohnung bezogen, habe weitgehend auf Flugreisen verzichtet, habe fast nur noch Bio-Nahrungsmittel gekauft und darauf geachtet, auch alle zu verwerten. Ich habe zwei Veggie-Tage pro Woche eingelegt (Frequenz steigend), habe immer noch kein Auto, tausche Kleidung mit Freunden, spende mehr, treibe mehr Sport, wandere viel und versuche, achtsamer mit mir und anderen umzugehen – und fühle mich tatsächlich sehr wohl und gesund. Sogar mein Schuhfimmel hat sich abgeschwächt. Mir fehlt nichts.

Es kann sein, dass ich mir das schönrede, weil es dieses Buchprojekt so nett mit Leben erfüllt, aber auf der anderen Seite verhalten sich zahlreiche Befragte, die sich dazu entschlossen haben, freiwillig zu verzichten, in den unterschiedlichsten Forschungsprojekten ähnlich. Ich lege nicht die Hand dafür ins Feuer, dass ich in ein paar Jahren nicht doch wieder in eine »repräsentative« Wohnung umziehe, allerdings habe ich den Eindruck, so, wie es jetzt ist, ist es besser. Meine persönlichen Gründe dafür sind folgende:

Ich muss mich nicht um so viele Dinge kümmern (putzen, in Kaufhäusern nach Dingen suchen, Auto zur Reparatur bringen etc.).

Ich muss andere keine niederen Arbeiten für mich verrichten lassen (zum Beispiel eine Putzfrau beschäftigen).

Ich habe ein reines Gewissen bezüglich der Umwelt und daher mehr Achtung vor mir selbst.

Es ist mehr Zeit für andere Erfahrungen und für andere Menschen da. Auch spenden, finde ich, macht stolz.

Zudem habe ich eine größere Dankbarkeit den Dingen gegenüber entwickelt, die ich besitze. Es ist ja nicht »nur« eine 60-Quadratmeter Wohnung, sondern mir wurde immer mehr bewusst, dass es sich um wunderschöne Räume mit Holzboden mitten in Köln handelt. Sie ist warm, modern, hell, mit schönen Ausblicken und einem Balkon. Meine Nachbarn sind nett, die Kölner sind wunderbar. Darüber freue ich mich. Und ich fokussiere mehr auf gegenwärtige Aktivitäten, weniger auf in der Zukunft liegende Ziele. Ist es nicht schön, eine Vorlesung zu halten, zu der auch in der letzten Semesterwoche noch alle kommen? Ist es nicht toll, mit dem Fahrrad zur Arbeit zu fahren? Ist es nicht herrlich, mit Kollegen einen Kaffee zu trinken, zu diskutieren, zu lachen und sich Theorien auszudenken? Ist die Bäckersfrau nicht immer wieder witzig, und freut es mich etwa nicht, wie ernst die Gemüsefrau ihre Produkte nimmt? Das ist alles nicht selbstverständlich. Das alles hat nichts mit Zeug zu tun, sondern mit einem guten Leben.

Natürlich kann ein einzelnes Individuum die Welt nicht ändern. Natürlich müssen andere Wirtschaftskonzepte her und brauchen wir eine andere Politik. Aber in diesem Buch geht es nicht um die politische oder gesellschaftliche Frage, ob wir die Erde vernichten und wie wir es verhindern könnten. Wir vernichten die Scholle, auf der wir stehen – das ist offensichtlich –, und ich habe keine Idee, wie man das ökonomisch in den Griff bekommen kann.

Als Psychologe interessiert mich, warum wir es tun und wie es uns heute damit geht. Freilich werden unsere Enkel uns vorwerfen, wie wir mit Tieren, der Umwelt und den Ressourcen umgegangen sind. Sie werden nicht verstehen, warum wir ein Kleid für fünf Euro kauften und jeden Morgen Leberwurst von Schweinen aßen, die mit entzündeten Beinen in ihrer eigenen Scheiße gestanden hatten. Sie werden uns vorwerfen, egoistisch gewesen zu sein. Eine Studentin brachte es auf den Punkt: »Das, was für euch der Holocaust war, das ist für uns jetzt das, was ihr mit den Tieren macht.« Ich war empört über diesen Vergleich. Aber psychologisch betrachtet, hat sie vermutlich recht – jede Generation hat ihre eigenen Themen –, und das nicht nur bezüglich der Tierhaltung: Irgendwann wird man erkennen, dass der morgendliche Coffee to go eine Idiotie war, genauso wie die Idee, mit Jeansfabriken Gewässer zu vergiften oder Flüchtlingen kein Zuhause zu bieten, weil sie angeblich zu teuer sind. Wir sollten uns schämen. Und wir haben uns das auch nicht verdient, weil wir ja so viel arbeiten. Wir könnten ja besser leben, wir könnten mehr Zeit für die schönen Dinge des Lebens haben. Niemand peitscht uns an die Schreibtische und Drehbänke. Niemand muss für einen SUV Überstunden machen, niemand sich für ein Holzparkett für den Balkon krummlegen, und niemand braucht eine High-End-Stereoanlage für die morgendliche Radiosendung. Wir haben schon genug. Die Erde hat Besseres verdient als uns, wenn wir uns weiterhin dumm stellen und sie leer kaufen.

Vermutlich wird es den kommenden Generationen, die Krankheiten, Mangel und Kriege um Wasser und Nahrung erleben werden, nicht gutgehen, ja, ich bin mir dessen sogar ziemlich sicher, aber es ist nicht mein Business, zu warnen oder zu mahnen. Wir sind ja alle längst gewarnt, wir wissen das alles. Von Psychologenseite aber kann ich nur sagen, dass wir bestens ausgerüstet sind für einschneidende Veränderungen: Wir haben so viel, dass unsere Grundbedürfnisse auch dann noch befriedigt werden, wenn wir das meiste abgeben. Wir sollten uns, allen Unkenrufen zum Trotz, klarmachen, dass wir in einer sicheren Zeit leben, was wiederum eine gute Voraussetzung für kreative und selbst radikale Veränderungen ist. Wir können uns Experimente leisten. Und die Forschung zeigt, dass uns Altruismus glücklich und gesund machen kann.

Keine Frage: Uns geht es gut mit all dem Zeug, ich habe die vielfältigen Gründe dafür genannt. Wir können diesen Zustand weiterhin genießen, unser Leben wird es nicht betreffen. Auf der anderen Seite haben wir die Möglichkeit, das Ruder herumzureißen. Ich habe es Ihnen noch nicht verraten, aber bei aller Wertneutralität der Betrachtung mag ich Menschen. Ich vertraue ihnen. Ich liebe sie. Ich habe unschöne Dinge erlebt, ja, aber viel mehr schöne. Menschen kommen klar im Leben. Sie regulieren sich selbst. Sie fallen hin und stehen wieder auf. Sie haben auch die Kraft, über sich hinauszusehen, das große Ganze zu erfassen und auf den fremden anderen zuzugehen. Sie haben die Kraft zur Transzendenz. Das wird es ihnen ermöglichen, wenigstens Teile dieses Planeten bewohnbar zu halten. Uns gehört diese Erde nicht. Sie ist kein Habenmittel. Sie ist Sein, nicht nur für Sie und mich, sondern für uns alle. Das haben wir alle schon kapiert. Wir werden auch bald die richtigen Schlüsse daraus ziehen.

Glossar

Ziele sind erwünschte Endzustände, die ein Mensch mit Hilfe eines Verhaltens anstrebt. Sie können ein entsprechendes Verhalten einleiten oder bloße Gedanken sein. Sie können konkret (wie »Morgen kaufe ich mir ein Pfund Tomaten«) oder abstrakt sein (»Ich möchte mehr auf Leute zugehen«). Zielinhalte sind im Gedächtnis gespeichert und können durch Nachdenken oder durch Erinnerungen in der Umwelt aktiviert werden. Solche Erinnerungen können direkt sein (zum Beispiel Hinweisschilder: »Keinen Abfall hinterlassen«) oder indirekt (etwa der Gedanke an einen reinlichen Freund, der mich daran erinnert, mir die Hände zu waschen). Ziele können bewusst oder unbewusst wirken (es muss mir nicht bewusst sein, dass der Gedanke an den Freund mich motiviert, mir die Hände zu waschen). Zielinhalte sind subjektiv und persönlich, werden jedoch in einer bestimmten sozialen Umgebung über geltende Normen und Standards vermittelt und werden somit innerhalb einer Gesellschaft oftmals geteilt (bei uns wären zum Beispiel »Familiengründung«, »ein Auto besitzen« und »Urlaube machen« normativ).

Ziele werden durch *Mittel,* also meist Tätigkeiten oder kognitive Prozesse (denken, erfinden etc.), erreicht. Dabei können Ziele wiederum zu Mitteln werden, was auf eine hierarchische Struktur hinweist. So kann ein Masterabschluss Ziel und gleichzeitig auch Mittel sein, einen Beruf ausüben zu können, und der Beruf kann Mittel werden, um sich selbst zu verwirklichen.

Bedürfnisse beinhalten ebenfalls erwünschte Endzustände, jedoch sind sie allgemeiner, häufig physiologisch bedingt und gelten für (fast) alle Lebewesen. Sie erfordern normalerweise zu einer bestimmten Zeit eine Erfüllung, das heißt, ein Bedürfnis *muss* befriedigt werden, sonst leidet oder stirbt das Lebewesen. So erfordert das Bedürfnis zu essen, dass wir in bestimmten Zeitabständen Nahrung zu uns nehmen. Wenn wir uns entscheiden, überhaupt nichts zu essen, sterben wir. Sex, Essen, Trinken, Schlafen zählen zu den besagten Bedürfnissen. Menschen unterscheiden sich hinsichtlich der Intensität ihrer Bedürfnisse (beispielsweise haben manche ein größeres Verlangen nach Sex). Manche meiner Kollegen diskutieren noch andere, eher soziale Bedürfnisse wie Sicherheit, Freiheit, Kreativität, Wachstum, Spiel. Häufig sind dies Versuche, Motiven einen Status zu geben, der sie in der Dringlichkeit in eine Reihe mit den Bedürfnissen stellt, die man befriedigen *muss*, um überhaupt leben zu können. Ich persönlich rechne Sicherheit und (geistiges, emotionales, soziales, spirituelles etc.) Wachstum ebenfalls zu den Bedürfnissen, weil ihre Zurücksetzung die Gesundheit stark beeinträchtigt.

Normen sind gesellschaftliche Übereinkünfte über Vorschriften, Handlungsmaximen oder Verhaltensmaßregeln, die das Sozialverhalten angehen. In der Psychologie spricht man generell von Regeln, die beschreiben, wie jemand denken, fühlen und sich verhalten sollte. Normen enthalten verschiedene, innerhalb einer Kultur akzeptierte Ziele und Verhaltensweisen. So ist zum Beispiel »ein Haus haben« in unserer Gesellschaft akzeptiert (»normativ«), genauso wie die dazu passenden Verhaltensweisen »arbeiten«, »sich anstrengen«, »sparen«. Innerhalb von Gesellschaften kann es Subkulturen geben, die spezifische, teils der Gesellschaft entgegengesetzte Normen vertreten (etwa Punks, die Hausbesitz spießig und »sich entspannen« und »feiern« wichtiger finden als »arbeiten« oder »sparen«). An Normen sind meist Erwartungen geknüpft, bestimmten *Standards* zu genügen. Standards geben vor, wie stark oder schwach ein Verhalten ausgeprägt sein sollte und wann ein Ziel erreicht ist. So stellt ein Acht-Stunden-Arbeitstag für einen Ernährer einer Familie bei uns einen Standard dar. Zwei oder sechzehn Stunden lägen außerhalb des Akzeptablen und müssten gerechtfertigt werden. Natürlich gibt es auch hier Subgruppen, bei denen andere Standards herrschen – für einen Professor, der wissenschaftlich arbeitet, wäre eine 60-Stunden-Woche ein Wunschtraum.

Motive sind bestimmte Oberklassen von Zielen und bezeichnen relativ stabile Persönlichkeitseigenschaften. Sie sind abstrakt. Beispielsweise beinhaltet ein Leistungsmotiv die Ziele, beruflich Karriere zu machen, gut im Sport und in anderen Hobbys zu sein und für die Party einen der besten Salate zuzubereiten. Eine Person mit starkem Leistungsmotiv ist also nicht nur in einem Bereich motiviert, möglichst gut zu sein. Motive erstrecken sich vielmehr auf inhaltlich unterschiedliche Tätigkeitsfelder, und sie bestimmen auch, für welche Ziele sich eine Person entscheidet. Weitere gut untersuchte Motive sind das Machtmotiv und das Intimitäts- oder Bindungsmotiv. Motive und Ziele entstehen in einer bestimmten Kultur oder Gesellschaft (im Gegensatz zum physiologischen Bedürfnis), die bestimmte Normen etabliert hat.

Setzt man alles zusammen in Beziehung, so nähren soziale Normen (»Mehre Besitz«) bestimmte Motive (etwa das Machtmotiv), die wiederum spezifische Ziele nahelegen (»Abitur machen«, »gut aussehen«, »Anzüge tragen« etc.).

Eine *Absicht* ist ein bewusstes Ziel, das jemand verfolgt. Zudem beinhalten Absichten, auch *Intentionen* genannt, häufig Handlungspläne. Diese sind im Gedächtnis abgespeichert und werden aktiviert, wenn jemand ein Ziel verfolgt. Der Sozialpsychologe Peter Gollwitzer hat solche *Pläne* (er nennt sie *Vorsätze*) eingehend untersucht und ihre Wirksamkeit demonstriert. Wenn jemand genau weiß, wo, wann und wie er etwas angeht (»Ich fange morgen an mit dem Sport, um sieben Uhr habe ich in dem Studio um die Ecke einen Termin gemacht. Ich nehme mein Geld und meinen Ausweis mit und schreibe mich ein. Mein Sportzeug nehme ich ebenfalls mit, falls es schon zu einer Probestunde kommt.«), steigert das die Motivation, die Absicht auch in die Tat umzusetzen.

Falls zwei sich widersprechende Ziele zur selben Zeit ins Bewusstsein gelangen, wird das als *Konflikt* erlebt. Ich habe Konflikte zwischen zwei Zielen auch als *Zielkonflikt* bezeichnet. Einen Tupperware-Eierbecher kaufen zu wollen, weil ich mich durch die Einladung zu einer Tupperware-Party bei einem Freund verpflichtet fühle, obwohl ich Plastik aus Umweltschutzgründen vermeiden will, beschreibt einen solchen Zielkonflikt. Streng genommen könnte man diese Konflikte genauso gut *Normenkonflikte* nennen.

Ein *Ziel-Mittel-Konflikt* entsteht, wenn Menschen unethische Mittel einsetzen, um zu einem Ziel zu kommen. Zu stehlen, um die Familie zu ernähren, könnte so einen Ziel-Mittel-Konflikt illustrieren. Der Konflikt würde in dieser Situation dann entstehen, wenn zwei zunächst zueinanderpassende Ziele, »die Familie ernähren« und »den Kindern ein moralisches Vorbild sein«, durch ein unpassendes Mittel, »stehlen«, in Frage gestellt werden. Ein anderes Beispiel ist ein Greenpeace-Mitarbeiter, der Spendengelder auf dem Aktienmarkt verzockt. Konflikte werden von Menschen als unangenehm erlebt, weswegen sie sich um deren Vermeidung oder Auflösung bemühen.

Bedeutsam in diesem Zusammenhang ist auch die *Mittel-Ziel-Relation,* die ich häufig beschrieben habe. Wir erreichen Ziele mit bestimmten *Mitteln,* und je besser die Mittel auf das Ziel passen, umso eher sind wir erfolgreich. So ist etwa Laufen ein adäquateres Mittel, um abzunehmen, als Gehen. Manchmal haben Menschen falsche Vorstellungen von guten Mittel-Ziel-Relationen. Beispielsweise haben Mütter in den 50er Jahren gedacht, man dürfe ein Kind nicht verzärteln und solle es auch mal schreien lassen (Mittel), was einer ganzen Generation Bindungsprobleme eingebracht hat statt der erhofften Souveränität im Leben (das eigentliche Ziel).

Ich habe in der Einleitung auch das große Lebensziel von Menschen – »glücklich sein« – beschrieben, von dem viele denken, es mit materiellen Mitteln erreichen zu können. Es ist die Frage, ob, inwiefern oder wann dies ein geeignetes Mittel zu diesem Ziel ist. Falls Habenwollen zur Zufriedenheit führt, wäre das *funktional,* falls nicht, wäre es nach meiner Auffassung *dysfunktional.* Der Sozialpsychologe Tory Higgins argumentierte letztens, dass sich der Wert einer Handlung aus der *Passung* zwischen Mittel und Ziel ermitteln lässt. Je besser ein Mittel zum Ziel passe, umso »richtiger« fühle es sich an und umso höher sei der Wert einer Handlung.

Wert ist eine positive oder negative Kategorisierung von Menschen, Objekten, Fühlen, Denken und Verhalten. Der Begriff wird umgangssprachlich häufig mit Ziel gleichgesetzt, jedoch kann dasselbe Ziel (zum Beispiel einen Studienplatz zu erhalten) für unterschiedliche Menschen einen unterschiedlichen Wert haben.

Negative Ziele und Pflichten führen zu *Vermeidungshandlungen* (»Ich kann den Kollegen nicht ausstehen und halte mich von ihm fern«), positive Ziele und Ideale zu *Annäherungsverhalten* (»Ich freue mich, wenn ich meine Sekretärin sehe, und schaue morgens als Erstes bei ihr vorbei«). Je höher der Wert, umso höher die Motivation. Bestimmt wird der Wert durch die Wichtigkeit und die hedonische Qualität (Spaß, Freude, Zufriedenheit). Des Weiteren hat er eine kognitive, »kalte« Komponente (»Es ist gut, ein Buch zu schreiben«) und eine emotionale, »warme« (»Ich fühle mich gut, wenn ich schreibe«; »Ich fühle mich gut, wenn ich das Buch fertig habe«). Damit ein Wert motivierend ist, sollte gleichzeitig die Erfolgserwartung hoch sein, denn bei Misserfolgserwartung motiviert Wert nicht – selbst wenn ich es toll fände (= hoher Wert), bei den Olympischen Spielen mitzumachen, würde ich nicht mit Leistungssport anfangen, wenn ich erwarte, dass ich es nie zur Olympia-Teilnahme schaffe.

Danksagungen

Mein Dank geht an Herrn Michael Schönberger und Herrn Thomas Tilcher, die mich bei Pattloch so hervorragend betreut haben, und vor allem an Frau Sabine Wünsch für das wunderbare Lektorat.

Dem war allerdings bereits eine sorgfältige Korrektur durch exzellente Studierende an der Ruhr-Universität Bochum vorangegangen. Dafür und für die lebhaften Diskussionen möchte ich mich bei Christine Kraus, Jessica Lang, Olga Skrebec, Marie Weißflog und Julien Wessels herzlich bedanken. Fiona Bär hat immer wieder Literatur für mich gefunden, selbst dann, wenn ich die Suche schon aufgegeben hatte. Meinen Studierenden der Ruhr-Universität Bochum, vor allem den Wirtschaftspsychologie-Studierenden des »Haben-oder-Sein«-Seminars des Wintersemesters 2014/2015, danke ich für die vielen Anregungen. Die Begeisterung für dieses Thema hat mich gerührt, motiviert und getragen.

Manchmal war mir beim Schreiben sehr nostalgisch zumute, erinnerte ich mich doch an das wunderbare Heidegger-Seminar von Prof. Dr. Karl-Heinz Lembeck, von dem ich jetzt noch zehre, und an die Seminare bei PD Dr. Manfred Fischer, der damals schon der Ökopsychologie viel Raum gab. Prof. Dr. Fritz Strack sei für seine vorzügliche Ausbildung in der sozialen Kognitionsforschung gedankt.

Zudem versah mich Herr Dr. Martin Tschechne immer wieder mit Literatur und amüsierte mich mit seinen Glossen.

Prof. Dr. Nira Liberman und Prof. Dr. Ayelet Fishbach haben mich mit Literatur versorgt und mir inhaltlich sehr weitergeholfen. Prof. Dr. Tory Higgins hat mich motiviert, mich der Selbstregulation zu widmen. Prof. Dr. Walter Mischel danke ich für die Gespräche an der Columbia University, die ebenfalls in diesem Text durchscheinen.

Prof. Dr. Frank G. Hirschmann ist nicht nur eine wandelnde Enzyklopädie für mich, sondern ein treuer, langjähriger Freund, der mich immer wieder auf neue Ideen und Themen bringt.

Manon Grashorn bin ich unendlich dankbar für die guten Zusprachen und unsere Gespräche über Kunst, Politik und gesellschaftliche Themen, für die mein Gedächtnis so erstaunlich gut ist. Ihre Bilder inspirieren mich immer aufs Neue.

Die Kolleginnen und Kollegen an der Ruhr-Universität Bochum gaben mir den Raum, zu atmen und diese Tour de Force anzugehen und durchzustehen. Ein herzlicher Dank geht an PD Dr. Elke Rohmann, Anna Mikhof, Andrea Führer, Stephanie Hanke und Phillip Ozimek für ihre Arbeit, Herzlichkeit und die vielen Diskussionen. Içiar Martinez danke ich für ihre kompetente Arbeit als Sekretärin und die gute Laune, die sie tagtäglich verströmt.

Roswitha Schüttensack sagte mir einmal, dass alles, was ich Schlechtes über mich denke, eine Lüge ist, und alle, die mich minimieren wollen, Lügner sind. Diesen Konstruktivismus fand ich in bestimmten Situationen recht hilfreich.

Ich danke dem IF Weinheim für die hervorragende Ausbildung als systemischer Therapeut. Viele systemische Gedanken sind in dieses Buch mit eingeflossen. Ich fühle mich bereichert – mein Dank geht an Andreas Klink, Hans Lieb, Karin Nöcker, Angelika Pannen-Burchartz, Martina Pestinger, Claudia Terrahé Hecking und Stephan Theiling.

Zu guter Letzt sei meiner Familie, besonders Mama, Uli und Henk, und allen meinen Freunden und Kollegen gedankt, die zu mir stehen und es mir verzeihen, wenn ich einmal in Arbeit versinke.

Manfred bügelt gerade meine Hemden und singt ein Lied, während ich mit diesem Text ringe.

Mit dir ist es so einfach zu *sein*. Wir *haben* ja uns.

Jens Förster,
Köln 2015

PS: Kann man sich auch bei dem Buch selbst bedanken? Ich muss das tun. Denn ohne diese Arbeit wäre mein Leben in den letzten, teilweise recht schwierigen Jahren nicht so schön gewesen. Ich bin sehr dankbar.

Literatur

Vorwort

Fromm, E.: Haben oder Sein. Die seelischen Grundlagen einer neuen Gesellschaft, München 1976

Weinrich, H.: Über das Haben. 33 Ansichten, München 2012

Marx, K.: Ökonomisch-philosophische Manuskripte, Hamburg 2008

Sartre, J.-P.: L'être et le Néant. Essai d'Ontologie Phénoménologique, Paris 1944/1976

Heidegger, M.: Sein und Zeit, Tübingen 1927/2006

I
Haben als Problem

Wer hat, der hat

Festinger, L.: »A theory of social comparison processes«, in: *Human relations*, 7(2), 1954, S. 117–140

Veblen, T.: Theorie der feinen Leute. Eine ökonomische Untersuchung der Institutionen, aus dem Amerikanischen von Suzanne Heintz und Peter von Haselberg, 2. Aufl., Frankfurt am Main 1899/2007

Der gute und der schlechte Mensch

Csíkszentmihályi, M.: Flow and the Psychology of Discovery and Invention, New York 1997

Förster, J.: Unser Autopilot: Wie wir Wünsche verwirklichen und Ziele erreichen können. Von der Motivationspsychologie lernen, München 2012

Kruglanski, A. W., Shah, J. Y., Fishbach, A., Friedman, R., Chun, W. Y., & Sleeth-Keppler, D.: »A theory of goal systems«, in: *Advances in Experimental Social Psychology*, 34, 2002, S. 331–378

Gedächtnis und Aufmerksamkeit

Förster, J., & Liberman, N.: »Knowledge activation«, in: *Social Psychology: Handbook of Basic Principles*, 2, 2007, S. 201–231

Higgins, E. T.: »Accessibility theory«, in: Van Lange, P. A. M., Kruglanski, A. W., & Higgins, E. T. (Hg.): Handbook of Theories of Social Psychology, Bd 1, Thousand Oaks, 2011, S. 75–96

Wyer, R. S., & Srull, T. K.: »The processing of social stimulus information: A conceptual integration«, in: Hastie, R., Ostrom, T. M., Ebbesen, E. B., Wyer R. S., Hamilton, D. L., Carlston, D. E. Person memory: The Cognitive Basis of Social Perception, New York 1980, S. 227–300

Tschechne, M: »Volle Taschen, Watte im Hirn«, NDR Kultur/Gedanken zur Zeit, 2013

Teure Moral

Belk, R. W., Devinney, T., & Eckhardt, G.: »Consumer ethics across cultures«, in: *Consumption Markets & Culture*, 8(3), 2005, S. 275–289

Eckhardt, G. M., Belk, R., & Devinney, T. M.: »Why don't consumers consume ethically?«, in: *Journal of Consumer Behaviour*, 9(6), 2010, S. 426–436

Der schlechte und der gute Reiche

Kant, I.: Kritik der reinen Vernunft, Berlin 1900

Schwartz, S. H., & Howard, J. A.: »Internalized values as moderators of altruism«, in: Staub, E., Bar-Tal, D., Karylowski, J., & Reykowski, J. (Hg.): Development and Maintenance of Prosocial Behavior, New York 1984, S. 229–255

Cialdini, R. B., & Trost, M. R.: »Social influence: Social norms, conformity and compliance«, in: Gilbert, D. T., Fiske, S. T., Lindzey, G.: The Handbook of Social Psychology, Bd. 2, 4. Aufl., New York 1998, S. 151–192

I, Rolex

Belk, R. W., Bahn, K. D., & Mayer, R. N.: »Developmental recognition of consumption symbolism«, in: *Journal of Consumer Research*, 1982, S. 4–17

Die Explosion der Dinge

Ryan, J. C., & Durning, A. T.: Stuff: the secret lives of everyday things, in: *The Futurist*, 1. 3. 1998

Belk, R. W.: »Philosophies for less consuming societies«, in: Ekstrom, K. M., & Glans, K. (Hg.): Beyond the Consumption Bubble, New York 2011, S. 205–220

Paech, N.: Befreiung vom Überfluss. Auf dem Weg in die Postwachstumsökonomie, München 2012

Hyper-Ich

Lipovetsky, G.: »The Hyperconsumption Society«, in: Ekström, K. M., & Glans, K. (Hg.): Beyond the Consumption Bubble, New York 2011, S. 25–36

Ullrich, W.: Habenwollen. Wie funktioniert die Konsumkultur?, Frankfurt a. M. 2006

Kinderzimmerfreiheit

Strobach, T., & Schubert, T.: »Erfahrung in Actionvideospielen und Effekte auf exekutive Funktionen«, in: *In-Mind Magazin*, 2, 2014

Haben als Katastrophe

Latouche, S.: Farewell to growth, Cambridge 2009

Paech, N.: Befreiung vom Überfluss. Auf dem Weg in die Postwachstumsökonomie, München 2012

http://www.brandeins.de/archiv/2010/tierisch/schweine/

Foer, J. S.: Eating Animals, London 2010

Förster, J., Marguc, J., & Gillebaart, M.: »Novelty categorization theory«, in: *Social and Personality Psychology Compass*, 4(9), 2010, S. 736–755

Leiserowitz, A., et al.: Climate change in the American mind: Americans' global warming beliefs and attitudes, Mai 2011, Yale University and George Mason University, New Haven, CT: Yale Project on Climate Change Communication, Zugriff am 9. 12. 2011

https://www.greenpeace.de/presse/presseerklaerungen/mode-jugend-denkt-grun-kauft-aber-konventionell

Pennekamp, J.: »Intellektuelle Monokultur. Wirtschaftsstudenten prangern einseitige Lehre an«, in: *FAZ online* vom 6. 5. 2014

Weniger ist das neue Mehr

Mischel, W.: Der Marshmallow-Test: Willensstärke, Belohnungsaufschub und die Entwicklung der Persönlichkeit, München 2015

Mischel, W., & Ebbesen, E. B.: »Attention in delay of gratification«, in: *Journal of Personality and Social Psychology* 16, 1970, S. 329–337

Alquist, J., & Baumeister, R. F.: »Self-control: limited resources and extensive benefits«, in: *Wiley Interdisciplinary Reviews: Cognitive Science*, 3(3), 2012, S. 419–423

II
Haben und Sein – Worum geht es?

Von der Schwierigkeit zu sein

Weinrich, H.: Über das Haben. 33 Ansichten, München 2012

Baudrillard, J.: Le système des objets, Paris 1978

Habenmittel und Seinsmittel

Fromm, E.: Haben oder Sein. Die seelischen Grundlagen einer neuen Gesellschaft, München 1976

III
Versionen des Habens

Raffen und Prassen

Tschechne, M: »Volle Taschen, Watte im Hirn«, NDR Kultur/Gedanken zur Zeit, 2013

Impulsives Kaufen

Rook, D. W.: »The buying impulse«, in: *Journal of Consumer Research*, 1987, 189–199

Förster, J.: Kleine Einführung in das Schubladendenken. Über Nutzen und Nachteil des Vorurteils, München 2009

Pathologisches Kaufverhalten

Mueller, A., Mitchell, J. E., Crosby, R. D., Glaesmer, H., & de Zwaan, M.: »The prevalence of compulsive hoarding and its association with compulsive buying in a German population-based sample«, in: *Behaviour Research and Therapy*, 47(8), 2009, S. 705–709

Horten

Arnold, J. E., & Lang, U. A.: »Changing American home life: Trends in domestic leisure and storage among middle-class families«, in: *Journal of Family and Economic Issues*, 28(1), 2007, S. 23–48

Mooallem, J.: »The self-storage self«, in: *New York Times Magazine*, 2.9.2009

Kahneman, D., Knetsch, J. L., & Thaler, R. H.: »Anomalies: The endowment effect, loss aversion, and status quo bias«, in: *The Journal of Economic Perspectives*, 1991, S. 193–206

Materialismus

Belk, R. W.: »Three scales to measure constructs related to materialism: Reliability, validity, and relationships to measures of happiness«, in: *Advances in Consumer Research*, 11(1), 1984, S. 291–297

Richins, M. L., & Dawson, S.: »A consumer values orientation for materialism and its measurement: Scale development and validation«, in: *Journal of Consumer Research*, 19, 1992, S. 303–316.

Ku, L., Dittmar, H., & Banerjee, R.: »To have or to learn? The effects of materialism on British and Chinese children's learning«, in: *Journal of Personality and Social Psychology*, 106(5), 2014, S. 803

Bauer, M. A., Wilkie, J. E., Kim, J. K., & Bodenhausen, G. V.: »Cuing Consumerism Situational Materialism Undermines Personal and Social Well-Being«, in: *Psychological Science*, 23(5), 2012, S. 517–523

Muncy, J. A., & Eastman, J. K.: Materialism and consumer ethics: »An exploratory study«, in: *Journal of Business Ethics*, 17(2), 1998, S. 137–145

Dawson, S., & Bamossy, G.: »If ›we are what we have‹, what are we when we don't have? An exploratory study of materialism among expatriate Americans«, in: *Journal of Social Behavior & Personality*, 6, 1991, S. 363–384

Kasser, T., & Ryan, R. M.: »A dark side of the American dream: correlates of financial success as a central life aspiration«, in: *Journal of Personality and Social Psychology,* 65(2), 1993, S. 410

Kasser, T., & Ryan, R. M.: »Further examining the American dream: Differential correlates of intrinsic and extrinsic coals«, in: *Personality and Social Psychology Bulletin,* 22, 1996, S. 280–287

Nichts-Haben, Armut, Knappheit

Shah, A., Mullainathan, S., & Shafir, E.: »Some consequences of having too little«, in: *Science,* 338, 2012, S. 682–685

Überlappungen

Dittmar, H.: »Impulse buying in ordinary and ›compulsive‹ consumers«, in: *Conflict and Tradeoffs in Decision Making,* 2001, S. 110–135

Van Boven, L., & Gilovich, T.: »To do or to have? That is the question«, in: *Journal of personality and social psychology,* 85(6), 2003, S. 1193

Gute und schlechte Produkte

Vohs, K. D., Mead, N. L., & Goode, M. R.: »The psychological consequences of money«, in: *Science,* 314(5802), 2006, S. 1154–1156

Werth, L., & Förster, J.: »How regulatory focus influences consumer behavior«, in: *European Journal of Social Psychology,* 37(1) 2007, 33–51

Van Boven, L., & Gilovich, T.: »To do or to have? That is the question«, in: *Journal of personality and social psychology,* 85(6), 2003, S. 1193

Ger, G., & Belk, R. W.: »Accounting for materialism in four cultures«, in: *Journal of Material Culture,* 4(2), 1999, S. 183–204

IV
Versionen des Seins

Verzicht und freiwillige Einfachheit

Elgin, D.: Voluntary simplicity: Toward a Way of Life that is outwardly simple, inwardly rich, New York 1993

Alexander, S., & Ussher, S.: »The Voluntary Simplicity Movement: A multinational survey analysis in theoretical context«, in: *Journal of Consumer Culture,* 12(1), 2012, S. 66–86

Teilen, Tauschen, Leihen, Spenden

Belk, R.: »Sharing«, in: *Journal of Consumer Research,* 36(5), 2010, S. 715–734

dw, 16. 11. 2013

Erleben im Hier und Jetzt

Langer, E. J.: Mindfulness, Boston 2014

Bishop, S. R., Lau, M., Shapiro, S., Carlson, L., Anderson, N. D., Carmody, J., & Devins, G.: »Mindfulness: A proposed operational definition«, in: *Clinical Psychology: Science and Practice,* 11(3), 2004, S. 230–241

Brown, K. W., & Ryan, R. M.: »The benefits of being present: mindfulness and its role in psychological well-being«, in: *Journal of Personality and Social Psychology,* 84(4), 2003, S. 822–848

Persönlichkeitsentwicklung, Identitätssuche, Sinnsuche

Steger, M. F., Frazier, P., Oishi, S., & Kaler, M.: »The meaning in life questionnaire: Assessing the presence of and search for meaning in life«, in: *Journal of Counseling Psychology,* 53(1), 2006, S. 80

Fegg, M. J., Kramer, M., Bausewein, C., & Borasio, G. D.: »Meaning in life in the Federal Republic of Germany: results of a representative survey with the Schedule for Meaning in Life Evaluation (SMiLE)«, in: *Health and Quality of Life Outcomes,* 5(59), 2007, S. 1–8

Religion und Spiritualität

McCullough, M. E., Willoughby, B. L. B.: »Religion, self-regulation, and self-control: Associations, explanations, and implications«, in: *Psychological Bulletin,* 135, 2009, S. 69–93

Steger, M. F. & Frazier, P.: »Meaning in Life: One link in the chain from religiousness to well-being«, in: *Journal of Counseling Psychology,* 52, 2005, S. 574–582

Allport, G. W.: The Individual and his Religion: A Psychological Interpretation, New York 1950

Soziales Leben und Arbeit

Schwartz, S. H.: »A theory of cultural values and some implications for work«, in: *Applied Psychology*, 48(1), 1999, S. 23–47

Weber, M.: Die protestantische Ethik und der Geist des Kapitalismus, München 1904/2013

Guest, D. E.: »Perspectives on the study of work-life balance«, in: *Social Science Information*, 41(2), 2002, S. 255–279

Freizeit, Party, Hobbys, Sex

Paech, N.: Befreiung vom Überfluss. Auf dem Weg in die Postwachstumsökonomie, München 2012

Larson, R., & Seepersad, S.: »Adolescents' leisure time in the United States: Partying, sports, and the American experiment«, in: *New Directions for Child and Adolescent development*, 99, 2003, S. 53–64

Natur und Kunst

Ryan, R. M., Weinstein, N., Bernstein, J., Brown, K. W., Mistretta, L., & Gagne, M.: »Vitalizing effects of being outdoors and in nature«, in: *Journal of Environmental Psychology*, 30(2), 2010, S. 159–168

Hartig, T., van den Berg, A. E., Hagerhall, C. M., Tomalak, M., Bauer, N., Hansmann, R., & Waaseth, G.: »Health benefits of nature experience: Psychological, social and cultural processes«, in: Nilsson, K., Sangster, M., Gallis, C., Hartig, T., de Vries, S., Seeland, K., Schipperijn, J. (Hg.): Forests, Trees and Human Health, Dordrecht 2011, S. 127–168

Reber, R.: »Art in its experience: Can empirical psychology help assess artistic value?«, in: *Leonardo*, 41(4), 2008, S. 367–372

Tinio, P. P., & Smith, J. K. (Hg.).: The Cambridge Handbook of the Psychology of Aesthetics and the Arts, Cambridge 2014

Shimamura, A. P., & Palmer, S. E. (Hg.).: Aesthetic Science: Connecting Minds, Brains, and Experience, Oxford 2012

Nichts-Sein, Leere, Langeweile, geistige und emotionale Armut

Sansone, C. & Harackiewicz, J. M. (Hg.): Intrinsic and Extrinsic Motivation: The Search for Optimal Motivation and Performance, San Diego 2000

Kruglanski, A. W.: »Goal systems theory: Integrating the cognitive and motivational aspects of self-regulation«, in: Spencer, S. J., Fein, S., Zanna, M. P., Olson, J. M. (Hg.): Motivated social perception: The Ontario symposium, Bd. 9, Psychology Press 2003, S. 247

Gervais, S. J., Bernard, P., Klein, O., & Allen, J.: »Toward a unified theory of objectification and dehumanization«, in: *Objectification and (De) Humanization*, 1–23, New York 2013

Sein und Haben als Mittel und Ziel

Csíkszentmihályi, M.: Flow and the Psychology of Discovery and Invention, New York 1997

Higgins, E. T.: »Value from hedonic experience and engagement«, in: *Psychological Review*, 113(3), 2006, S. 439

Förster, J.: Psychologische Passung: Kompatibilität von Körperrückmeldung und Reizvalenz beeinflußt Motivation und Kognition, Habilitation im Fach Psychologie an der Universität Würzburg, 2000

V
Warum wollen wir haben?

Kruglanski, A. W., Shah, J. Y., Fishbach, A., Friedman, R., Chun, W. Y., & Sleeth-Keppler, D.: »A theory of goal systems«, in: *Advances in Experimental Social Psychology*, 34, 2002, S. 331–378

Shah, J. Y., & Kruglanski, A. W.: »When opportunity knocks: bottom-up priming of goals by means and its effects on self-regulation«, in: *Journal of Personality and Social Psychology*, 84(6), 2003, 1109

Gier

Bode, S.: Die vergessene Generation. Die Kriegskinder brechen ihr Schweigen, Stuttgart 2004

Massing, A., Reich, G., & Sperling, E.: Die Mehrgenerationen-Familientherapie, Göttingen 2006

McGoldrick, M.: Wieder heimkommen. Auf Spurensuche in Familiengeschichten. Genogrammarbeit und Mehrgenerationen-Perspektive in der Familientherapie, 3., unveränd. Aufl., Heidelberg 2013

Roberts, J. A., & Jones, E.: »Money attitudes, credit card use, and compulsive buying among American college students«, in: *Journal of Consumer Affairs,* 35(2), 2001, S. 213–240

Underhill, P.: Warum kaufen wir? Die Psychologie des Konsums, Frankfurt a. M. 2012

Hansen, J., Kutzner, F., & Wänke, M.: »Money and thinking: Reminders of money trigger abstract construal and shape consumer judgments«, in: *Journal of Consumer Research,* 39(6), 2013, S. 1154–1166

Norum, P. S.: »Student internet purchases«, in: *Family and Consumer Sciences Research Journal,* 36(4), 2008, S. 373–388

Lee, S. H., Lennon, S. J., & Rudd, N. A.: »Compulsive consumption tendencies among television shoppers«, in: *Family and Consumer Sciences Research Journal,* 28(4), 2000, S. 463–488

Mueller, A., Mitchell, J. E., Crosby, R. D., Gefeller, O., Faber, R. J., Martin, A., & de Zwaan, M.: »Estimated prevalence of compulsive buying in Germany and its association with sociodemographic characteristics and depressive symptoms«, in: *Psychiatry Research,* 180(2), 2010, S. 137–142

Kuzma, J. M., & Black, D. W.: »Compulsive shopping«, in: *Current Psychiatry,* 5(7), 2006, S. 26

Neid und Prestigesucht

Smith, R. H.: Envy: Theory and research, Oxford 2008

Mui, V. L.: »The economics of envy«, in: *Journal of Economic Behavior & Organization,* 26(3), 1995, S. 311–336

Eckhardt, G. M., Belk, R., & Devinney, T. M.: »Why don't consumers consume ethically?«, in: *Journal of Consumer Behaviour,* 9(6), 2010, S. 426–436

Belk, R. W., Devinney, T., & Eckhardt, G.: »Consumer ethics across cultures«, in: *Consumption Markets & Culture,* 8(3), 2005, S. 275–289

Hedonismus und Konsumierenwollen – zwei Basismotive?

Higgins, E. T.: Beyond pleasure and pain: How motivation works, New York 2011

Maslow, A. H.: »A theory of human motivation«, in: *Psychological Review,* 50(4), 1943, S. 370–396

Dittmar, H.: »Understanding and diagnosing compulsive buying«, in: Coombs,

R. H. (Hg.): Handbook of Addictive Disorders: A Practical Guide to Diagnosis and Treatment, 2004, S. 411–450

Dittmar, H.: »A new look at ›compulsive buying‹: Self-discrepancies and materialistic values as predictors of compulsive buying tendency«, in: *Journal of Social and Clinical Psychology*, 24(6), 2005, S. 832–859

Aronson, E., & Mills, J.: »The effect of severity of initiation on liking for a group«, in: *Journal of Abnormal & Social Psychology*, 59, 1959, S. 177–181

Förster, J.: »Knowing your customer better: the strengths of a self-regulatory value approach«, in: *Journal of Consumer Psychology*, 19(2), 2009, S. 124–128

Sicherheit

Maslow, A. H.: »A theory of human motivation«, in: *Psychological Review*, 50(4), 1943, S. 370–396

Grant, H. & Higgins, E.T.: Focus: Use Different Ways of Seeing the World for Success and Influence, New York 2014

Förster, J., & Werth, L.: »Regulatory focus: findings and new directions«, in: Moskowitz, G., & Grant, H. (Hg.): *The Psychology of Goals*, New York 2009, S. 392–420

Fromm, E.: Haben oder Sein. Die seelischen Grundlagen einer neuen Gesellschaft, München 1976

Dittmar, H.: »A new look at ›compulsive buying‹: Self-discrepancies and materialistic values as predictors of compulsive buying tendency«, in: *Journal of Social and Clinical Psychology*, 24(6), 2005, S. 832–859

Werth, L. & Förster, J.: »How regulatory focus influences consumer behavior«, in: *European Journal of Social Psychology*, 37(1), 2007, 33–51

Zajonc, R. B.: »Attitudinal effects of mere exposure«, in: *Journal of Personality and Social Psychology*, 9, 1968, S. 1–27

Gillebaart, M., Förster, J., & Rotteveel, M.: »Mere exposure revisited: The influence of growth versus security cues on evaluations of novel and familiar stimuli«, in: *Journal of Experimental Psychology: General*, 141(4), 2012, S. 699

Greenberg, J., Pyszczynski, X, & Solomon, S.: »The causes and consequences of a need for self-esteem: A terror management theory«, in: Baumeister, R. F. (Hg.): Public Self and Private Self, New York 1986, S. 189–212

Arndt, J., Solomon, S., Kasser, T., & Sheldon, K. M.: »The urge to splurge: A terror management account of materialism and consumer behavior«, in: *Journal of Consumer Psychology*, 14(3), 2004, S. 198–212

Bonsu, S. K., & Belk, R. W.: »Do not go cheaply into that good night: Death ritual consumption in Asante, Ghana«, in: *Journal of Consumer Research*, 30(1), 2003, S. 41–55

Haben als Selbstexpansion

Sartre, J.-P.: L'être et le Néant. Essai d'Ontologie Phénoménologique, Paris 1944/1976

John, O. P., & Srivastava, S.: »The Big Pive trait taxonomy: History, measurement, and theoretical perspectives«, in: John, O. P., Robins, R. W., Pervin, L. A., (Hg.): Handbook of Personality: Theory and Research, Bd. 2, 1999, S. 102–138

Gosling, S.: Snoop: What your stuff says about you, New York 2009

Belk, R. W.: »Possessions and the extended Self«, in: *Journal of Consumer Research*, 15, 1988, S. 139–168

Schäfer, A.: Wir sind, was wir haben. Die tiefere Bedeutung der Dinge für unser Leben, München 2012

Zugehörigkeit und Besonderheit

Tajfel, H. (Hg.).: Social identity and intergroup relations, Bd. 7, Cambridge 2010

http://www.autoservicepraxis.de/ostalgie-wartburg-und-trabi-als-oldtimer-gefragt-1278710-kl_artikel.html

Brewer, M. B.: »On the social origins of human nature«, in: McGarty, C., & Haslam, S. A. (Hg.): The Message of Social Psychology: Perspectives on Mind in Society, Cambridge 1997, S. 54–62

Jones, B. C., DeBruine, L. M., & Little, A. C.: »The role of symmetry in attraction to average faces«, in: *Perception & Psychophysics*, 69, 2007, S. 1273–1277

Kontrolle

Abramson, L. Y., Seligman, M. E., & Teasdale, J. D.: »Learned helplessness in humans: critique and reformulation«, in: *Journal of Abnormal Psychology*, 87, 1978, S. 49

Eagly, A. H., Ashmore, R. D., Makhijani, M. G., & Longo, L. C.: »What is beautiful is good, but …: A meta-analytic review of research on the physical attractiveness stereotype«, in: *Psychological Bulletin*, 110, 1991, S. 109

Ferby, L., in: Belk, R. W.: »Possessions and the extended Self«, in: *Journal of Consumer Research,* 15, 1988, S. 139–168

Montemayor, R., & Eisen, M.: »The development of self-conceptions from childhood to adolescence«, in: *Developmental Psychology,* 13(4), 1977, S. 314–319

Csíkszentmihályi, M., & Halton, E.: The Meaning of Things: Domestic Symbols and the Self, New York 1981

Snyder, E. E.: »High school student perceptions of prestige criteria«, in: *Adolescence,* 7, 1972, S. 129–136

Sherman, E., & Dacher, J.: »Cherished objects and the home: Their meaning and roles in late life«, in: Rowles, G. D., & Chaudhury, H. (Hg.): Home and Identity in Late Life: International Perspectives, New York 2005, S. 63–79

Sherman, E., & Newman, E. S.: »The meaning of cherished personal possessions for the elderly«, in: *The International Journal of Aging and Human Development,* 8, 1977, S. 181–192

Habermas, T.: Geliebte Objekte: Symbole und Instrumente der Identitätsbildung, Berlin 1996

De Beauvoir, S.: La Vieillesse, Paris 1970

Porteous, J. D.: »Home: the territorial core«, in: *Geographical Review,* 66 (4), 1976, S. 383–390

Shaw, G. B.: »Maxims for revolutionists: reason«, in: Shaw, G. B.: Man and Superman: A Comedy and a Philosophy, New York 1903/2002

Stimulierung

Bremner, A. J., Lewkowicz, D. J., & Spence, C. (Hg.).: Multisensory development, Oxford University Press 2012

Loewenstein, G.: »The psychology of curiosity: A review and reinterpretation«, in: *Psychological Bulletin,* 116, 1994, S. 78–98.

Förster, J., Friedman, R. S., Butterbach, E. B., & Sassenberg, K.: »Automatic effects of deviancy cues on creative cognition«, in: *European Journal of Social Psychology,* 35(3), 2005, S. 345–359

VI
Warum wollen wir etwas sein?

Hedonismus

Deci, E. L., & Ryan, R. M. (Hg.): Handbook of self-determination research, University Rochester Press 2002

Allport, G. W.: The Individual and his Religion: A Psychological Interpretation, New York 1950

Pargament, K. I.: »The Bitter and the Sweet: An evaluation of the costs and benefits of religiousness«, in: *Psychological Inquiry,* 13, 2002, S. 168–181

Tucker, J. S., Ellickson, P. L., Orlando, M., Martino, S. C., & Klein, D. J.: Substance use trajectories from early adolescence to emerging adulthood: A comparison of smoking, binge drinking, and marijuana use, in: *Journal of Drug Issues,* 35(2), 2005, S. 307–332

Tucker, J. S., Green, H. D., Zhou, A. J., Miles, J. N., Shih, R. A., & D'Amico, E. J.: »Substance use among middle school students: Associations with self-rated and peer-nominated popularity«, in: *Journal of Adolescence,* 34(3), 2011, S. 513–519

Zugehörigkeit und Besonderheit

Ryan, R. M., & Deci, E. L.: »Self-determination theory and the facilitation of intrinsic motivation, social development, and well-being«, in: *American Psychologist,* 55(1), 2000, S. 68

Rheinberg, F. & Manig, Y.: »Was macht Spaß am Graffiti-Sprayen? Eine induktive Anreizanalyse«, in: *Report Psychologie,* 4, 2003, S. 222–234

Selbstverwirklichung

Maslow, A. H.: »A theory of human motivation«, in: *Psychological Review,* 50(4), 1943, S. 370–396

Förster, J.: Unser Autopilot: Wie wir Wünsche verwirklichen und Ziele erreichen können. Von der Motivationspsychologie lernen, München 2012

Ryan, R. M., & Deci, E. L.: »Self-determination theory and the facilitation of intrinsic motivation, social development, and well-being«, in: *American Psychologist,* 55(1), 2000, S. 68

Unsicherheit und Kontrolle

McCullough, M. E., Willoughby, B. L. B.: »Religion, self-regulation, and self-control: Associations, explanations, and implications«, in: *Psychological Bulletin,* 135, 2009, S. 69–93

Steger, M. F. & Frazier, P.: »Meaning in Life: One link in the chain from religiousness to well-being«, in: *Journal of Counseling Psychology,* 52, 2005, S. 574–582

Argyle, M., & Beit-Hallahmi, B.: The Psychology of Religious Behaviour, Belief and Experience, Routledge 2014

Allport, G. W.: The Nature of Prejudice, New York 1979

Allport, G. W., & Ross, J.M.: »Personal religious orientation and prejudice«, in: *Journal of Personality and Social Psychology,* 5, 1967, S. 432–443

Heine, H.: Über Ludwig Börne, Hamburg 1840

Marx, K.: Zur Kritik der Hegelschen Rechtsphilosophie, Einleitung, Werke Bd. 1, Berlin 1957

Barlow, M., Woodman, T., & Hardy, L.: Great expectations: Different high-risk activities satisfy different motives, in: *Journal of Personality and Social Psychology,* 105(3), 2013, S. 458–475

Sartre, J.-P.: L'être et le Néant. Essai d'Ontologie Phénoménologique, Paris 1944/1976

Cialdini, R. B.: Die Psychologie des Überzeugens. Wie Sie sich selbst und Ihren Mitmenschen auf die Schliche kommen, Bern 2007

Bowlin, S. L., & Baer, R. A.: »Relationships between mindfulness, self-control, and psychological functioning«, in: *Personality and Individual Differences,* 52(3), 2012, S. 411–415

Gier und Neid

Haslam, N., & Loughnan, S.: »Dehumanization and infrahumanization«, in: *Annual Review of Psychology,* 65, 2014, S. 399–423

Gervais, S. J., Vescio, T. K., Förster, J., Maass, A., & Suitner, C.: »Seeing women as objects: The sexual body part recognition bias«, in: *European Journal of Social Psychology,* 42(6), 2012, S. 743–753

Ozimek, P., & Förster, J.: »Materialisten auf Facebook: Die Bedeutung von sozialen Vergleichen und der Objektivierung und Instrumentalisierung von Freunden für Materialisten in der sozialen Online-Welt«, Vortrag auf der Fachgruppentagung der Fachgruppe Sozialpsychologie der DGPS in Potsdam, 2015

Transzendenz und Lebenssinn

Maslow, A. H.: The Farther Reaches of Human Nature, New York 1972
Baumeister, R. F., Heatherton, T. F., & Tice, D. M.: Losing Control: How and why People Fail at Self-Regulation, San Diego 1994

Epistemische Motivation, Bedürfnis zu denken und Stimulierung

Loewenstein, G.: »The psychology of curiosity: A review and reinterpretation«, in: *Psychological Bulletin,* 116, 1994, S. 78–98
Kruglanski, A. W.: »Lay epistemic theory in social-cognitive psychology«, in: *Psychological Inquiry,* 1(3), 1990, S. 181–197
Cacioppo, J. T., & Petty, R. E.: »The need for cognition«, in: *Journal of Personality and Social Psychology,* 42(1), 1982, S. 116

Sattheit

Bornstein, R. F., Kale, A. R., & Cornell, K. R.: »Boredom as a limiting condition on the mere exposure effect«, in: *Journal of Personality and Social Psychology,* 58(5), 1990, S. 791

VII
Macht Haben glücklich?

Materialismus und Glück

Dittmar, H., Bond, R., Hurst, M., & Kasser, T.: »The relationship between materialism and personal well-being: A meta-analysis«, in: *Journal of Personality and Social Psychology,* 107(5), 2014, S. 879
Burroughs, J. E., & Rindfleisch, A.: »Materialism and well-being: a conflicting values perspective«, in: *Journal of Consumer Research,* 29(3), 2002, S. 348–370.
Festinger, L.: A Theory of Cognitive Dissonance. Stanford University Press 1957

Easterlin, R. A.: »Does economic growth improve the human lot? Some empirical evidence«, in: *Nations and Households in Economic Growth,* 89, 1974, S. 89–125

Diener, E., & Diener, C.: »The wealth of nations revisited: Income and quality of life«, in: *Social Indicators Research,* 36(3), 1995, S. 275–286

Diener, E., Ng, W., Harter, J., & Arora, R.: »Wealth and happiness across the world: material prosperity predicts life evaluation, whereas psychosocial prosperity predicts positive feeling«, in: *Journal of Personality and Social Psychology,* 99(1), 2010, S. 52–61

Diener, E., Tay, L., & Oishi, S.: »Rising income and the subjective well-being of nations«, in: *Journal of Personality and Social Psychology,* 104(2), 2013, S. 267–276

Gardner, J., & Oswald, A. J.: »Money and mental wellbeing: A longitudinal study of medium-sized lottery wins«, in: *Journal of health economics, 26*(1), 2007, S. 49–60

Armut

Wadsworth, M., & Santiago, C.: »Risk and resiliency processes in ethnically diverse families in poverty«, in: *Journal of Family Psychology,* 22(3), 2008, S. 399–410

Shafir, E.: »Poverty and Civil Rights: A Behavioral Economics Perspective«, in: *University of Illinois Review,* 205, 2014

Mani, A., Mullainathan, S., Shafir, E., & Zhao, J.: »Poverty impedes cognitive function«, in: *Science,* 341(6149), 2013, S. 976–980

Haushofer, J., & Fehr, E.: »On the psychology of poverty«, in: *Science,* 344, 2014, S. 862–866

Haushofer, J. & Shapiro, J.: »Household response to income changes: Evidence from an unconditional cash transfer program in Kenya«, Massachusetts Institute of Technology Working Paper, 2013, auf http://web.mit.edu/joha/www/publications/haushofer_shapiro_uct_2013.11.16.pdf

Lott, B., & Bullock, H. E.: Psychology and Economic Injustice: Personal, Professional, and Political Intersections, Washington 2007

Hall, C. C., Zhao, J., & Shafir, E.: »Self-affirmation among the poor cognitive and behavioral implications«, in: *Psychological Science,* 25, 2014, S. 619–625

Corcoran, M., Duncan, G., Gurin, G., & Gurin, P.: »Myth and Reality: The

Causes and Persistence of Poverty«, in: *Journal of Policy Analysis and Management*, 2007, S. 516–516

Shah, A., Mullainathan, S., & Shafir, E.: »Some consequences of having too little«, in: *Science*, 338, 2012, S. 682–685

Geld als Ressource oder als Sucht

Vohs, K. D., Mead, N. L., & Goode, M. R.: »The psychological consequences of money«, in: *Science*, 314(5802), 2006, S. 1154–1156

Williams, K. D., Forgas, J. P., & Von Hippel, W. (Hg.): The social outcast: Ostracism, social exclusion, rejection, and bullying, Psychology Press 2005

Zhou, X., Vohs, K. D., & Baumeister, R. F.: »The symbolic power of money reminders of money alter social distress and physical pain«, in: *Psychological Science*, 20(6), 2009, S. 700–706

Friedman, R. & Förster, J.: »Implicit affective cues and attentional tuning: An integrative review«, in: *Psychological Bulletin*, 136, 2010, S. 875–893

Amabile, T. M.: Creativity in Context, Boulder 1996

Lea, S. E., & Webley, P.: »Money as tool, money as drug: The biological psychology of a strong incentive«, in: *Behavioral and Brain Sciences*, 29(02), 2006, S. 161–209

Kasser, T.: The High Price of Materialism, Cambridge 2003

VIII
Macht Sein glücklich?

Verzicht und freiwillige Einfachheit

Alexander, S., & Ussher, S.: »The Voluntary Simplicity Movement: A multi-national survey analysis in theoretical context«, in: *Journal of Consumer Culture*, 12(1), 2012, S. 66–86

Merck Family Fund: Yearning for Balance: Views of Americans on Consumption, Materialism and the Environment, Milton Village 1995

Hamilton C.: »Downshifting in Britain: A sea change in the pursuit of happiness«, Australia Institute Discussion Paper Number 58, 2003

Hamilton, C., & Denniss, R.: Affluenza: When Too Much is Never Enough, Crows Nest 2005

Teilen, Tauschen, Leihen, Spenden

Lipovetsky, G.: »The Hyperconsumption Society«, in: Ekström, K. M., & Glans, K. (Hg.): Beyond the Consumption Bubble, New York 2011, S. 25–36

Dunn, E. W., Aknin, L. B., & Norton, M. I.: »Spending money on others promotes happiness«, in: *Science*, 319(5870), 2008, S. 1687–1688

Aknin, L. B., Barrington-Leigh, C. P., Dunn, E. W., Helliwell, J. F., Burns, J., Biswas-Diener, R., & Norton, M. I.: »Prosocial spending and well-being: Cross-cultural evidence for a psychological universal«, in: *Journal of Personality and Social Psychology*, 104(4), 2013, S. 635–652

Bierhoff, H.W.: Prosocial behaviour, New York 2005

Oishi, S., Rothman, A. J., Snyder, M., Su, J., Zehm, K., Hertel, A. W., & Sherman, G. D.: »The socioecological model of procommunity action: the benefits of residential stability«, in: *Journal of Personality and Social Psychology*, 93(5), 2007, S. 831

Erleben im Hier und Jetzt

Brown, K. W., Ryan, R. M., & Creswell, J. D.: »Mindfulness: Theoretical foundations and evidence for its salutary effects«, in: *Psychological Inquiry*, 18(4), 2007, S. 211–237

Brown, K. W., & Ryan, R. M.: »The benefits of being present: mindfulness and its role in psychological well-being«, in: *Journal of Personality and Social Psychology*, 84(4), 2003, S. 822–848

Chiesa, A., & Serretti, A.: »Mindfulness-based stress reduction for stress management in healthy people: a review and meta-analysis«, in: *The Journal of Alternative and Complementary Medicine*, 15(5), 2009, S. 593–600

Brown, K. W., Kasser, T., Ryan, R. M., Linley, P. A., & Orzech, K.: »When what one has is enough: Mindfulness, financial desire discrepancy, and subjective well-being«, in: *Journal of Research in Personality*, 43(5), 2009, S. 727–736

Barnes, S., Brown, K. W., Krusemark, E., Campbell, W. K., & Rogge, R. D.: »The role of mindfulness in romantic relationship satisfaction and responses to relationship stress«, in: *Journal of Marital and Family Therapy*, 33(4), 2007, S. 482–500

Persönlichkeitsentwicklung, Identitätssuche, Sinnsuche

Idson, L. C., Liberman, N., & Higgins, E. T.: »Distinguishing gains from nonlosses and losses from nongains: A regulatory focus perspective on hedonic intensity, in: *Journal of Experimental Social Psychology,* 36(3), 2000, S. 252–274

Higgins, E. T., Shah, J., & Friedman, R.: »Emotional responses to goal attainment: strength of regulatory focus as moderator«, in: *Journal of Personality and Social Psychology,* 72(3), 1997, S. 515–525

Förster, J., Liberman, N., & Higgins, E. T.: »Accessibility from active and fulfilled goals«, in: *Journal of Experimental Social Psychology,* 41(3), 2005, S. 220–239

Steger, M. F., Frazier, P., Oishi, S., & Kaler, M.: »The meaning in life questionnaire: Assessing the presence of and search for meaning in life«, in: *Journal of Counseling Psychology*, 53(1), 2006, S. 80

Park, C. L.: »Making sense of the meaning literature: an integrative review of meaning making and its effects on adjustment to stressful life events«, in: *Psychological Bulletin,* 136(2), 2010, S. 257

Oishi, S., & Diener, E.: »Residents of poor nations have a greater sense of meaning in life than residents of wealthy nations«, in: *Psychological Science,* 2013, S. 1–9

Religion und Spiritualität

Allport, G. W., & Ross, J.M.: »Personal religious orientation and prejudice«, in: *Journal of Personality and Social Psychology,* 5, 1967, S. 432–443

Pargament, K. I.: »The Bitter and the Sweet: An evaluation of the costs and benefits of religiousness«, in: *Psychological Inquiry,* 13, 2002, S. 168–181

Ano, G. G., & Vasconcelles, E. B.: »Religious coping and psychological adjustment to stress: A meta-analysis«, in: *Journal of Clinical Psychology,* 61, 2005, S. 461–480

McCullough, M. E., Willoughby, B. L. B.: »Religion, self-regulation, and self-control: Associations, explanations, and implications«, in: *Psychological Bulletin,* 135, 2009, S. 69–93

Geyer, A. L., & Baumeister, R. F.: »Religion, Morality, and Self-Control: Values, Virtues, and Vices«, in: Paloutzian, R. F., Park, C. L. (Hg.): Handbook of the Psychology of Religion and Spirituality, New York 2005, S. 412–432

Fishbach, A., Friedman, R. S., & Kruglanski, A. W.: »Leading us not into temptation: Momentary allurements elicit overriding goal activation«, in: *Journal of Personality and Social Psychology,* 84, 2003, S. 296–309

Friese, M., & Wänke, M.: »Personal prayer buffers self-control depletion«, in: *Journal of Experimental Social Psychology,* 51, 2014, S. 56–59

Stillman, T. F., Fincham, F. D., Vohs, K. D., Lambert, N. M., & Phillips, C. A.: »The material and immaterial in conflict: Spirituality reduces conspicuous consumption«, in: *Journal of Economic Psychology,* 33(1), 2012, S. 1–7

Newberg, A., Alavi, A., Baime, M., Pourdehnad, M., Santanna, J., & d'Aquili, E.: »The measurement of regional cerebral blood flow during the complex cognitive task of meditation: a preliminary SPECT study«, in: *Psychiatry Research: Neuroimaging,* 106(2), 2001, S. 113–122

Kapogiannis, D., Barbey, A., Su, M., Zamboni, G., Krueger, F., & Grafman, J.: »Cognitive and neural foundations of religious belief«, in: *Proceedings of the National Academy of Science,* 106, 2009, S. 4876–4881

Soziales Leben und Arbeit

Heinrich, L. M., & Gullone, E.: »The clinical significance of loneliness: A literature review«, in: *Clinical Psychology Review,* 26(6), 2006, S. 695–718

Riedel-Heller, S. G., Luppa, M., Seidler, A., Becker, T., & Stengler, K.: »Psychische Gesundheit und Arbeit«, in: *Der Nervenarzt,* 84(7), 2013, S. 832–837

Freizeit, Party, Hobbys, Sex

Larson, R., & Richards, M.: »Waiting for the weekend: Friday and Saturday night as the emotional climax of the week«, in: *New Directions for Child and Adolescent Development,* 82, 1998, S. 37–52

Tucker, J. S., Ellickson, P. L., Orlando, M., Martino, S. C., & Klein, D. J.: Substance use trajectories from early adolescence to emerging adulthood: A comparison of smoking, binge drinking, and marijuana use, in: *Journal of Drug Issues,* 35(2), 2005, S. 307–332

Tucker, J. S., Green, H. D., Zhou, A. J., Miles, J. N., Shih, R. A., & D'Amico, E. J.: »Substance use among middle school students: Associations with self-rated and peer-nominated popularity«, in: *Journal of Adolescence,* 34(3), 2011, S. 513–519

Larson, R., & Seepersad, S.: »Adolescents' leisure time in the United States:

Partying, sports, and the American experiment«, in: *New Directions for Child and Adolescent development,* 99, 2003, S. 53–64

Kattenstroth, J. C., Kalisch, T., Holt, S., Tegenthoff, M., & Dinse, H. R.: »Six months of dance intervention enhances postural, sensorimotor, and cognitive performance in elderly without affecting cardio-respiratory functions«, in: *Frontiers in Aging Neuroscience,* 5, 2013, S. 5

Neal, D. J., & Fromme, K.: »Hook'em horns and heavy drinking: Alcohol use and collegiate sports«, in: *Addictive Behaviors,* 32(11), 2007, S. 2681–2693

Strauman, T. J.: »Stability within the self: A longitudinal study of the implications of self-discrepancy theory«, in: *Journal of Personality and Social Psychology,* 71, 1996, S. 1142–1153

Natur und Kunst

Martindale, C.: »Recent trends in the psychological study of aesthetics, creativity, and the arts«, in: *Empirical Studies of the Arts,* 25(2), 2007, S. 121–141

Frumkin, H.: »Beyond toxicity: human health and the natural environment«, in: *American Journal of Preventive Medicine,* 20(3), 2001, S. 234–240

Kaplan, R.: »The nature of the view from home psychological benefits«, in: *Environment and Behavior,* 33(4), 2001, S. 507–542

Lichtenfeld, S., Elliot, A. J., Maier, M. A., & Pekrun, R.: »Fertile Green. Green Facilitates Creative Performance«, in: *Personality and Social Psychology Bulletin,* 38(6), 2012, S. 784–797

IX
Eine selbstregulatorische Theorie vom Haben und Sein

Haben, um zu haben

Linville, P.: »Self-complexity as a cognitive buffer against stress-related illness and depression«, in: *Journal of Personality and Social Psychology,* 52, S. 663–676

Van Boven, L., Campbell, M. C., & Gilovich, T.: »Stigmatizing materialism: On stereotypes and impressions of materialistic and experiential pursuits«, in: *Personality and Social Psychology Bulletin,* 36(4), 2010, S. 551–563

Haben, um zu sein

Heidegger, M.: Sein und Zeit, Tübingen 1927/2006
Sartre, J.-P.: L'être et le Néant. Essai d'Ontologie Phénoménologique, Paris 1944/1976
Weinrich, H.: Über das Haben. 33 Ansichten, München, 2012
Belk, R. W.: »Possessions and the extended Self«, in: *Journal of Consumer Research*, 15, 1988, S. 139–168

Sein, um zu haben

Wicklund, R. A., & Gollwitzer, P. M.: Symbolic Self Completion, New York 2013

Glossar

Förster, J., & Denzler, M.: »Selbst-Regulation«, in: Bierhoff, W., & Frey, D. (Hg.): Handbuch der Psychologie: Sozialpsychologie, Berlin 2006, S. 128–132
Sevincer, A. T., & Oettingen, G.: »Ziele«, in: Brandstätter, V., & Otto, J. (Hg.): Handbuch der Psychologie: Motivation und Emotion, Berlin 2009, S. 37–45
Gollwitzer, P. M.: »Implementation intentions: strong effects of simple plans«, in: *American Psychologist*, 54(7), 1999, S. 493
Förster, J., & Denzler, M.: »Die Theorie des regulatorischen Fokus«, in: Brandstätter, V., & Otto, J. (Hg.): Handbuch der Psychologie: Motivation und Emotion, Berlin 2009, S. 189–196
Scheffer, D.: «Implizite und explizite Motive«, in: Brandstätter, V., & Otto, J. (Hg.): Handbuch der Psychologie: Motivation und Emotion, Berlin 2009, S. 29–36
Higgins, E. T.: »Value from regulatory fit«, in: *Current Directions in Psychological Science*, 14(4), 2005, S. 209–213

Harro Albrecht

SCHMERZ

Eine Befreiungsgeschichte

Schmerz ist die Grenzfläche, an der Psyche und Körper aufeinandertreffen. Er ist Wundschmerz und Trennungsschmerz, ist körperliche und seelische Verletzung. Er ist die Grundlage vieler Religionen und Motor der Kultur. Ohne Schmerz keine Kunst, keine Sprache und kein Denken. Doch bis heute ist der Schmerz ein ungelöstes Rätsel, immer noch leiden die Menschen millionenfach unter Schmerzen. Harro Albrecht erzählt vom langen Kampf gegen diese menschliche Ur-Erfahrung, von Fortschritten, Fehlschlägen und ungelösten Fragen. Sein Resümee: Es ist an der Zeit, dass wir den Schmerz aus der Umklammerung der Medizin befreien.

DROEMER